China's National
Reading Survey
Report

全国国民阅读调查报告

中国新闻出版研究院
全国国民阅读调查课题组

中国书籍出版社

《全国国民阅读调查报告（2009）》
课题组

课题组组长：郝振省

课题组副组长：魏玉山　徐升国

课题组成员：屈明颖　拜庆平　刘志永

刘　晨　陈红

调查执行：新生代市场监测机构

北京美兰德信息公司

北京零点调查公司

北京希普思文化咨询有限公司

在社会各界的殷殷期盼中，《全国国民阅读调查2009》出版了。本报告反映的是2008年全年我国国民对各媒介的阅读与购买倾向，即第六次全国国民阅读调查的研究结论。本次调查工作从2008年10月开始全面启动抽样工作，2008年11月至2009年2月开展问卷入户执行访问，2009年3—4月开展数据处理和初步成果发布。

本次调查为，在保持该项目连续性的基础上，对调查执行方案、调查内容和调查样本方面均进行了较大改进。

首先，将被调查对象从前五次调查的18—70周岁成年人扩大到0—70周岁人群。在充分保证对18—70周岁成年人群的抽样调查基础上，为了符合不同调查对象的特征，设计了三套未成年人调查问卷，分别为0—8周岁儿童问卷、9—13周岁少年儿童问卷和14—17周岁青少年问卷，用以分年龄段执行未成年人群的调查。

其次，在调查内容方面，除对18周岁以下人群问卷进行全新的设计外，还增加了我国国民对于身边开展阅读活动的调查问项，增加了国民对个人阅读数量和阅读满意度的评价等。

再次，在调查范围方面，本次调查执行样本城市为56个，基本覆盖了我国29个省、市、自治区和直辖市。调查的有效样本量增加到 25500 个，其中 18 周岁以下未成年人样本为 6066 个，占 23.79%。农村样本比例仍为 25%。经过加权，可推及全国 0—70 周岁人口 11.88 亿人。

为保证调查的科学性、严谨性，本次调查入户执行工作由北京零点调查公司、北京美兰德信息公司、新生代市场监测机构、北京希普思文化咨询有限公司四家专业调查机构分别执行。中国新闻出版研究院"全国国民阅读调查"课题组还聘请了专业项目咨询公司博易智讯（北京）信息技术有限公司作为顾问机构提供技术支持，调查结果由北京易通易佳数据录入中心进行数据录入，最终数据分析报告由课题组研究人员采用 SPSS 专业统计分析软件进行处理完成。

由于本次调查样本按被访者年龄分成 0—8 周岁、9—13 周岁、14—17 周岁和 18—70 周岁四类，而前五次调查只访问了 18—70 周岁的成年人，为了与往年数据保持口径可比性，我们在分析中，将四个年龄段群体的阅读状况分别进行了分析研究，获得了四个年龄段群体的调查报告集于此书。

近年来，在中宣部、新闻出版总署等有关部门的合力倡导下，全民阅读正在成为一项基本的国家公共文化政策，活动效果日益显现。从国家战略层面倡导全民阅读的呼声越来越高，各省、各地区的全民阅读活动丰富开展，与此同时，"全国国民阅读调查"项目的社会影响力也在日益提高，每年一次的调查项目也正在逐步成为反映我国全民阅读活动开展效果的晴雨表。第六次"全国国民阅读调查"成果在 2009 年世界读书日期间发布后，全国各大主流媒体相继推出精心策划的系列文章，连续对第六次"全国国民阅读调查"的初步成果进行报道。报纸、期刊、通讯社、网络、电视，各种新闻媒体合力聚焦；消息、通讯、专访、评论、图解，多种报道形式一齐运用。

各类新闻媒体的密集报道，也使得一些学者不约而同地将目光聚焦到对国民阅读的深度思考和评析。例如，有媒体发表评论剖析80后作家入围"读者最喜欢的十名作家"之列是否真正挤掉经典作品的作家。另外，还有一些以网上专题论坛方式，多方解读国民阅读率以及通过援引调查数据结论，就网络阅读、"浅阅读"、"碎读"、"书香社会"等话题展开讨论。这些报道和关注既是对我们中国新闻出版研究院主持开展的"全国国民阅读调查"工作的肯定和鼓励，又是对社会各界全面开展全民阅读工程的大力推动。

关注阅读、监测阅读指标、把脉阅读发展趋势是我们出版科研机构义不容辞的职责。我们将继续不遗余力地将这项调研工程开展下去，用严谨的研究科学地指导和促进全民阅读推广工作。

让我们共同关注全民阅读，共同倡导全民阅读，共同推动全民阅读早日实现！

中国新闻出版研究院院长　郝振省

2011 年 4 月

导 言

第一部分
18—70周岁成年人阅读与购买倾向调查报告

第一章　成年人媒介接触及消费状况

第二章　成年人图书阅读状况与购买倾向

第三章　成年人报刊阅读与购买倾向

第四章　成年人音像电子出版物阅读与购买倾向

第七章　成年人的版权认知状况

第八章　我国公共文化设施状况

第九章　成年人阅读活动状况

第二部分
14—17 周岁青少年阅读与购买倾向调查报告

第一章　14—17 周岁青少年媒介接触情况

第二章　14—17 周岁青少年图书阅读与购买倾向

第三章　14—17周岁青少年报刊阅读与购买状况

第四章　14—17周岁青少年数字出版物阅读与购买状况

第五章　14—17 周岁青少年音像电子出版物购买状况

第六章　14—17 周岁青少年动漫游戏接触状况

第七章　14—17 周岁青少年版权认知状况

第三部分
9—13周岁少年儿童阅读与购买倾向调查报告

第一章　9—13周岁少年儿童图书阅读与购买状况

第三章 9—13周岁少年儿童上网情况

第四章 9—13周岁少年儿童家长对音像电子出版物购买状况

第五章 9—13周岁少年儿童电子游戏及动漫产品接触状况

第六章　9—13周岁少年儿童家长的版权认知状况

第七章　9—13周岁少年儿童阅读活动参与度评价

第四部分
0—8周岁儿童阅读与购买倾向调查报告

第一章　0—8周岁儿童阅读与购买状况

第二章　0—8周岁儿童报刊阅读与购买倾向

第三章　0—8周岁儿童音像电子出版物购买状况

第四章　0—8周岁儿童家长版权认知状况

导　言

　　第六次全国国民阅读调查在对 18—70 周岁成年人进行阅读调查的基础之上，首次对 18 周岁以下未成年人的阅读状况进行了调查，本次调查样本按被访者年龄分成 0—8 周岁、9—13 周岁、14—17 周岁和 18—70 周岁 4 类，而前五次阅读调查只访问了 18—70 周岁的成年人。[①] 为了与往年数据保持同口径、可比性，我们在分析中将 4 类人群阅读状况分别进行了分析。

　　在"主要发现——18—70 周岁成年人部分"，除特殊说明外，该部分数据均指 18—70 周岁成年人数据。

　　以下为第六次全国国民阅读调查中 18—70 周岁成年人和 18 周岁以下未成年人调查的主要发现。

一、主要发现——18—70 周岁成年人部分

■ 1.1　成年人媒介接触状况

　　（1）媒介接触率

　　2008 年，电视在成年人中依旧是受众规模最大的媒介，以

---

　　① 　课题组注：前五次国民阅读调查中"国民"实指我国 18—70 周岁的成年人。

95.0%的接触率位居各类媒介之首。其次是报纸和期刊，两者的接触率分别为48.4%和37.5%。但与2007年相比，电视、报纸和期刊的接触率均有不同幅度的下降。

图书和互联网的接触率分别为32.6%和31.4%，均比2007年有所上升，且均超过了VCD/DVD、广播、录音带/CD/MP3这些传统媒介的接触率。另外，新型阅读方式手机阅读的接触率达12.9%。

（2）媒介接触种类

为了研究国民的媒介接触种类，我们定义：如果一个被访者过去一年只接触了一种媒介，则计数为1；接触了两种媒介，则计数为2；以此类推，接触了N种媒介，则计数为N。据此计算，我们发现，2008年我国成年人平均接触媒介种类数为3.26种。

（3）媒介接触时长

2008年，我国国民平均每天接触电视的时间超过一个半小时；接触互联网的时长为半个小时；接触平面媒体（报纸、图书、期刊）的时长大约在20分钟；而平均每天花费在手机阅读上的时间大约为5分钟。

1.2 成年人媒介使用目的

电视是我国国民了解各类信息的最主要的渠道，六成至九成的国民通过电视了解各类信息；其次，借助报纸或互联网了解各类相关信息的国民均有两成左右；而通过国内音像出版物、电子出版物和境外媒体来了解各类信息的国民比例较低。

另外，除了国内电视、报纸和互联网这三类强势媒体外，相对来说，期刊在了解生活/消费资讯、时尚流行趋势和休闲娱乐信息时被更广泛地使用到。

■ 1.3 成年人自费消费出版物状况

在各类出版物中，报纸的购买率最高，为 34.5％，但相对于 2007 年的 45.4％有较大幅度下降；其次是期刊，购买率为 28.4％，比 2007 年的 26.4％有所上升；图书的购买率为 28.0％，在各类出版物中的排名升至第三（2007 年位于 VCD/DVD 之后，排名第四）；手机报作为一种新的阅读形式，目前也有一定数量（5.0％）的购买者。另外，虽然电子书/E-book 的购买者较少，但也超过了 CD-ROM 的购买者数量。

2008 年我国成年人人均自费购买报纸 0.90 种，花费 46.69 元；人均购买图书 2.29 本，花费 37.96 元；人均购买期刊 1.30 种，花费 22.16 元；人均购买 VCD/DVD 的数量为 2.80 张，花费为 20.70 元。

■ 1.4 成年人读书状况

（1）读书重要性认知

本次调查数据显示，成年人对阅读的重要性认知程度较高，有 69.2％的国民认为当今社会阅读是"非常重要"或"比较重要"的。

（2）图书阅读率和阅读量

2008 年，我国成年人的图书阅读率为 49.3％，[1] 人均图书阅读量为 4.72 本，而成年图书读者的人均图书阅读量为 11.61 本。

（3）图书来源

67.9％的图书读者表示，他们阅读的图书主要是通过"自费购买"

---

① 课题组注：此处的图书阅读率为狭义的图书阅读率，即成年识字人口的图书阅读率。除特殊说明外，我们在"主要发现——18—70周岁成年人部分"中采用的数据均为狭义的图书阅读率（即识字人口的数据）。

获得。同时，有 50.0%的图书读者表示会通过"向他人借书"阅读。

（4）家庭藏书量

2008 年我国国民的家庭平均藏书量为 68.62 本，低于 2007 年的 76 本。我国有 8.8%的家庭基本没有藏书，40.5%的家庭的藏书量在 20 本及以下，24.1%的家庭的藏书量在 21—50 本，藏书量超过 50 本的家庭不到三成（26.6%）。

（5）读书目的

"增加知识，开阔眼界"是多数（61.9%）图书读者读书的主要目的。同时，有四成左右的读者表示，他们也会为了"打发时间/休闲消遣"或"满足个人兴趣"而读书。

■ 1.5 成年人购书状况

（1）购书的频率

一年以内买过 1 次或 1 次以上图书的国民不足四成（39.6%），而有 8.4%的国民表示在两年或更长的时间内才去购买 1 次图书。

（2）购书的目的

87.8%的购书者表示购书是为了给"自己看"，另有 39.9%的人表示是因为"给孩子、家人看"而购买图书。

（3）购书渠道

通过各类书店购买图书是我国购书者购书的主要渠道。72.3%的购书者表示通常在各地新华书店购买图书，有 30.2%和 12.2%的购书者分别在私营书店、特价书店购书。另外，34.0%的购书者会选择在街头书摊购买。

（4）图书信息的获取渠道

35.2%的购书者通过人际传播（朋友或他人推荐）获取各类图书信息，近三成的购书者通过传统媒体（电视、报纸、期刊）的宣传获取图书信息。另外，也有两成多（21.8%）的购书者通过互联网获取图书信息。

（5）图书销售网点

距国民住所最近的购书点的平均距离为 2.97 公里。有 62.1％ 的人表示离其住所最近的购书点在 3 公里以内。

距城镇居民住所最近的购书点的平均距离为 1.67 公里，而距农村居民住所最近的购书点的平均距离则达 3.92 公里。

（6）图书购买力

认为我国目前的图书价格是"合适"的成年人有 26.5％，而近一半（49.2％）的成年人认为我国目前的图书定价较高（"比较贵"或"非常贵"）。

对于一本 200 页左右的文学类简装书，我国成年人可接受的价格为 11.77 元。其中，七成以上（72.3％）的成年人认为可接受的价格应在 5—20 元。

■1.6　分类图书市场状况

（1）图书类型偏好与购买状况

"文学"和"日常生活"类图书是许多成年人最喜欢的图书种类，有三成多的成年人表示非常喜欢这两类图书。与这种情况非常吻合的是，2008 年购买过这些图书的成年人也相对较多。具体来说，2008 年，大约有 16.7％ 的成年人购买过"文学"类图书，约有 15.8％ 的成年人购买过"日常生活"类图书。

（2）各类图书的偏好与购买状况

"武侠小说"、"文学名著"和"言情小说"等图书是较多成年人喜爱的文学类图书。2008 年"文学名著"的市场占有度最高，为 6.2％，推及总体这类图书的消费者规模大约为 0.48 亿。"武侠小说"和"言情小说"的市场占有度均约为 4.0％，推及总体消费者规模大约为 3000 万。

在经济类图书中，个人理财类图书的喜爱者最多（15.1%），其次有 10.0% 左右的成年人喜欢"市场营销"、"经营管理"和"经济理论"等图书。

在外语类图书中，"文艺读物"的喜爱者最多（6.0%），而购买过"外语工具书"的人数最多，占 2.1%。

在科技类图书中，"医药卫生"类图书最受欢迎，有 23.2% 的成年人表示喜欢这类图书。其次有 10.0% 以上的成年人喜欢"农业科技"、"科普"、"计算机"和"网络"等类图书。

■1.7 成年人报刊阅读与购买倾向

（1）报纸阅读率和阅读量

我国成年人的报纸阅读率为 63.9%，比 2007 年的 73.8% 减少了 9.9 个百分点；人均报纸阅读量为 88.67 期（份），而报纸读者的人均报纸阅读量为 138.51 期（份）。

（2）期刊阅读率和阅读量

我国成年人的期刊阅读率为 50.1%，相对于 2007 年的 58.4% 有所下降；人均期刊阅读量为 7.41 期（份），而期刊读者的平均期刊阅读量为 16.28 期（份）。

（3）期刊购买渠道

"借阅"和"报摊购买"是我国期刊读者获取期刊的主要渠道。其中，通过"报摊购买"获取期刊的读者比例为 47.9%，而表示通过"借阅"的方式获取期刊的读者则达到 49.1%。与 2007 年相比，2008 年我国期刊读者的期刊"借阅"率上升，通过"报摊购买"期刊的比例有所下降。

（4）期刊购买力

51.0% 的期刊读者认为目前市场上的期刊价格在其可接受的范围内（认为期刊价格"合适"、"比较便宜"或"非常便宜"），但认为期刊价格"比较贵"或"非常贵"的读者也较多（41.5%）。

绝大多数（83.8%）期刊读者可接受的期刊价格在 10 元以下。其中，46.0% 的期刊读者可接受的期刊价格为 4—6 元。

■ 1.8　音像电子出版物消费市场

（1）音像电子出版物的购买情况

我国成年人的音像电子出版物购买率为 46.0%。消费者对这类出版物的购买渠道比较多样，除了最主要的销售渠道"音像店"之外，街头地摊、书店、商场超市也都成为许多人购买音像电子出版物的场所。

（2）音像电子出版物消费者的购买力

在音像电子出版物的消费者中，认为我国音像电子出版物价格在可接受范围内（"合适"、"比较便宜"和"非常便宜"）的国民接近一半（48.5%），而有 41.5% 的消费者认为我国音像电子出版物的价格"比较贵"或"非常贵"。

我国音像电子出版物的消费者可接受的 CD、VCD/DVD、盒式录音带、CD-ROM 的平均价格分别为 8.52 元、8.81 元、7.01 元和 9.45 元。

■ 1.9　动漫与游戏消费市场

（1）各类动漫作品的接触率

成年人中有 35.2% 的人接触过不同形式的动漫作品。其中，接触过"动画片/动漫影视"、"网络游戏"和"漫画书"的人数相对较多。

（2）动漫题材的偏好

在接触过动漫作品的成年人中，60.0% 的消费者偏爱"搞笑"类动漫作品。其次，三成以上的消费者喜欢"神话"、"科幻"和

"侦探"类动漫作品，二成左右的消费者喜欢"格斗"、"体育"、"爱情"和"恐怖"类动漫作品。

（3）单机游戏

在接触过单机游戏的成年人中，有 47.0% 的人喜欢"赛车类"单机游戏，有 37.5% 的人喜欢"棋牌益智类"单机游戏，有 31.0% 的人喜欢"动作类"单机游戏。

单机游戏玩家平均每天玩单机游戏的时间为 66.22 分钟。除了有 14.4% 的人表示过去一周没有玩过外，更多的（46.3%）玩家平均每天花费在单机游戏的时间在 1 小时以下。

单机游戏玩家在 2008 年的人均单机游戏花费金额为 57.93 元。其中，多数（57.2%）单机游戏玩家一般不会在单机游戏上花费资金。

（4）网络游戏

在接触过网络游戏的成年人中，有 34.7% 的人喜欢"赛车类"单机游戏、有 33.1% 的人喜欢"棋牌益智类"单机游戏，有 30.0% 的人喜欢"动作类"单机游戏。

在接触过网络游戏的成年人中，除了有 10.6% 的人表示过去一周没有玩过外，三成以上（35.2%）的玩家平均每天花费在网络游戏的时间在 1 小时以下。综合来看，我国网络游戏玩家平均每天花费在此类游戏上的时间为 93.85 分钟。

有 44.0% 的网络游戏玩家在网络游戏上没有资金花费，有 10.7% 的玩家花费在 20 元以下，有 8.7% 的玩家花费在 21—50 元，有 9.0% 的玩家花费为 51—100 元。而 2008 年网络游戏玩家平均花费在网络游戏上的费用为 111.51 元。

■ 1.10 数字出版物阅读与购买倾向

（1）网络阅读与购买

截至 2008 年 12 月，我国成年人的上网率约为 36.8%。90.1%

的网民每周至少上 1 次网，42.9％的网民每天至少上 1 次网。在我国网民中，21.6％的人通过互联网阅读过电子书，19.4％的人通过互联网阅读过电子期刊。

在我国成年网民中，通过互联网购买各类出版物的比例为 13.7％。而在这些购买者当中，通过互联网购买图书的人数最多，有 67.6％的购买者表示曾通过互联网购买过图书。

节省费用、节省人力和时间是许多成年网民通过互联网购买各类出版物的原因。而不习惯网购和担心网购的安全性等因素则是影响许多成年网民不在网上购买各类出版物的主要原因。

（2）数字出版物阅读率

我国成年人的数字出版物阅读率为 24.5％。在成年人中，有 15.8％的人表示接触过网络在线阅读，有 12.7％的人表示接触过手机阅读。

（3）数字阅读花费

网络在线阅读用户在 2008 年的平均花费为 8.81 元，手机阅读用户的平均花费为 17.04 元，光盘（CD-ROM）用户的平均花费为 14.65 元，PDA/MP4/电子词典等用户的平均花费为 5.97 元。

（4）电子图书承受价格

接触过数字阅读的成年人可接受的单本电子图书价格的平均值为 3.54 元。而 44.1％的数字阅读用户并不能接受需要付费的电子图书。

（5）电子图书对传统书籍销售的影响

11.1％的成年人表示即使看过电子书也还会购买该书的纸质版，但大多数（88.9％）人表示阅读过电子书后不会再购买该书的纸质版。

■ 1.11　成年人版权认知状况

2008年，我国成年人的版权认知度继续上升，有71.5％的成年人表示对版权的概念有所了解。

有25.2％的人曾购买过盗版图书或音像制品，另有22.2％的人表示自己分不清其购买的出版物是否为正版或盗版。

在盗版出版物中，盗版音像制品和盗版图书的消费人群相对较大。在2008年购买过盗版出版物的成年人中，60.1％的人曾购买过盗版音像制品，44.5％的人购买过盗版图书。

多数人认为购买盗版无论对于读者还是出版者来说都是无益的，而认为购买盗版对出版者更为不利的人数更多，约占81.7％。

■ 1.12　城乡公共文化设施

35.6％的城镇居民表示在其居住的街道附近有报刊栏，15.5％的城镇居民表示在其居住的街道附近有公共图书馆，14.4％的城镇居民表示在其居住的街道附近有社区阅览室/书屋。

我国城镇居民对各种公共文化设施的整体满意度较高。在公共图书馆使用者中有61.6％的人表示对公共图书馆满意（"非常满意"和"比较满意"）。在社区阅览室/书屋的使用者中，有53.0％的人表示对社区阅览室/书屋满意（"非常满意"和"比较满意"）。另外，有41.0％的报刊栏使用者表示对报刊栏满意（"非常满意"和"比较满意"）。

在表示其居住的村里有农家书屋的农村居民中，有42.7％的人表示使用过农家书屋。在农家书屋的使用者中，有35.0％的人对农家书屋表示满意（"非常满意"和"比较满意"），而表示不满意（"非常不满意"和"比较不满意"）的人只有10.0％。但值得注意的是，有 24.0% 的人对农家书屋的满意度评价比较模糊（"说不好"）。

■ 1.13 成年人阅读活动参与状况

有 7.4% 的成年人认为自己的阅读量"很多"或"比较多"，但更多的人（65.1%）则认为自己的阅读量"比较少"或"很少"。61.3% 的人对自己的整体阅读情况并不满意（"比较不满意"和"非常不满意"），35.7% 的人对自己的阅读情况比较满意，而对自己的阅读情况非常满意的只是极少数。

只有 6.0% 的成年人表示在其居住的周围曾举办过读书节或其他读书活动。而 64.0% 的国民认为其所在地的有关部门应该举办一些读书节或其他读书活动。

二、主要发现——未成年人部分

■ 2.1 图书阅读

本次调查发现，我国 18 周岁以下未成年人图书阅读率达到 81.4%，远远高于成年人。其中 0—8 周岁人群阅读率为 72.3%，9—13 周岁人群阅读率为 93.5%，14—17 周岁人群阅读率为 79%。

■ 2.2 儿童早期阅读

0—8 周岁儿童的调查数据显示，76% 的家长在孩子 3 周岁以前就开始引导孩子进行挂图、绘本、识字卡片等图书的早期阅读，其中 27.4% 的家长在孩子 1 周岁前就开始引导孩子早期阅读，另有

25％和23.6％的家长分别在孩子两周岁前和三周岁前开始。55％的家庭平均每天家长陪孩子读书时间在 20 分钟以上。

■ 2.3　课外阅读

对 9—17 周岁人群的调查数据显示，对于学生阅读课外书，66.0％的学校老师和 74.3％的家长表示赞成，另有 9.6％的学校老师和 6.6％的家长因担心耽误学习而反对学生阅读课外书。

9—13 周岁人群最喜欢阅读的课外读物是经典名著、卡通漫画、科幻神话和校园小说。一半以上的小学生表示自己阅读的课外书是由家长购买，23％是通过借阅获得。此外，还有 0.9％的小学生习惯在网上看课外书。14—17 周岁人群对课外书的选择偏好主要集中在文学类上，这一比例占到了 58.5％，其次喜欢的课外书类别依次是历史类、科普类和心理类，选择比例均在 20％左右。

■ 2.4　报刊阅读

调查发现，14—17 周岁未成年人报纸阅读率为 61.5％，期刊阅读率为 62.2％，人均年期刊阅读量为 14.6 期，他们选择比例最高的三类期刊分别是流行时尚、作文类和学习辅导类期刊，这三类期刊的选择比例均超过三成。

9—13 周岁未成年人期刊阅读率为 50.2％，人均年期刊阅读量为 3.7 期。

■ 2.5　动漫接触情况

本次调查结果表明，9—17 周岁未成年人的上网率为 37.2％，其中 9—13 周岁人群上网率为 23.7％，14—17 周岁人群上网率为 56.3%。

本次调查中的动漫产品包括"漫画书/漫画期刊/动画片/动漫影视/单机游戏/网络游戏等"。9—17 周岁未成年人动漫产品接触率为 86.7%，其中，9—13 周岁人群接触率为 91.8%，14—17 周岁人群接触率为 79.4%。

在 9—17 周岁未成年人接触的动漫产品类型中，以动画片/动漫影视为主，其比例达到 63.9%，其中 9—13 周岁人群动画片/动漫影视接触率为 71.0%，14—17 周岁人群动画片/动漫影视接触率为 53.6%，这一比例明显高于接触的其他动漫作品类型。

在电子游戏方面，有四成左右（39.1%）的中小学生基本不接触电子游戏，接触电子游戏的中小学生中，有 23.26% 的人每周接触电子游戏的时间在半小时以下。

三、抽样设计

■ 3.1　调查目的

全面了解近两年来我国国民的阅读与购买兴趣、偏好、方式、需求、行为等基本状况和变动情况，分析、总结我国国民阅读与购买图书、报纸、期刊、音像、电子、网络等不同出版物的变化规律和发展趋势，为国家新闻出版管理机关的管理和出版单位的生产提供服务。

■ 3.2　调查总体

本次调查的对象为我国市辖区人口在 50 万以上的地级以上城市（不包括海南省、西藏自治区及我国港澳台地区），年龄在 0—70 周岁，具有本市非农业或农业户口的人。

■ 3.3 抽样框

本次调查抽样框根据《2006 中国城市统计年鉴》及各城市行政区划资料编制。

根据《2006 中国城市统计年鉴》的统计数据，我国共有人口在 200 万以上的地级及以上城市 38 个，人口数在 100 万—200 万的地级及以上城市 73 个，人口数在 50 万—100 万的地级及以上城市 107 个，人口数在 50 万以下的城市 64 个。根据区域和人口规模划分，分布如下：

表 3-3-1　地级及以上城市按区域和人口规模分布

	200 万以上	100 万—200 万	50 万—100 万	20 万—50 万	20 万以下
东部	23	30	30	16	0
中部	7	15	26	23	2
西部	8	28	51	21	2

其中东部、中部、西部区域的划分依据《2006 中国城市统计年鉴》（年鉴中的划分不包括港澳台地区）中的划分：

东部：北京、天津、河北、辽宁、上海、江苏、浙江、福建、山东、广东、海南，共包括 11 个省、自治区、直辖市。

中部：山西、内蒙古、吉林、黑龙江、安徽、江西、河南、湖北、湖南，共包括 9 个省、自治区。

西部：广西、重庆、四川、贵州、云南、西藏、陕西、甘肃、宁夏、青海、新疆，共包括 11 个省、自治区、直辖市。

对于人口数在 200 万以上的城市，我们选取 16 个自代表城市作为研究样本。对于人口数在 50 万—200 万的地级及以上城市，我们采用人口规模和区域两个维度，分区域随机抽取 40 个城市。

3.4 样本量

考虑到自代表城市对自身城市的代表性，我们将人口数大于500万的自代表城市样本量定为900个，人口500万以下的自代表城市样本量定为750个，非自代表城市的样本量定为450个。总样本量为31200个，其中非农业人口23760人，农业人口7440人。

按照完全随机抽样的方式，在95％的置信水平下，总样本合计31200个，抽样误差为0.55％。

人口大于500万自代表城市样本量900个，抽样误差为3.3％。

人口500万以下自代表城市样本量750个，抽样误差为3.5％。

其他城市样本量450个，抽样误差为4.6％。

随机抽样样本量计算公式如下：

$$n = \frac{Z^2(S^2/X^2)}{d^2/X^2} = \frac{Z^2 V^2}{P^2}$$

其中：n代表所需要样本量；Z表示置信水平下的Z统计量，如95％置信水平的Z统计量为1.96；P代表相对误差；V为变异系数，通常比较保守的估计值为0.5左右。

以上是按完全随机抽样计算的抽样误差，而本次研究采用的多阶段分层不等概率抽样的抽样误差要小于完全随机抽样误差。也就是说，在样本量达到900个的情况下，能够做到样本与整体之间的差距小于3.3％；在样本量达到750个的情况下，能够做到样本与整体之间的差距小于3.5％。对于整个调查，样本量为31200，能够做到样本与整体之间的差距小于0.55％。

3.5 抽样方法

本方案采用分层的六阶段不等概率抽样，各阶段的抽样单位为：

第一阶段：以人口数在 50 万以上的地级及以上城市为一级抽样单位。

第二阶段：以区（市辖区）、县（市辖县）为二级抽样单位。

第三阶段：城镇样本以地图块为三级抽样单位，农村样本以乡镇以下行政村为三级抽样单位。

第四阶段：以家庭户为四级抽样单位。

第五阶段：以个人为最终样本（以 KISH 表①随机选取的家庭成员为最终样本）。

■3.6 一级抽样单元的选取

3.6.1 16 个自代表城市

市辖区人口在 200 万以上②的城市我们采用典型抽样的方法，用 16 个自代表城市作为研究样本。分别为：北京、上海、重庆、广州、武汉、天津、西安、南京、成都、沈阳、杭州、济南、郑州、昆明、兰州、乌鲁木齐③。

3.6.2 40 个非自代表城市

对于人口数在 50 万—200 万的地级及以上城市，我们采用实际人口规模和区域④两个维度，将 40 个城市样本进行分配。结果

---

① KISH 表是美国著名抽样专家 KISH 创立的一种在确定了户之后，如何选择户内家庭成员的方法，它的原理与随机数表一致。

② 本报告中城镇居民数据均来自《2006 中国城市统计年鉴》。

③ 乌鲁木齐市辖区人口为 185.61 万，考虑到本次调查对西部地区国民阅读状况的关注，将乌鲁木齐作为自代表城市进行调查。

④ 东、中、西部区域的划分以区域的经济水平差异为主要依据。依据全国人大"七五"计划的划分，并结合 2000 年国家制定的西部大开发政策中对西部地区范围的调整划分如下（不包括西藏、海南及港澳台地区）：

东部：北京、天津、河北、辽宁、上海、江苏、浙江、福建、山东、广东。

中部：山西、吉林、黑龙江、安徽、江西、河南、湖北、湖南。

西部：广西、重庆、四川、贵州、云南、陕西、甘肃、内蒙古、宁夏、青海、新疆。

如下：

表 3-6-1　人口数为 50 万—200 万城市样本分布

	100 万—200 万	50 万—100 万	总计
东部	7	7	14
西部	3	6	9
中部	6	11	17
合计	16	24	40

以上 40 个城市从符合人口规模和区域分布的城市列表中随机抽样产生。

最终抽得的具体城市样本如表 3-6-2 所示：

表 3-6-2　最终抽取的 40 个非自代表城市

100 万—200 万		50 万—100 万	
东部	浙江　湖州市	东部	辽宁　阜新市
	山东　临沂市		广东　揭阳市
	河北　邯郸市		浙江　金华市
	福建　福州市		福建　漳州市
	江苏　徐州市		山东　德州市
	辽宁　抚顺市		江苏　南通市
	广东　中山市		河北　廊坊市
西部	青海　西宁市	西部	云南　曲靖市
	甘肃　天水市		陕西　商洛市
	四川　资阳市		四川　攀枝花市
	—　　　—		贵州　遵义市
	—　　　—		宁夏　银川市
	—　　　—		广西　玉林市

续前表

100万—200万			50万—100万		
中部	安徽	亳州市	中部	江西	吉安市
	黑龙江	齐齐哈尔市		安徽	马鞍山市
	内蒙古	呼和浩特市		河南	开封市
	湖北	荆州市		山西	临汾市
	江西	宜春市		黑龙江	牡丹江市
	湖南	益阳市		湖南	邵阳市
	—	—		湖北	荆门市
	—	—		吉林	松原市
	—	—		内蒙古	通辽市
	—	—		山西	忻州市
	—	—		河南	新乡市

■ 3.7　二级抽样单元的选取

对城区的抽样采用随机抽样，对郊区和郊县的抽样依据"就近原则"，抽取距离市中心最近的郊区或郊县。

对样本量为 900 的城市抽取 5 个城区，1 个郊区。

对样本量为 750 的城市抽取 4 个城区，1 个郊区。

对样本量为 450 的城市抽取 2 个城区，1 个郊县。

对城区的抽样采用随机抽样，对郊区和郊县的抽样依据"就近原则"，抽取距离市中心最近的郊区或郊县。

■ 3.8　其他抽样单元的选取

3.8.1　城镇样本

对城镇样本采用地图块抽样。具体步骤如下：

划分地图块：对每个城市抽取出来的区县，在地图上按比例划好面积大致相同的若干方块。方块不宜太大，尽量控制在每个抽样员能在三四个小时内走完。

对地图块进行编号：对划分好的地图块进行编号，编号原则是：从左往右，从下往上依次编号。对于每个地图块，需要标出组成地图块边界的具体路名。

对地图块进行随机抽样。

抽取出的地图块分配到每个抽样员。访问员按一定路线对地图块进行行走，按行走路线抄取地图块范围内的所有地址表。

对以上地址表行进编码和等距抽样，抽取最终访问到的家庭户。

入户之后采用 KISH 表抽取最终访问到的家庭成员。

3.8.2　农村样本

农村地广人稀，没有密集的居住区和规划整齐的街道，不适合地图块抽样，因而农村样本以行政村为抽样单元，在抽中的行政村中抽取样本户。

具体抽样方法如下：

在选取的每一个县级单位内，列出所辖所有乡镇名称。

依据"就近原则"，选取离县中心最近的 N 个乡镇。（N 为要求的三级抽样单元数目）

依据"就近原则"，在每一抽取出的乡镇中，选取离乡镇中心最近的两个村委会。

在抽中的村委会中，以进村的第一户为起点，进行等距抽样，抽取需要访问的户。

入户之后采用 KISH 表抽取最终访问到的家庭成员。

■3.9　城镇/农村样本配额

由于农村地区国民的阅读状况是本次调查关注的重点之一，一方面考虑执行的可行性，另一方面考虑样本的代表性，本次调查将城市样本与农村样本的比例设计为 3∶1 左右。为了加强具体执行过程的可操作性和数据的可控性，我们规定在市辖区内只抽取地图块为三级单元，并且只访问城市样本；在市辖县内只抽取乡镇为三级单元，并且只访问农村样本。具体配额如下：

自代表城市市辖区人口＞500 万，城市∶农村＝5∶1

自代表城市市辖区人口＜500 万，城市∶农村＝4∶1

其他城市市辖区人口 100 万—200 万，城市∶农村＝4∶1

其他城市市辖区人口 50 万—100 万，城市∶农村＝2∶1

■ 3.10　最终设计样本分布情况

东部、中部、西部地区的样本比例为 13050∶9300∶8850；城镇居民和农村居民的比例为 3.2∶1；整体抽样误差不超过 0.55%。

各省市城镇、农业居民的样本分布如下：

表 3-10-1　各省市样本量分布情况

区域	省份	城市	总样本	城市	农村
东部	北京	北京	900	750	150
	天津	天津	900	750	150
	河北	邯郸	450	360	90
		廊坊	450	300	150
	辽宁	沈阳	750	600	150
		抚顺	450	360	90
		阜新	450	300	150
	上海	上海	900	750	150
	江苏	南京	900	750	150
		徐州	450	360	90
		南通	450	300	150

续前表

区域	省份	城市	总样本	城市	农村
东部	浙江	杭州	750	600	150
		湖州	450	360	90
		金华	450	300	150
	福建	厦门	450	360	90
		漳州	450	300	150
	山东	济南	750	600	150
		临沂	450	360	90
		德州	450	300	150
	广东	广州	900	750	150
		中山	450	360	90
		深圳	450	300	150
	小计		13050	10170	2880
中部	山西	临汾	450	300	150
		忻州	450	300	150
	内蒙古	呼和浩特	450	360	90
		通辽	450	300	150
	吉林	松原	450	300	150
	黑龙江	齐齐哈尔	450	360	90
		牡丹江	450	300	150
	安徽	亳州	450	360	90
		马鞍山	450	300	150
	江西	宜春	450	360	90
		吉安	450	300	150
	河南	郑州	750	600	150
		开封	450	300	150
		新乡	450	300	150
	湖北	武汉	900	750	150
		荆州	450	360	90
		荆门	450	300	150

续前表

区域	省份	城市	总样本	城市	农村
中部	湖南	邵阳	450	300	150
		益阳	450	360	90
	小计		9300	6810	2500
西部	广西	玉林	450	300	150
	重庆	重庆	900	750	150
	四川	成都	750	600	150
		资阳	450	360	90
		攀枝花	450	300	150
	贵州	遵义	450	300	150
	云南	昆明	750	600	150
		曲靖	450	300	150
	陕西	西安	900	750	150
		商洛	450	300	150
	甘肃	兰州	750	600	150
		天水	450	360	90
	宁夏	银川	450	300	150
	青海	西宁	450	360	90
	新疆	乌鲁木齐	750	600	150
	小计		8850	6780	2070
总计			31200	23760	7440

■3.11 统计推断

本次研究采用的抽样方法为多阶段分层不等概率抽样。由于是全国性大样本的调查，在各个阶段中用到了多种复杂抽样方法的组合，包括 PPS 抽样[①]、简单随机抽样、等距抽样、KISH 表抽样、

---

① PPS 为 Sampling with probability proportional to size 的缩写，即不等概率抽样。

典型抽样等。

由于抽样阶段很多，每个层次涉及的抽样方法各不相同，在进行最终统计推断时非常复杂。为了简化参数估计的计算，对总体的推断有更加清晰的了解，我们将复杂的抽样过程简化为两个阶段：初级抽样单元（PSU），即抽取到的城市；二级抽样单元（SSU），即抽取到的最终样本——个人。

根据方差分析原理，对总体进行分层后，总体方差可以分解为两部分，一部分是层间方差，一部分是层内方差。初级抽样单元 PSU 之间的方差为层间方差；二级抽样单元 SSU 之间的方差为层内方差。两个层的方差估计过程如下：

第一阶段，城市的抽取，采用的是 PPS 抽样。PPS 抽样的估计，可直接应用汉森-赫维茨（Hansen-Hurwitz）估计量的公式进行计算。具体计算过程如下：

记 Y_{ij} 为总体的第 i 个群中第 j 个次级单元的观测值（$i=1$, 2, $\cdots$, N; $j=1$, 2, $\cdots$, M_i），其中 M_i 是群的大小。y_{ij} 为样本中第 i 个群中第 j 个次级单元的观测值（$i=1$, 2, $\cdots$, n; $j=1$, 2, $\cdots$, m_i），其中 m_i 是群的大小。

总体总量 Y 的估计量为 $\hat{Y}$。

$$\hat{Y} = \frac{1}{n} \sum_{i=1}^{n} \frac{y_i}{z_i}$$

总体总量估计量 $\hat{Y}$ 的方差估计量 $V(\hat{Y})$。

$$V(\hat{Y}) = \frac{1}{n} \sum_{i=1}^{N} Z_i \left(\frac{Y_i}{Z_i} - Y \right)^2 \tag{1}$$

其中 $Y_i = \sum_{i=1}^{M_i} Y_{ij}$，$y_i = \sum_{i=1}^{m_i} y_{ij}$，$Z_i = \frac{M_i}{M_o}$（$M_i$ 是分层抽样中群的大小，M_o 是总体中所有群大小之和）。

第二阶段，从抽到的城市中抽取访问的个体。这个过程分成了多个阶段，地图块的抽取采用简单随机抽样，从地图块中抽取户采用等距抽样，从户中抽取最终访问的样本采用 KISH 表抽样。在这一阶段中虽然采用了多种抽样方法的结合，但这几种方法组合的抽样原理基本可以认为与分层随机抽样一致。因此在这一阶段，我们采用分层随机抽样的统计推断方法来对总体进行估计。

在抽中的 PSU 所含的全部 M_i 个 SSU 中抽取 m_i 个，总体方差的估计公式为

$$V(\hat{Y}) = \frac{1}{n} \sum_{i=1}^{N} \frac{M_i^2(1-f_i)S_i^2}{m_iZ_i} \qquad (2)$$

其中 S_i^2 为第 i 个 PSU 中的 SSU 之间的方差。$f_i = \dfrac{n_i}{N_i}$

非自代表城市的样本，是通过以上两个阶段抽取，在统计推断时其总体方差估计＝公式（1）＋公式（2）。自代表城市的样本，没有经过抽取城市的第一阶段，因此在统计推断时其总体方差仅来自于层内差，即公式（2）。

农业人口样本，在抽取县和村委会时采用了就近抽样的典型抽样方法，这种方法的变异量要高于随机抽样。因此在估计农业人口样本的总体方差时需要适当扩大公式（2）的值。

四、最终样本结构

本次调查最终获取 0—70 周岁样本 25497 个，各年龄段样本分布情况如表 4-1 所示：

表 4-1　各年龄段实际样本分布情况

人口特征	类别	0—8 周岁 (2500 个)	9—13 周岁 (1750 个)	14—17 周岁 (1815 个)	18—70 周岁 (19432 个)
性别	男	53.1%	51.1%	50.5%	43.4%
	女	46.9%	48.9%	49.5%	56.6%
	合计	100.0%	100.0%	100.0%	100.0%
城乡	城市	75.3%	77.3%	76.0%	75.4%
	农村	24.7%	22.7%	24.0%	24.6%
	合计	100.0%	100.0%	100.0%	100.0%

第 一 部 分 ▪▪▪▪▪▪▪▪▪▪▪▪▪▪▪▪▪▪▪▪▪▪▪▪▪▪▪▪▪

18—70 周岁成年人
阅读与购买倾向调查报告

第六次国民阅读调查实际获取 18—70 周岁成年人样本量为 19432 个，其中男性成年人样本占 43.4%，女性成年人样本占 56.6%；城市成年人样本占 75.4%，农村成年人样本占 24.6%。

在调查内容方面，我们在本次调查中增加了有关被访者参加阅读活动情况方面的问题，例如对自己的整体阅读情况是否满意、是否参加过读书活动或读书节等。

下面我们将分章节呈现 18—70 周岁成年人部分的调查报告。

第一章
成年人媒介接触及消费状况

■1.1　成年人媒介接触状况

1.1.1　媒介接触率

第六次国民阅读调查显示，在成年人中，电视依旧是受众规模最大的媒介，2008 年我国成年人的电视接触率①高达 95.0％，虽比2007 年的 98.8％略有下降，但仍远高于其他各类媒介。

其次是平面媒介，报纸、期刊的接触率分别为 48.4％ 和37.5％，均比 2007 年有所下降；② 而图书的接触率却达 32.6％，比2007 年的 27.7％有较大幅度上升。

互联网也有较好的表现，以 31.4％的接触率超过了 2007 年的25.7％，同时也超过了 VCD/DVD、广播、录音带/CD/MP3 这些传统媒介的接触率。

具体情况如表 1-1-1 所示：

---

① 课题组注：此处接触率为"平均接触率"，即媒介的工作日接触率与休息日接触率的平均值。

② 课题组注：2007 年我国国民对报纸和杂志的接触率分别为 58.3％和 38.4％。

表 1-1-1　我国国民的媒介接触率

媒介类型	平均接触率	工作日接触率	休息日接触率
电视	95.0％	94.5％	95.5％
报纸	48.4％	49.7％	47.0％
期刊	37.5％	37.6％	37.4％
图书	32.6％	32.4％	32.8％
互联网	31.4％	30.7％	32.1％
VCD/DVD	27.7％	27.0％	28.4％
广播	21.3％	21.2％	21.4％
录音带/CD/MP3	17.0％	16.7％	17.3％
手机阅读（小说/新闻）	12.9％	12.3％	13.4％

值得注意的是，虽然手机阅读的接触率比其他媒介低，但作为一种新兴阅读方式，其12.9％的接触率也显示出其发展的潜力。

手机终端的普及、手机无线上网资费的下调，以及手机自身的便携性等因素为手机阅读的进一步扩散与发展提供了一个合理的想象空间。

接下来，我们根据以上各类媒介的媒介属性，分别对电波媒介、平面媒介、音像出版物、互联网等媒介的历年接触情况作出分析。

1.1.1.1　电波媒介接触状况及变化

如图 1-1-1 所示，尽管 2008 年的电视接触率略有下降，但整体来看，2001 年至 2008 年的电视接触率基本上一直保持较高的状态。

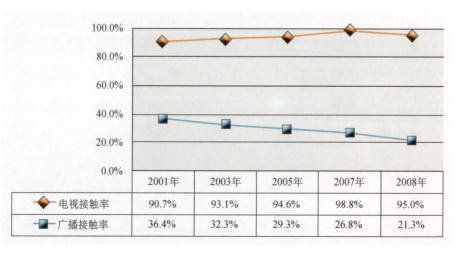

	2001年	2003年	2005年	2007年	2008年
电视接触率	90.7％	93.1％	94.6％	98.8％	95.0％
广播接触率	36.4％	32.3％	29.3％	26.8％	21.3％

图 1-1-1　电波媒介接触状况及变化

而广播的接触率则呈逐年下降的态势。

1.1.1.2 平面媒介接触状况及变化

如图 1-1-2 所示，在平面媒介中，报纸的接触率相对较高，且2001 年至 2008 年始终高于图书和期刊的接触率。同时，我们发现，历年来，期刊的接触率基本上保持比较稳定的状态。

虽然近年来图书的接触率相对较低，但值得注意的是 2008 年我国成年人的图书接触率比 2007 年有较大幅度的提高，上升约 5 个百分点。

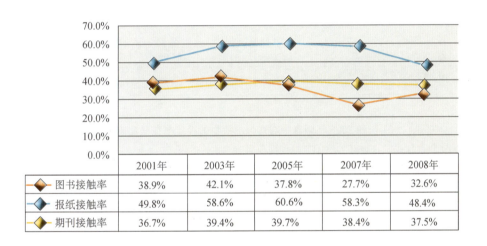

	2001年	2003年	2005年	2007年	2008年
图书接触率	38.9%	42.1%	37.8%	27.7%	32.6%
报纸接触率	49.8%	58.6%	60.6%	58.3%	48.4%
期刊接触率	36.7%	39.4%	39.7%	38.4%	37.5%

图 1-1-2 平面媒介接触状况及变化

1.1.1.3 音像出版物接触状况及变化

如图 1-1-3 所示，对于音像出版物 VCD/DVD 和盒式录音带/CD/MP3 来说，2005 年的接触率均有下降态势，尤其是 VCD/DVD。

由于有线电视的普及、互联网的发展，以及各种新兴影音载体（如手机影视）的诞生，使得人们获取、浏览影音资料的途径更加多样化、便利化。人们不再局限于必须借助专门的 VCD 或 DVD 播放器来收看影音资料，同时也减少了对 VCD 和 DVD 的购买行为（从表"国民自费消费各类出版物情况"可以看出）。这些原因不可避免地会导致人们对 VCD/DVD 接触行为的减少。这很容易让人们想起 20 世纪八九十年代流行的盒式录像带，这种曾风靡一时的媒介在人们的视线中近于绝迹。

各种新技术、新媒介的诞生无疑会给现有的各种媒介带来冲击，当然这同时也会给人们呈现更为新颖、更为便利的替代品。

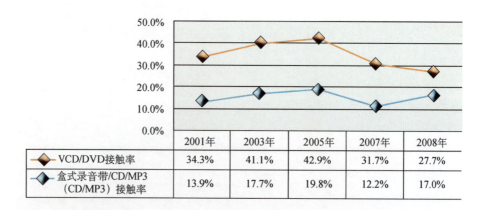

	2001年	2003年	2005年	2007年	2008年
VCD/DVD接触率	34.3%	41.1%	42.9%	31.7%	27.7%
盒式录音带/CD/MP3（CD/MP3）接触率	13.9%	17.7%	19.8%	12.2%	17.0%

说明：2007 年和 2008 年调查中对音像出版物的界定与往届略有差别，"CD/MP3"更改为"盒式录音带/CD/MP3"，数据仅供参考。

图 1-1-3　音像出版物接触状况及变化

1.1.1.4　互联网接触状况及变化

如图 1-1-4 所示，2008 年我国国民的互联网接触率为 31.4％，与 2007 年相比有较大幅度下降。但总体来看，2001 年至 2008 年，我国国民对互联网的接触率大体上呈上升趋势。

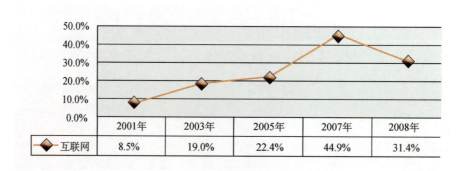

	2001年	2003年	2005年	2007年	2008年
互联网	8.5%	19.0%	22.4%	44.9%	31.4%

图 1-1-4　互联网接触状况及变化

1.1.2 媒介接触时长及变化

我国成年人平均每天接触电视的时长超过一个半小时（98.29分钟）；其次是互联网的接触时长，约为半个小时（26.16分钟）；平面媒体（报纸、图书、期刊）的接触时长大约在20分钟；而每天花费在手机阅读上的时间大约为5分钟。

具体情况如表1-1-2所示：

表 1-1-2　媒介接触时长

媒介类型	平均每天接触时长（分钟）
电视	98.29
互联网	26.16
报纸	22.83
图书	17.70
期刊	16.26
VCD/DVD	13.19
广播	11.25
录音带/CD/MP3	8.55
手机阅读	4.66

根据我国成年人平均每天接触媒介的时长，我们采用聚类分析方法，将媒介接触者分成4类，[①]并分别根据各类的特点，对4类人群命名（唯电视型、网络倾向型、全媒介型和媒介冷淡型）。聚类结果如表1-1-3所示：

---

① 课题组注：经过16次迭代，收敛结果为0。

表 1-1-3　基于媒介接触时长的 4 类人群划分

媒介类型	媒介接触特点（基于媒介接触时长：小时）			
	唯电视型	网络倾向型	全媒介型	媒介冷淡型
图书	0.08	0.40	1.35	0.18
报纸	0.23	0.45	1.18	0.25
期刊	0.11	0.39	1.06	0.14
电视	1.91	1.55	1.67	0.45
广播	0.15	0.17	0.46	0.12
互联网	0.04	1.81	0.59	0.13
VCD/DVD	0.20	0.21	0.48	0.10
录音带/CD/MP3	0.06	0.26	0.42	0.09
手机阅读	0.02	0.16	0.25	0.06

　　分析上表发现，以上 4 类人群接触电视的时间都相对较长。单独来看，"唯电视型"人群在电视上花费的时间更长（大约 2 小时），而在其他媒体上花费的时间均非常短；"网络倾向型"人群除了在电视上花费较长的时间外，在互联网上花费的时间远高于其他 3 类人群；"全媒介型"人群在各类媒体上花费的时间均较长，尤其是在平面媒体（图书、报纸、期刊）上花费的时间远高于其他 3 类人群；而"媒介冷淡型"人群在各类媒体上的花费时间均低于其他 3 类人群。

　　如图 1-1-5 所示，在我国国民中，第一类即"唯电视型"人群规模最大，其人数占国民总体的 58.0％；其次是"网络倾向型"人群，在国民总体中所占比例为 18.3％。

　　从人口特征来看，相对于其他人群，"网络倾向型"人群的平均年龄较低（平均年龄在 30 周岁以下）、平均收入较高（月均收入在 1500 元以上）、平均学历较高（多为高中及以上学历）；而"唯电视型"和"媒介冷淡型"人群则是高年龄（平均年龄约 40 周岁）、低收入（收入在 1000 元以下）、低学历（多为初中及以下学历）者

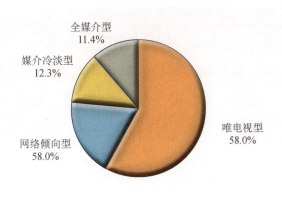

全媒介型
11.4%

媒介冷淡型
12.3%

网络倾向型
58.0%

唯电视型
58.0%

图 1-1-5　四种类型人群的规模分布

较多;"全媒介型"人群在年龄、收入、学历这些指标上均处于中等水平。具体情况如表 1-1-4 所示:

表 1-1-4　四种类型人群的人口特征

媒介类型	平均年龄	平均收入	平均学历[①]
唯电视型	41.82	796.06	1.95
网络倾向型	28.60	1598.64	3.35
全媒介型	35.57	1144.63	3.01
媒介冷淡型	39.25	919.07	2.26

1.1.3　媒介接触种类

为了研究国民的媒介接触种类,我们定义:如果一个被访者过去一年只接触了一种媒介,则计数为 1;接触了两种媒介,则计数为 2;以此类推,接触了 N 种媒介,则计数为 N。据此计算,我们发现我国成年人平均接触媒介种类为 3.26 种。

不同特征的人群在接触的媒介种类数上存在显著性差异。男性、年龄较轻者(尤其是 18—29 周岁人群)、学历较高者(尤其是高中/中专以上学历人群)、收入较高者(尤其是个人月收入在 2000

---

①　课题组注:分别对"小学及以下"、"初中"、"高中/中专"、"大专"、"大学本科"、"硕士及以上"学历赋值 1、2、3、4、5、6。从均值上判断学历高低,均值越高者说明平均学历越高。

元以上人群）接触的媒介种类数相对较高。

从职业来看，"公检法/军人/武警"、"学生"和"机关/事业单位干部"等人群接触的媒介种类数在 5 种左右，显著高于"无业及失业人员"、"离退休人员"和"农民或农民工"等群体。

另外，从城乡对比来看，城镇居民平均接触的媒介种类为 3.98 种，显著高于农村居民的 2.78 种。

具体情况如表 1-1-5 所示：

表 1-1-5　不同人口特征人群的媒介接触种类

人口特征	类别	媒介接触种类
性别	男	3.48
	女	3.03
年龄	18—29 周岁	4.21
	30—39 周岁	3.32
	40—49 周岁	2.77
	50—59 周岁	2.38
	60—70 周岁	2.32
学历	小学及以下	1.72
	初中	3.02
	高中/中专	4.03
	大专	4.83
	大学本科	5.35
	硕士及以上	5.63
收入	无收入	3.14
	500 元以下	2.23
	501—1000 元	2.99
	1001—2000 元	3.81
	2001—3000 元	4.37
	3001—5000 元	4.74
	5001—8000 元	4.75
	8001—10000 元	4.06
	10000 元以上	4.28
	拒绝回答	3.57

人口特征	类别	媒介接触种类
职业或身份	公检法/军人/武警	5.45
	学生	5.33
	机关/事业单位干部	4.96
	企业领导或管理人员	4.90
	专业技术人员/教师/医生	4.49
	一般职员/文员/秘书	4.43
	工人/商业服务业人员	3.68
	私营或个体劳动者	3.64
	无业及失业人员	3.19
	离退休人员	3.06
	农民或农民工	2.23
城乡	城市	3.98
	农村	2.78

■1.2　成年人媒介使用目的

如表 1-2-1 所示，总的来看，电视是我国成年人了解各类信息的最主要的渠道。六成至九成的成年人表示，在了解各类信息时会借助电视这一媒介。其中，有 88.8％的成年人表示在其了解"国内外新闻时事"时习惯借助电视这一媒介。另外，有两成左右的成年人借助报纸和互联网了解相关信息。而通过国内音像出版物、电子出版物和境外媒体了解各类信息的国民比例较低。

除了国内电视、报纸和互联网这三类强势媒体外，有 10％的成年人也习惯通过期刊了解各类信息。相对来说，通过期刊了解"生活/消费资讯"和"时尚流行趋势"等信息的人更多。

另外，我们可以看到成年人对"国内外新闻时事"的关注度非常高，有 96.2%①的人通过不同媒介了解这类信息；而对时尚流行信息的关注度相对较低，有近两成（19.3%）的国民不通过任何媒介了解这类信息。

表 1-2-1　了解各类信息借助的媒介②

	国内外新闻时事	国内外观点和思潮	工作和学习有关信息	生活/消费资讯	时尚流行趋势	休闲娱乐信息
国内电视	88.8%	78.4%	61.4%	72.0%	64.2%	66.7%
国内报纸	35.2%	26.2%	21.7%	22.0%	16.2%	15.1%
国内互联网	21.5%	19.9%	20.3%	18.5%	20.2%	20.7%
国内期刊	9.4%	8.0%	8.5%	10.0%	11.9%	8.7%
国内广播	8.7%	6.8%	4.8%	5.4%	4.0%	4.1%
国内图书	2.6%	2.3%	7.9%	2.7%	1.9%	1.9%
国内音像出版物（CD/DVD等）	0.6%	0.5%	0.8%	0.7%	0.7%	2.3%
国内电子出版物（游戏/软件等）	0.1%	0.1%	0.3%	0.1%	0.3%	1.0%
境外媒体	0.5%	0.4%	0.3%	0.3%	0.5%	0.5%
其他	0.6%	0.5%	0.9%	1.2%	0.9%	0.9%
无	3.8%	10.0%	16.8%	12.9%	19.3%	16.9%

　　如表 1-2-2 所示，从城乡对比来看，城镇居民和农村居民在了解各类信息时所选取的媒介渠道方面存在显著性差异。农村居民比城镇居民更多地通过电视了解各类信息。而城镇居民利用其他各种

---

　　① 课题组注：该值计算方式为，1 减去不通过任何媒介了解"国内外新闻时事"（即"无"）的比例。

　　② 课题组注：表中百分比的意义是在了解某类信息的人群中选择某一媒介作为获取这类信息的渠道的人群所占的百分比。例如，在了解"国内外新闻时事"的人群中，有 88.8%的人选择"国内电视"作为获取这类信息的途径。

全国国民阅读调查报告（2009）

媒介了解各类信息的比例明显高于农村居民，尤其是互联网、报纸和期刊等媒介对于城镇居民了解各类信息发挥了更大的作用。

电视的收看成本相对较低，一次性购买接收终端，便基本上可以无成本地（除电费、维修费用等基本费用）继续使用；而互联网、报纸、期刊等媒体的使用则需要连续性投资（例如网费，报纸、期刊的逐日、逐期花费等）。除了阅读意识和文化程度等因素的影响外，经济因素很可能是影响农村居民选取媒介渠道的一个重要的因素。

另外，表 1-2-2 中数据显示，城镇居民对各类信息的关注度均显著高于农村居民。在城镇居民中，通过不同媒介了解各类信息的比例均明显高于农村居民。[①] 例如，城镇居民中有 87.8％的人通过各种媒介了解时尚流行信息，而农村居民中的这一比例只有76.0％；城镇居民中有 89.2％的人通过各种媒介了解休闲娱乐信息，而农村居民中的这一比例只有 79.1％。

具体情况如表 1-2-2 所示：

表 1-2-2　城乡居民了解各类信息时借助的媒介

	国内外新闻时事		国内外观点和思潮		工作和学习有关信息		生活、消费资讯		时尚流行趋势		休闲娱乐信息	
	城市	农村	城市	农村	城市	农村	城市	农村	城市	农村	城市	农村
国内电视	87.1%	89.9%	76.9%	79.5%	56.2%	64.9%	68.9%	74.0%	61.5%	65.9%	63.5%	68.9%
国内报纸	53.4%	23.1%	41.0%	16.4%	32.1%	14.8%	34.2%	14.0%	24.3%	10.7%	23.5%	9.5%
国内互联网	36.1%	11.8%	33.7%	10.8%	34.6%	10.8%	32.2%	9.4%	33.8%	11.1%	34.9%	11.2%
国内期刊	12.4%	7.4%	10.7%	6.3%	10.5%	7.1%	13.5%	7.6%	16.4%	8.8%	12.5%	6.2%
国内广播	9.7%	8.0%	7.8%	6.1%	5.3%	4.4%	6.1%	4.9%	4.4%	3.8%	5.0%	3.4%
国内图书	3.2%	2.2%	3.1%	1.9%	10.6%	6.0%	3.4%	2.2%	2.5%	1.6%	2.8%	1.3%
境外媒体	0.5%	0.5%	0.6%	0.4%	0.3%	0.3%	0.4%	0.3%	0.6%	0.4%	0.6%	0.3%
国内音像出版物（如CD/DVD等）	0.5%	0.6%	0.3%	0.6%	0.9%	0.7%	0.4%	0.9%	0.6%	0.8%	2.1%	2.5%
国内电子出版物（如游戏/软件等）	0.3%	0.1%	0.2%	0.0%	0.5%	0.2%	0.3%	0.1%	0.3%	0.3%	1.3%	0.8%

———————————

① 课题组注：此数据为总体 100％减去不了解某类信息的人群所占的比例（表1-2-2 中"无"的比例）所得。

续前表

	国内外新闻时事		国内外观点和思潮		工作和学习有关信息		生活、消费资讯		时尚流行趋势		休闲娱乐信息	
	城市	农村	城市	农村	城市	农村	城市	农村	城市	农村	城市	农村
其他	0.5%	0.6%	0.4%	0.5%	1.0%	0.7%	1.3%	1.0%	0.9%	0.9%	1.1%	0.9%
无	1.1%	5.6%	4.6%	13.6%	10.5%	21.1%	6.9%	16.8%	12.2%	24.0%	10.8%	20.9%

1.3 成年人使用各种阅读载体的场所

对于成年人来说，"家中"、"学校或单位"这些与个人生活、学习或工作联系最为密切的地方是他们最经常的阅读场所，并且这些场所对于任何阅读方式都比较适用。例如，有近五成（49.1%）的人通常在家里看报纸，四成左右的人通常在家里看期刊或图书；有近两成（19.7%）的人通常在"学校或单位"看报纸，一成左右的人通常在"学校或单位"看期刊或图书。有38.9%的人在家上网进行阅读，而在网吧进行网上阅读的比例不足1.0%。

另外，由于手机、MP3/MP4、电子辞典等阅读载体的移动便利性，除了家庭、学校或单位外，也有相对较多的人在乘交通工具时利用这些阅读载体进行阅读。

具体情况如表 1-3-1 所示：

表 1-3-1　各种阅读载体的使用场所

	图书阅读	期刊阅读	报纸阅读	网上阅读	手机阅读	MP3/MP4、电子辞典阅读	其他手持阅读方式
家中	38.9%	42.2%	49.1%	24.4%	9.4%	8.1%	1.0%
学校或单位	10.5%	13.3%	19.7%	8.8%	3.6%	3.1%	0.6%
图书馆	6.8%	3.2%	1.3%	0.2%	0.2%	0.3%	0.1%
乘交通工具时	1.2%	1.9%	3.8%	0.1%	2.1%	3.1%	0.3%
书店	4.7%	2.3%	0.7%	0.0%	0.1%	0.1%	0.0%
网吧	0.9%	0.6%	0.2%	11.5%	0.3%	0.3%	0.1%
其他地点	0.6%	0.8%	2.3%	0.2%	0.6%	0.3%	0.1%
基本不阅读	52.4%	48.0%	36.3%	63.4%	87.2%	88.1%	97.4%

▌1.4 成年人媒介消费状况

1.4.1 2008年我国出版业基本情况

据新闻出版总署 2009 年 7 月公布的"2008 年全国新闻出版业基本情况"①显示，2008 年我国出版业发展势头良好。为呈现这一年度我国出版业的基本发展情况，现将其中的部分数据摘录如下：

2008 年全国出版图书、期刊、报纸总印张为 2649.66 亿印张，折合用纸量 613.06 万吨，与 2007 年相比用纸量增长 12.96％。其中：书籍用纸占总量 11.45％，课本用纸占总量 10.05％，图片用纸占总量 0.02％；期刊用纸占总量 6.05％；报纸用纸占总量 72.43％。

1.4.1.1 图书出版情况

2008 年全国共有出版社 579 家（包括副牌社 34 家），其中中央级出版社 220 家（包括副牌社 14 家），地方出版社 359 家（包括副牌社 20 家）。

2008 年全国共出版图书 274123 种，其中新版图书 148978 种，重版、重印图书 125145 种，总印数 70.62 亿册（张），总印张 561.13 亿印张，折合用纸量 131.91 万吨，定价总金额 802.45 亿元。与 2007 年相比图书品种增长 10.41％，新版图书品种增长 9.36％，重版、重印图书品种增长 11.68％，总印数增长 12.21％，总印张增长 15.34％，定价总金额增长 18.58％。

1.4.1.2 期刊出版情况

2008 年全国共出版期刊 9549 种，平均期印数 16767 万册，总印数 31.05 亿册，总印张 157.98 亿印张，定价总金额 187.42 亿元，

---

① 课题组注：这些数据来源于中华人民共和国新闻出版总署官方网站 http://www.gapp.gov.cn/cms/html/21/464/200907/465083.html.

折合用纸量 37.12 万吨（含高校学报、公报、政报、年鉴 1742 种，平均期印数 387 万册，总印数 4013 万册，总印张 264738 千印张）。与 2007 年相比，种数增长 0.86%，平均期印数增长 0.42%，总印数增长 2.1%，总印张增长 0.03%，定价总金额增长 9.65%。

1.4.1.3　报纸出版情况

2008 年全国共出版报纸 1943 种，平均期印数 21154.79 万份，总印数 442.92 亿份，总印张 1930.55 亿印张，定价总金额 317.96 亿元，折合用纸量 444.03 万吨。与 2007 年相比，种数增长 0.26%，平均期印数增长 2.97%，总印数增长 1.13%，总印张增长 13.51%，定价总金额增长 3.73%。

1.4.1.4　音像制品及电子出版物

2008 年全国共有音像制品出版单位 378 家，电子出版物出版单位 240 家。

全国共出版录音制品 11721 种，出版数量 2.54 亿盒（张），发行数量 2.49 亿盒（张），发行总金额 11.21 亿元。与 2007 年相比，品种下降了 23.46%，出版数量增长了 23.49%，发行数量增长了 24.53%，发行总金额下降了 2.69%。

全国共出版录像制品 11772 种，出版数量 1.79 亿盒（张），发行数量 1.61 亿盒（张），发行总金额 7.23 亿元。与 2007 年相比，品种下降了 29.26%，出版数量下降了 37.37%，发行数量下降了 31.92%，发行总金额下降了 63.74%。

全国共出版电子出版物 9668 种、15770.64 万张。与 2007 年相比，品种增长了 11.74%，数量增长了 16.10%。其中：只读光盘（CD-ROM）7828 种、13638.94 万张，与 2007 年相比，品种下降了 0.22%，数量增长了 16.99%。高密度只读光盘（DVD-ROM）1285 种、1610.78 万张，与 2007 年相比，品种增长了 205.23%，数量增长了 72.39%。交互式光盘（CD-I）及其他 555 种、520.92

万张，与 2007 年相比，品种增长了 43.78％，数量下降了 47.45％。

1.4.1.5 出版物发行情况

2008 年全国共有出版物发行网点 161256 处，与 2007 年相比减少 3.59％。其中国有书店和国有发行网点 10302 处，与 2007 年相比减少 3.95％；供销社发行网点 1868 处，与 2007 年相比减少 11.17％；出版社自办发行网点 534 处，与 2007 年相比减少 4.98％；文化、教育、广电、邮政系统发行网点 37516 处，与 2007 年相比增加 17.18％；二级民营批发网点 5454 处，与 2007 年相比减少 8.27％；集、个体零售网点 105563 处，与 2007 年相比减少 8.18％。

2008 年全国出版物发行业从业人员 67.91 万人，与 2007 年相比减少 11.63％。其中国有书店和国有发行网点从业人员 13.47 万人，与 2007 年相比减少 4.36％；供销社售书点从业人员 0.31 万人，与 2007 年相比减少 7.53％；出版社自办售书网点从业人员 0.73 万人，与 2007 年相比增加 16.22％；文化、教育、广电、邮政系统发行从业人员 8.01 万人，与 2007 年相比增加 10.35％；二级民营批发点从业人员 9.59 万人，与 2007 年相比增加 5.07％；集、个体零售网点从业人员 35.65 万人，与 2007 年相比减少 20.97％。

1.4.1.6 出版物购进与销售

全国新华书店系统、出版社自办发行单位出版物总购进 170.19 亿（册张份盒）、1543.84 亿元，与 2007 年相比数量增长 5.34％，金额增长 9.8％。其中：新华书店系统购进 119 亿（册张份盒），比 2007 年增长 5.21％，购进金额 898.21 亿元，比上年增长 8.98％。

全国新华书店系统、出版社自办发行单位出版物总销售 166.43 亿（册张份盒）、1456.39 亿元，与 2007 年相比数量增长 3.25％，金额增长 6.56％。其中：新华书店系统销售 116.56 亿（册张份盒）、844.60 亿元，与 2007 年相比数量增长 2.56％，金额增长 3.35％。

1.4.1.7 出版物进出口

1.4.1.7.1 图书、报纸、期刊进出口

2008 年全国出版物进出口经营单位累计出口图书、报纸、期刊 947204 种次、801.81 万册（份）、3487.25 万美元，与 2007 年相比种次下降 18.05％，数量下降 21.99％，金额下降 7.93％。其中：图书出口 900204 种次、653.42 万册、3130.59 万美元，与 2007 年相比种次下降 18.48％，数量下降 8.50％，金额下降 5.09％；期刊出口 46098 种次、92.05 万册、218.13 万美元，与 2007 年相比种次下降 8.08％，数量下降 60.93％，金额下降 38.50％；报纸出口 902 种次、56.35 万份、138.53 万美元，与 2007 年相比种次下降 31.87％，数量下降 27.87％，金额增长 3.09％。

2008 年全国出版物进出口经营单位累计进口图书、报纸、期刊 703787 种次、3452.54 万册（份）、24061.40 万美元，与 2007 年相比种次下降 13.67％，数量增长 44.70％，金额增长 14.01％。其中：图书进口 648907 种次、437.65 万册、8155.24 万美元，与 2007 年相比种次下降 15.90％，数量增长 19.46％，金额增长 4.38％；期刊进口 53759 种次、448.86 万册、13290.74 万美元，与 2007 年相比种次增长 26.11％，数量增长 5.69％，金额增长 18.79％；报纸进口 1121 种次、2566.03 万份、2615.42 万美元，与 2007 年相比种次增长 9.79％，数量增长 60.89％，金额增长 24.28％。

1.4.1.7.2 音像制品、电子出版物进出口

2008 年全国出版物进出口经营单位累计出口音像制品、电子出版物 16521 种次、27.12 万盒（张）、101.32 万美元，与 2007 年相比种次下降 68.15％，数量下降 57.45％，金额下降 43.87％。

2008 年全国出版物进出口经营单位累计进口音像制品、电子出

版物 11717 种次、16.38 万盒（张）、4556.81 万美元，与 2007 年相比种次增长 40.36％，数量增长 8.562％，金额增长 4.99％。

1.4.1.8　版权贸易

1.4.1.8.1　版权引进

2008 年全国共引进出版物版权 16969 种，其中图书 15776 种，录音制品 251 种，录像制品 153 种，电子出版物 117 种，软件 362 种，电视节目 2 种，其他 308 种。图书版权引进地情况如下：

美国 4011 种，英国 1754 种，德国 600 种，法国 433 种，俄罗斯 49 种，加拿大 59 种，新加坡 292 种，日本 1134 种，韩国 755 种，香港地区 195 种，澳门地区 4 种，台湾地区 6040 种，其他地区 450 种。

1.4.1.8.2　版权输出

2008 年全国共输出出版物版权 2455 种，其中图书 2440 种，录音制品 8 种，录像制品 3 种，电子出版物 1 种，软件 3 种。图书版权输出地情况如下：

美国 122 种，英国 45 种，德国 96 种，法国 64 种，俄罗斯 115 种，加拿大 29 种，新加坡 127 种，日本 56 种，韩国 303 种，香港地区 297 种，澳门地区 47 种，台湾地区 603 种，其他地区 536 种。

1.4.2　成年人自费消费出版物情况

为跟踪了解国内出版物的个人消费情况，我们在第六次国民阅读调查中仍然对成年人的图书、报纸、期刊、VCD/DVD、盒式录音带、CD-ROM、CD、手机报消费数量、消费金额进行了调查。成年人对各类出版物的消费情况如下。

1.4.2.1　各类出版物消费情况

2008 年国民阅读调查数据显示，在各类出版物中，我国成年人购买率最高的是报纸，购买率为 34.5％（但相对于 2007 年的 45.4％有较大幅度下降）；其次为期刊，购买率为 28.4％（高于

2007 年的 26.4%）；图书在各类出版物购买率排名中升至第三（2007 年位于 VCD/DVD 之后，位居第四）。值得注意的是，手机报作为一种新的阅读形式，目前也有一定数量（5.0%）的购买者。另外，虽然电子书/E-book 的购买者较少，但其购买率也超过了相对较为传统的阅读方式 CD-ROM。

从各类出版物购买者消费投入来看，图书和报纸的消费是最高的，均接近于 135 元；其次是 VCD/DVD 的消费，其购买者人均消费金额为 94.31 元；CD 和 CD-ROM 的消费金额集中在 70—100 元；而新型阅读载体手机报和电子书/E-book 的消费金额和盒式录音带相差不多，均在 40 元左右。

从成年人总体来看，2008 年我国成年人人均自费购买报纸 0.90 种，花费 46.69 元；人均购买图书 2.29 本，花费 37.96 元；人均购买期刊 1.30 种，花费 22.16 元。电子出版物以 VCD/DVD 的消费数量和消费金额最大，2008 年我国成年人购买 VCD/DVD 数量为 2.80 张，花费为 20.70 元。其他情况如表 1-4-1 所示：

表 1-4-1　自费消费各类出版物情况

	成年人总体购买率①	购买者平均消费金额（元）	成年人总体平均消费数量	成年人总体平均消费金额（元）
报纸	34.5%	134.98	0.90（种）	46.69
期刊	28.4%	78.10	1.30（种）	22.16
图书	28.0%	135.19	2.29（本）	37.96
VCD/DVD	21.9%	94.31	2.80（张）	20.70
手机报	5.0%	36.68	1.59（份）	1.86
CD	4.3%	73.46	0.30（张）	3.14
盒式录音带	2.3%	41.96	0.15（盒）	0.96
电子书/E-book	1.5%	39.23	0.20（本）	0.58
CD-ROM	1.4%	76.12	0.10（张）	1.09

---

① 课题组注：购买率为购买某一出版物的国民占国民总体的百分比。

加权推及总体，我们估计我国成年人在 2008 年对各类出版物的消费情况如表 1-4-2 所示：

表 1-4-2　2008 年我国各类出版物消费总量估计

	各类出版物消费总量	各类出版物消费总额（亿元）
报纸①	—	409.98
期刊②	—	187.56
图书	19.42（亿本）	321.38
VCD/DVD	23.73（亿张）	175.25
盒式录音带	1.26（亿盒）	8.16
CD-ROM	0.87（亿张）	9.26
CD	2.54（亿张）	26.58
手机报③	—	15.73
电子书/E-book	1.68（亿本）	4.89

数据显示，2008 年我国成年人花费在报纸和图书上的费用最高，分别为 409.98 亿元和 321.38 亿元，而盒式录音带的销售额只有 8.16 亿元，成为传统媒介中市场份额最低的一个。

在新型阅读产品中，手机报的消费情况较为引人注目，从 2006 年 8 月诞生到 2008 年底，手机报在短短两年多的时间内就创造了近 16 亿元人民币的市场收益。作为传统媒体与网络媒体的结合，手机报为传统报纸的发展另拓了一条新路。同时，国内数亿的手机用户群也为手机报这一新型产业的发展打造了坚实广阔的平台。随着人们对这种新型阅读方式的深入接触、内容提供服务的逐步改善，手机报的市场发展空间无疑将是巨大的。

调查数据显示，电子书/E-book 的购买率较低（1.5%），再加

---

① 课题组注：报纸消费量的单位为"种"，无法做消费总数量（份/期）的推及。
② 课题组注：期刊消费量的单位为"种"，无法做消费总数量（份/期）的推及。
③ 课题组注：手机报消费量的单位为"种"，无法做消费总数量（份/期）的推及。

上目前电子书获取成本的低廉性（许多电子书可在互联网上免费下载），这使得电子书/E-book 的消费额较低，只有 4.89 亿元，是以上所有出版物中市场消费份额最低的。但电子书/E-book 的阅读载体作为一种新型的阅读终端，有着和手机报一样的便携性和大容量存储性能等特征，虽然在内容提供上暂时还没有十分成熟的赢利模式，但这种新型便利的阅读终端也会有一个不小的市场。汉王、翰林、亚马逊、OPPO、索尼等一批国内外知名制造商都已在这个市场上展开竞争。随着他们的推广，除电子书的手机终端外，单纯意义的"电子书"终端，即手持阅读器的使用群体很可能会迅速扩大。

1.4.2.2　图书消费情况

调查数据显示，不同人口特征的成年人在图书消费的数量和金额上均存在显著性差异。具体来说，男性、年龄较轻者、学历较高者和收入较高者的图书消费数量和金额均较高。另外，从城乡划分来开，城镇居民的图书消费数量和金额显著高于农村居民。具体情况如表 1-4-3 所示：

表 1-4-3　不同人口特征人群的图书消费情况

人口特征	类别	图书消费数量（本）	图书消费金额（元）
性别	男	2.57	44.88
	女	2.00	30.67
年龄	18—29 周岁	3.06	51.17
	30—39 周岁	2.91	46.95
	40—49 周岁	1.73	29.50
	50—59 周岁	0.89	16.08
	60—70 周岁	1.18	17.61
学历	小学及以下	0.37	4.04
	初中	1.54	20.16
	高中/中专	3.00	48.24

续前表

人口特征	类别	图书消费数量（本）	图书消费金额（元）
学历	大专	5.21	97.59
	大学本科	6.74	147.24
	硕士及以上	21.89	273.27
收入	无收入	2.07	31.70
	500 元以下	1.12	11.67
	501—1000 元	1.58	25.26
	1001—2000 元	2.81	48.43
	2001—3000 元	4.24	80.95
	3001—5000 元	4.17	92.13
	5001—8000 元	5.64	111.14
	8001—10000 元	8.22	437.18
	10000 元以上	6.66	136.04
	拒绝回答	3.64	51.92
城乡	城市	3.49	63.25
	农村	1.50	21.18

1.4.2.3　报纸消费情况

从报纸的消费种类来看，不同性别、年龄组、学历和收入者之间存在显著性差异。具体来说，男性、年龄较轻者、学历较高者和中高收入者（尤其是个人月收入在 3000—8000 元者）消费的报纸种类相对较多。另外，城镇居民的报纸消费种类也显著高于农村。

不同人口特征的报纸购买者在报纸的消费金额上存在显著性差异。女性、年龄较高者、学历较高者、中高收入者（尤其是个人月收入在 3000—8000 元，以及 10000 元以上者）的报纸消费金额相对较高。另外，城镇居民的报纸消费金额为 85.91 元，是农村居民报纸消费金额的 4 倍以上。

具体情况如表 1-4-4 所示：

表 1-4-4　不同人口特征人群的报纸消费情况

人口特征	类别	报纸消费种类	报纸消费金额（元）
性别	男	1.17	53.43
	女	0.63	39.67
年龄	18—29 周岁	1.03	40.70
	30—39 周岁	1.09	53.08
	40—49 周岁	0.80	52.90
	50—59 周岁	0.59	42.89
	60—70 周岁	0.57	39.27
学历	小学及以下	0.14	5.78
	初中	0.96	34.25
	高中/中专	1.23	78.13
	大专	1.41	93.58
	大学本科	1.44	91.43
	硕士及以上	2.38	128.31
收入	无收入	0.77	23.25
	500 元以下	0.39	12.84
	501—1000 元	0.82	35.47
	1001—2000 元	1.30	69.97
	2001—3000 元	1.35	105.89
	3001—5000 元	1.53	155.14
	5001—8000 元	1.45	128.80
	8001—10000 元	0.72	33.74
	10000 元以上	0.85	127.73
	拒绝回答	0.86	47.64
城乡	城市	1.24	85.91
	农村	0.68	21.11

1.4.2.4　期刊消费情况

和报纸的消费情况相似，虽然成年男性在期刊的消费种类上多于成年女性、年龄较轻者消费的期刊种类多于年龄较高者，但成年女性、年龄较高者在期刊上花费的金额却更高。另外，整体来看，学历较高者、收入较高者，以及城镇居民的期刊消费种类和金额相对较高。

值得注意的是，个人月收入在 8000—10000 元的成年人的期刊消费种类和消费金额非常之高，这一人群的平均期刊消费种类为 12.26 种，这类期刊购买者一年内花费在期刊上的金额为 144.23 元。

具体分布如表 1-4-5 所示：

表 1-4-5　不同人口特征人群的期刊消费情况

人口特征	类别	期刊消费种类	期刊消费金额（元）
性别	男	1.32	21.64
	女	1.27	22.69
年龄	18—29 周岁	2.11	32.94
	30—39 周岁	1.45	25.56
	40—49 周岁	0.76	16.24
	50—59 周岁	0.50	9.43
	60—70 周岁	0.48	7.98
学历	小学及以下	0.14	1.71
	初中	0.90	11.59
	高中/中专	1.99	32.85
	大专	2.70	58.08
	大学本科	3.34	70.17
	硕士及以上	4.04	79.79
收入	无收入	1.22	18.00
	500 元以下	0.41	4.55
	501—1000 元	0.99	14.60
	1001—2000 元	1.91	30.69
	2001—3000 元	2.30	51.58
	3001—5000 元	2.35	64.59

续前表

人口特征	类别	期刊消费种类	期刊消费金额（元）
收入	5001—8000 元	1.30	43.23
	8001—10000 元	12.26	144.23
	10000 元以上	0.69	41.17
	拒绝回答	1.29	24.32
城乡	城市	1.98	38.77
	农村	0.84	11.14

第二章
成年人图书阅读状况与购买倾向

■ 2.1 成年人阅读状况及变化

2.1.1 阅读重要性认知

阅读对于个人乃至整个国家的发展都是非常重要的。包括我国在内的世界上许多国家和地区都在倡导全民读书运动，以促进本国（或地区）人民阅读，发挥知识传播对个人、民族、国家发展的积极作用。自1995年"世界读书日"确定以来，已有超过100个国家和地区参与此项活动。近几年来，我国在每年世界读书日前后也会开展各类读书活动，促进全民阅读。另外，我国各地举办的各类读书月、读书节活动对促进国内阅读也起到了不容忽视的作用。

我国有近七成（69.2%）的成年人认为阅读对个人的生存和发展来说是"非常重要"或"比较重要"的，而明确表示阅读对个人的生存和发展不重要（"比较不重要"和"非常不重要"）的人数很少，所占比例不足5.0%。

具体情况如图2-1-1所示：

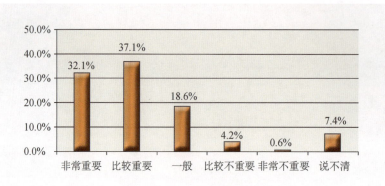

图 2-1-1　对阅读重要性的认知

2.1.2　图书阅读率

如图 2-1-2 所示，2008 年，我国成年人的图书阅读率为 49.3%。[①]

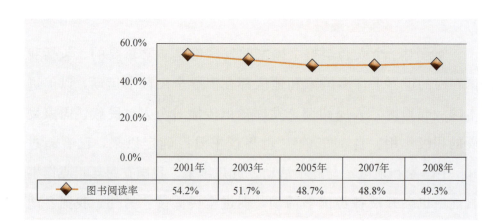

	2001年	2003年	2005年	2007年	2008年
图书阅读率	54.2%	51.7%	48.7%	48.8%	49.3%

图 2-1-2　图书阅读率变化趋势

从历年数据来看，2008 年之前我国成年人的图书阅读率呈逐年下降趋势，而在 2008 年则略有回升。从整体情况来看，历年来我国

---

① 课题组注："图书阅读率"在本报告中使用的是狭义的概念，即 2008 年读过图书的读者总体在我国成年识字人口总体中的百分比；而广义的图书阅读率为 46.2%，即 2008 年读过图书的读者总体在我国成年人总体中的比例。书报刊的阅读率均用此方式。第六次国民阅读调查数据显示，2008 年我国成年人中识字人口占 90.7%。在接下来的成年人报告中，除特殊说明外，我们采用的数据均为成年识字人口的数据。

成年人的图书阅读率基本上保持比较稳定的状态（50.0％左右）。

2.1.2.1　不同人口特征人群的图书阅读率

在我国成年人中，不同人群的图书阅读率之间的差异如表 2-1-1 所示。不同年龄段、教育程度、收入、职业类型，以及城市和农村居民之间的图书阅读率存在显著性差异，但图书阅读率在性别上的差异并不显著。

表 2-1-1　不同人口特征人群的图书阅读率

人口特征	类别	图书阅读率
性别	男	52.2％
	女	47.0％
年龄	18—29 周岁	70.8％
	30—39 周岁	54.1％
	40—49 周岁	38.1％
	50—59 周岁	29.4％
	60—70 周岁	36.4％
学历	小学及以下	17.5％
	初中	34.5％
	高中/中专	52.9％
	大专	75.7％
	大学本科	84.1％
	硕士及以上	94.3％
收入	无收入	58.0％
	500 元以下	32.0％
	501—1000 元	39.8％
	1001—2000 元	51.0％
	2001—3000 元	59.6％
	3001—5000 元	64.5％
	5001—8000 元	71.4％
	8001—10000 元	57.1％
	10000 元以上	65.8％
	拒绝回答	58.6％

续前表

人口特征	类别	图书阅读率
职业或身份	学生	91.3%
	公检法/军人/武警	75.0%
	机关/事业单位干部	74.6%
	专业技术人员/教师/医生	73.7%
	企业领导或管理人员	72.6%
	一般职员/文员/秘书	60.4%
	私营或个体劳动者	47.3%
	工人/商业服务业人员	44.7%
	无业及失业人员	42.5%
	离退休人员	33.0%
	农民或农民工	28.0%
	其他	54.7%
城乡	城市	52.5%
	农村	38.2%
总体	49.3%	

通过调查发现，年龄较轻、学历较高、中高收入者（尤其是个人月收入在3000—8000元的人群）的图书阅读率显著高于对应的其他群体。例如40岁以下人群的图书阅读率均超过50%，而40岁以上人群的图书阅读率则不到40%；"高中/中专"学历以上人群图书阅读率超过50%，而"高中/中专"学历以下人群的图书阅读率则均在40%以下。从职业类型来看，"离退休人员"、"农民/农民工"的图书阅读率低于总体水平，且显著低于"学生"、"公检法/军人/武警"、"机关/事业单位干部"等群体；另外，从城乡对比来看，城镇居民的图书阅读率达52.5%，显著高于农村居民的图书阅读率（38.2%）。

2.1.3 图书阅读量

2008年我国成年人平均图书阅读量为4.72本，识字人口的平均图书阅读量为 5.20 本，而图书读者的平均阅读量为 11.61 本。

在图书读者中，不同群体的人均图书阅读量之间存在显著性差异。男性图书读者人均图书阅读量为 13.17 本，高出女性图书读者约 5 本；年龄较轻者在 2008 年的平均阅读量较高；学历越高者的平均阅读量也越大，"硕士及以上"学历人群人均图书阅读量最大，为 26.65 本；收入不同的国民之间图书阅读量也存在显著性差异，但总体上来看，阅读量的多少并不完全因为收入的高低而体现。

不同职业的人群在 2008 年的图书阅读量也存在显著性差异。例如，"企业领导或管理人员"、"公检法/军人/武警"、"学生"等群体的图书阅读量在 15 本左右，而"离退休人员"和"农民/农民工"等群体的平均图书阅读量则不足 10 本。

另外，从城乡对比来看，城镇居民的平均图书阅读量为 12.57 本，比农村居民的平均阅读量大约多 2 本。

具体情况如表 2-1-3 所示：

表 2-1-3　不同人口特征的图书读者的图书阅读量

人口特征	类别	图书阅读量（本）
性别	男	13.17
年龄	18—29 周岁	12.54
	30—39 周岁	11.75
	40—49 周岁	10.99
	50—59 周岁	8.63
	60—70 周岁	9.20
学历	小学及以下	7.32
	初中	9.68
	高中/中专	11.98
	大专	13.97

续前表

人口特征	类别	图书阅读量（本）
学历	大学本科	14.32
	硕士及以上	26.65
收入	无收入	12.52
	500 元以下	10.07
	501—1000 元	9.82
	1001—2000 元	11.72
	2001—3000 元	13.89
	3001—5000 元	11.49
	5001—8000 元	9.99
	8001—10000 元	19.47
	10000 元以上	9.95
	拒绝回答	13.29
城乡	城市	12.57
	农村	10.59
职业或身份	企业领导或管理人员	15.50
	公检法/军人/武警	15.03
	学生	14.97
	专业技术人员/教师/医生	13.78
	机关/事业单位干部	13.14
	私营或个体劳动者	12.57
	无业及失业人员	11.95
	工人/商业服务业人员	11.22
	一般职员/文员/秘书	9.81
	离退休人员	9.21
	农民/农民工	8.43
	其他	15.07
总体		11.61（本）

2.1.4 图书的来源

在 2008 年读过书的成年人中，有七成（67.9%）读者表示他们主要通过"自费购买"的途径获取图书。另外，通过借阅（"向他人借阅"和"到图书馆借阅"）途径获取图书的人数也不少，尤其是通过人际借阅（即"向他人借阅"）的比例超过了 50.0%。具体情况如图 2-1-3 所示：

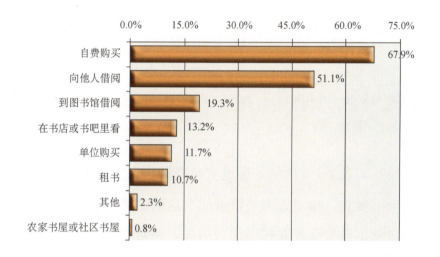

图 2-1-3 图书的来源

与传统的图书馆相比，去农家书屋或社区书屋借阅图书的人数还比较少，这可能跟我国农家书屋和社区书屋的建设历程比较短，人们对农家书屋和社区书屋的认知度还有待提高等诸多因素有关。但这同时也在提醒我们需要逐步提升这些书屋的利用程度，尤其是提高农家书屋的利用程度。

2.1.4.1 城市图书读者与农村图书读者在图书获取渠道上的差异

如表 2-1-4 所示，我们发现城乡居民在图书获取渠道上存在显著差异。

在城镇居民中，通过"自费购买"、"单位购买"、"在书店或书吧里看"和"到图书馆借阅"的比例，显著高于农村居民中选择这些渠道的比例。而农村居民通过租借（"租书"和"向他人借阅"）的比例及绝对量要显著高于城镇居民。

表 2-1-4　城乡居民图书获取渠道的差异

图书获取渠道	城市	农村
自费购买	71.5%	64.2%
到图书馆借阅	23.8%	14.7%
在书店或书吧里看	14.6%	11.8%
单位购买	14.6%	8.7%
向他人借阅	45.4%	57.0%
租书	9.0%	12.5%
农家书屋或社区书屋	0.9%	0.8%
其他	2.3%	2.3%

另外，如表 2-1-4 所示，通过"自费购买"、"单位购买"、"在书店或书吧里看"和"到图书馆借阅"这些渠道获取图书的城镇居民的绝对量也显著高于农村居民（例如，在自费购买图书的消费者中，城市消费者所占的比例要高于农村消费者）。

表 2-1-5　利用各种渠道获取图书的城乡居民的比例

	城市	农村	合计
自费购买	53.9%	46.1%	100.0%
到图书馆借阅	63.0%	37.0%	100.0%
在书店或书吧里看	56.6%	43.4%	100.0%
单位购买	63.9%	36.1%	100.0%
向他人借阅	45.5%	54.5%	100.0%
租书	43.0%	57.0%	100.0%
农家书屋或社区书屋	55.2%	44.8%	100.0%
其他	51.1%	48.9%	100.0%

由以上分析可以看出，城镇居民对一些公共设施（图书馆和社区书屋）的利用程度要高于农村居民，同时，城市图书市场的销售状况也要好于农村（城市中通过"自费购买"和"单位购买"图书的绝对人数更多）。

2.1.5 家庭藏书量

2008 年，我国国民的平均家庭藏书量为 68.62 本，[①] 低于 2007 年的 76 本。如图 2-1-4 所示，我国有 8.8% 的家庭基本没有藏书，而大部分（40.5%）家庭的藏书量在 20 本及以下，另有 24.1% 的家庭藏书量在 21—50 本，而家庭藏书量超过 50 本的家庭接近三成（26.6%）。

我国国民家庭藏书量的具体分布情况如图 2-1-4 所示：

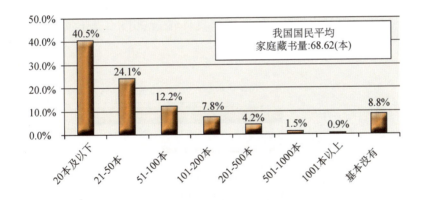

图 2-1-4　家庭藏书量

我国城乡居民的家庭藏书量之间存在显著性差异。具体来说，城镇居民的平均家庭藏书量为 94.57 本，是农村居民的平均家庭藏书量（41.49 本）的两倍多。具体情况如图 2-1-5 所示：

---

① 课题组注：此处家庭藏书量并非涵盖全体国民的家庭藏书量，而是基于 2008 年读过书的被访者的家庭藏书量计算而得，这里的被访者仍是 18—70 周岁的成年人。

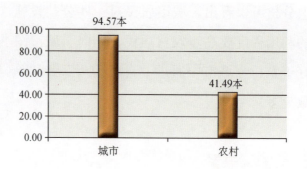

图 2-1-5 城乡居民的家庭藏书量

▌2.2 成年人读书目的及不读书的原因

2.2.1 读书的目的

"增加知识，开阔眼界"是多数（61.9%）图书读者读书的主要目的。同时，各有四成左右的读者表示，他们也会为了"休闲消遣"或"满足个人兴趣"而读书。具体情况如图 2-2-1 所示：

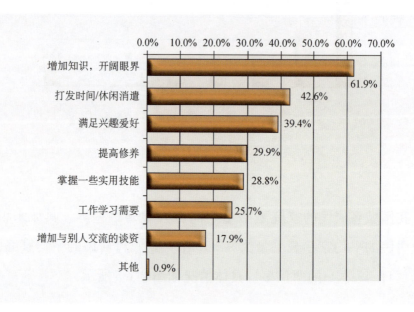

图 2-2-1 成年人读书目的

如图 2-2-2 所示，对比来看，城镇居民读书的目的较为广泛，且在多种目的上的倾向性均高于农村居民；值得注意的是，农村居民中有更多的人是为了"打发时间/休闲消遣"而读书。

据此来看，我们可以发现，城镇居民读书的目的性更强，更注重读书的实用价值（增加知识、满足兴趣、掌握技能等）；比较而言，较多农村居民则在读书时显得相对消极（打发时间/休闲消遣）。

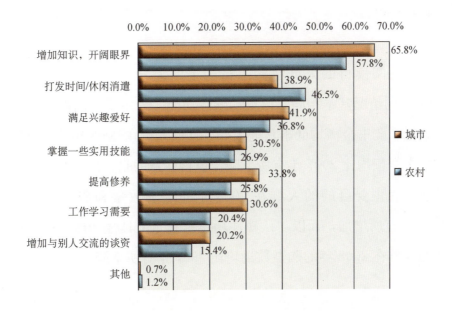

图 2-2-2　城乡居民读书目的的差异性比较

根据传播学中的使用与满足理论，我们将读书的目的，按"认知性功能"、"工具性功能"、"情感性功能"和"社会心理功能"分成四类，并计算各种类别的比例。

如表 2-2-1 所示，与 2007 年的情况基本相同，2008 年我国成年人读书的主要目的依然主要集中在"情感性功能"上，而在满足"工具性功能"和"社会心理功能"上的比例相对较低。值得注意的是，2008 年我国成年人中为满足"认知性功能"即为了"增加知识，开阔眼界"而读书的比例（62.3%）比 2007 年（58.0%）有所增加。

表 2-2-1　阅读功能的划分

读书功能	具体目的	2007 年	2008 年
认知性功能	增加知识，开阔眼界	58.0%	62.3%
工具性功能	掌握一些实用技能	43.7%	42.5%
	工作学习需要		
情感性功能	满足兴趣爱好	64.3%	64.3%
	休闲消遣		
社会心理功能	提高修养	37.7%	37.8%
	增加与别人交流的谈资		

　　不同阅读目的的人群在购书行为上的差异如表 2-2-2 所示。与 2007 年的情况基本相同，以"情感性功能"为主要目的的人群的购书数量和购书金额均低于其他人群，且该人群在 2008 年的购书数量和购书金额均比 2007 年有所下降。值得注意的是，以"社会心理性功能"为主要目的的人群在 2008 年的购书数量和购书金额均比 2007 年有所增加，而以"认知性功能"和"工具性功能"为主要目的的人群在 2008 年的购书数量均比 2007 年有所下降。

表 2-2-2　不同阅读功能下的购书行为特征（成年人总体）

	2007 年		2008 年	
	购书数量（本）	购书金额（元）	购书数量（本）	购书金额（元）
认知性功能	6.74	111.10	6.14	102.35
工具性功能	7.05	120.50	6.36	120.77
情感性功能	5.26	88.50	5.18	86.13
社会心理功能	6.44	116.60	6.58	119.02

2.2.2　影响读书的因素

　　在过去一年没有读过书的成年人中，大多数人（46.7%）是因为工作太忙而没有时间读书，还有许多人（33.9%）是因为没有读书习惯或根本不喜欢读书而放弃读书。

温家宝总理在 2009 年世界读书日曾提倡要"读书好、好读书、读好书"。本报告在前面也提到读书对于个人或国家的发展极为重要。在认识到"读书好"之后，如何在全社会范围内形成"好读书"的风尚，则是一个值得认真考虑的问题。近两年来，通过国家领导人的倡导以及地方政府的努力，通过举国上下的各种读书活动，一个全民阅读的环境正在逐步营造成形，人们对书的重视程度也在逐渐提高。期望社会各个方面为推动我国的全民阅读继续作出不懈努力，以促进越来越多的国民热爱读书。

如图 2-2-3 所示，在过去一年没有读过书的成年人中，有 11.6％的人是因为"找不到感兴趣的书"而没有读书，因为"不知道该读什么"而没有读书的人也有 8.4％。从这一点来讲，如何让国民"读好书"，即如何推动内容原创、提高出版质量、传播图书信息来使读者能够读到感兴趣的书，也是值得深入思考、积极探索的重要方面。

"看电视"也是影响着人们图书阅读行为的重要因素之一，通过调查发现，在过去一年没有读书的成年人中，有 16.1％的人是"因看电视而没有时间读书"。

具体情况如图 2-2-3 所示。

对比城乡居民不读书的原因，我们发现，农村居民中因为"没时间"、"无读书习惯或不喜欢读书"、"文化水平有限"等原因而不读书的比例更高。另外，认为"读书没用"而不读书的比例也相对较高。而城镇居民中因阅读内容缺乏（"找不到感兴趣的书"或"不知道该读什么"）和其他媒介"干扰"（因"看电视"和"上网/玩游戏等而没时间读书"）而不读书的比例较高。具体情况如图 2-2-4 所示。

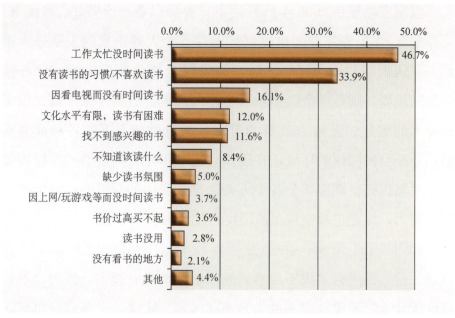

图 2-2-3　我国国民不读书的原因

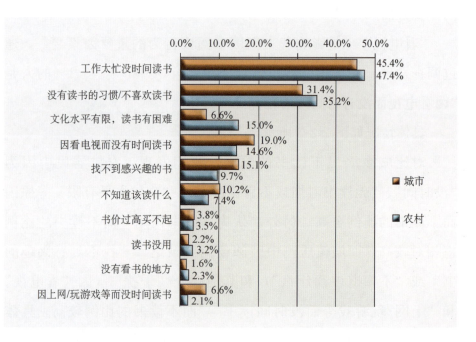

图 2-2-4　城乡居民不读书的原因比较

2.3　成年人购书状况及变化

2.3.1　购买图书的频率

如图 2-3-1 所示，在成年人中，一年以内买过一次或一次以上图书的人数共计 39.6%，而有 8.4% 的人表示在两年或更长的时间内才买一次书，有 52.0% 的人则表示从来不买书。

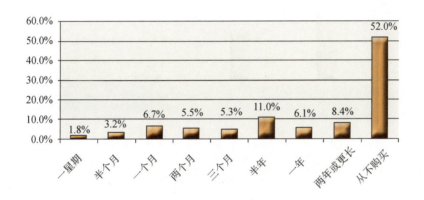

图 2-3-1　购买图书的频率

如今，阅读的形式非常多样，网络在线阅读、手机阅读、专业的电子阅读器阅读等新兴阅读方式对传统纸质书籍的冲击有目共睹。通过调查发现，有许多成年人因为看了电子版的图书，而不再购买该书的纸质版（详见第六章"电子图书对传统书籍销售的影响"）。

毋庸置疑，纸质书籍在未来很长时间内仍将保持一定的消费群。但是，面临电子出版技术的冲击，传统图书出版商需要积极应对挑战，及时作出战略性的调整，拓展发展空间。同时，新技术也为传统出版商带来了种种新机遇，积极利用新技术，创新出版模式，适应新阅读时代的要求，满足读者的多样化需求，才能实现传统出版的与时俱进与可持续性发展。

2.3.2　购书者的购书目的

调查数据显示，我国绝大多数（87.8%）购书者购书的目的是为了"自己看"，也有不少人（39.9%）是会为了"给孩子、家人看"购买。具体情况如图 2-3-2 所示：

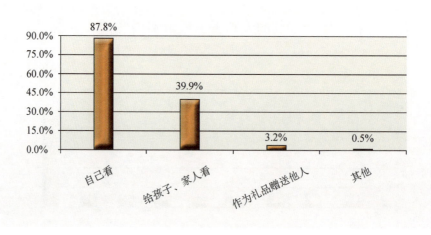

图 2-3-2　购书者的购书目的

2.3.3　购书者的购书渠道与选择相关渠道的原因

通过各种书店购买图书是我国购书者购书的主要渠道。如图 2-3-3所示，72.3%的购书者表示通常在各地"新华书店"购买图书，也有 30.2% 和 12.2% 的购书者在"私营书店"、"特价书店"购书。值得注意的是，有 34.0% 的购书者会选择在"街头书摊"购买，这一比例超过了在"私营书店"和"特价书店"的选择比例。

另外，有 6.8% 的购书者表示曾在书展或书市上购买过图书。我国广州、深圳、重庆等许多地方已连续举办过多届书展，2008 年和 2009 年一些地方举办的书展，每届往往有数十万参与者，数千万元的销售额。去书展购书也成为当地市民购书的一种渠道。

调查数据显示，图书供给情况（图书种类多少、是否容易找到需要的书等）、便利性（距离远近）和价格是购书者选择购书渠道

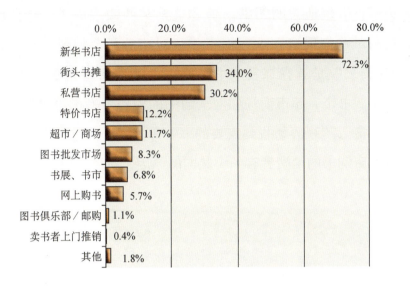

图 2-3-3　购书者的购书渠道

考虑的几个重要因素。其中，有 52.6％的购书者表示"图书种类多"是影响其选择某一购书渠道的主要因素之一，有 31.8％的购书者表示"离得近"是选择某一购书渠道的主要因素之一，也有 28.5％的购书者表示"价格折扣"是选择某一购书渠道的主要因素之一。具体情况如图 2-3-4 所示：

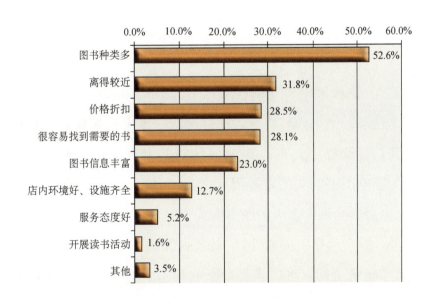

图 2-3-4　购书者选择购书渠道时考虑的因素

为了更清楚地表明图书消费者选择某些购书渠道时考虑的因素，我们对购书渠道和这些因素作了对应分析。如图 2-3-5 所示，"图书种类多"是选择在新华书店购书的消费者考虑的主要原因；选择在书展书市、超市商场和网上购书的消费者考虑更多的是"图书信息丰富"、"很容易找到需要的书"等因素；而选择在街头书摊和私营书店购书的消费者有一个共同的原因是"离得较近"。

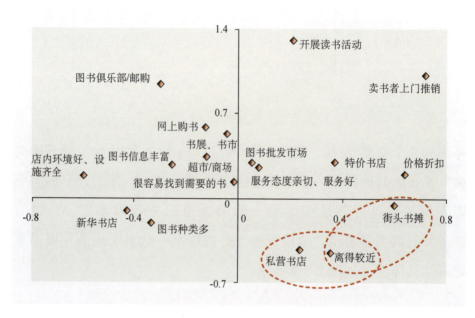

图 2-3-5　购书者的购书渠道与选择渠道时考虑的因素

2.3.4　影响图书购买的因素

一个精彩的图书内容简介，往往会对一本书的销售起到积极的作用。我们在调查中发现，有 50.4% 的购书者会把"图书内容简介"作为影响图书购买的重要因素之一。其次，人际传播（"熟人推荐"）也会影响到许多人的图书购买。

另外，除"价格"因素外，"书名或目录"、读者对图书"作者"的认知、"畅销书榜"等因素都会影响到 10% 以上人的图书购买行为。具体情况如图 2-3-6 所示。

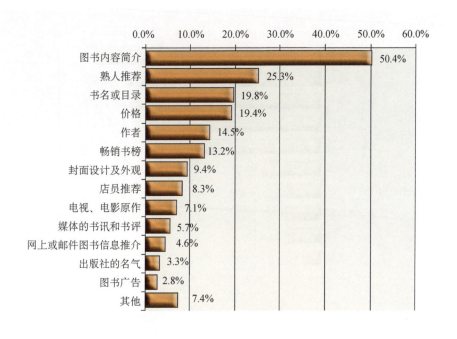

图 2-3-6　影响购书者购书的因素

2.3.5　图书信息的获取途径

调查数据显示，人际传播（"朋友或他人推荐"）和传统媒体（电视、报纸、期刊）宣传是许多购书者获取图书信息的主要渠道。选择以上渠道作为图书信息获取途径的比例均在三成左右。另外，也有相当多（21.8%）的购书者通过互联网获取图书信息。

具体情况如图 2-3-7 所示。

2.3.6　我国图书销售网点的覆盖密度

如图 2-3-8 所示，我国各地距居民住所最近的图书销售点的平均距离为 2.97 公里。其中，有 62.1% 的国民表示离其家庭最近的购书点在 3 公里以内。

城乡之间的购书点覆盖密度存在显著性差异。距城镇居民家庭最近的购书点的平均距离为 1.67 公里，而距农村居民家庭最近的购书点的平均距离则长达 3.92 公里。

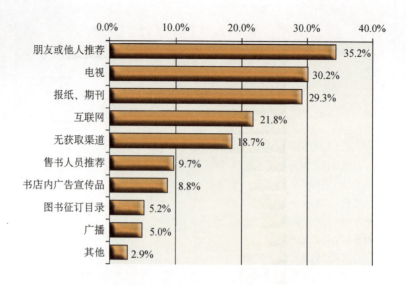

图 2-3-7　购书者获取图书信息的途径

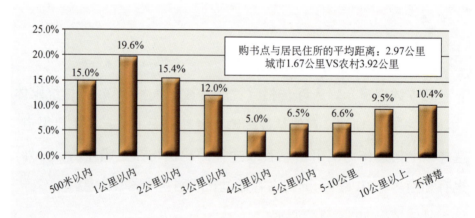

购书点与居民住所的平均距离：2.97公里
城市1.67公里VS农村3.92公里

图 2-3-8　我国图书销售店的覆盖密度

　　离购书点的远近直接影响到国民的购书行为，"2.3.7 购买图书的制约因素"部分将显示这一因素会对相当数量的国民购书造成不便。

2.3.7　购买图书的制约因素

　　如图 2-3-9 所示，六成以上（62.1%）的成年人表示在买书时没有什么不方便的因素。

但是，文化设施配套的不完善不可避免地会对人们文化信息的获取、文化产品的消费等行为产生影响。有 17.5％的成年人表示"家离卖书的地方远"给买书带来不便，也有 11.3％的成年人表示"对书的信息知道得少"给买书带来不便。

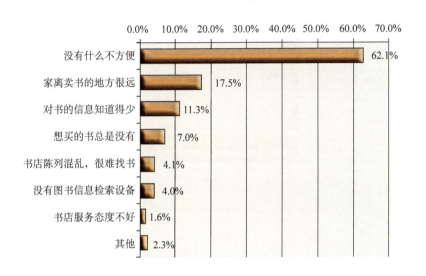

图 2-3-9   造成购书不便的因素

目前，我国城市与农村的文化设施建设还存在相当大的差距，这种差距将直接制约我国农村文化的发展进程。如图 2-3-10 所示，城乡居民购书的制约因素具有显著性差异。"家离卖书的地方远"、"对书的信息知道得少"等问题对更多的农村居民产生直接的影响；而书店陈列、服务态度、检索设备等服务型因素则对更多的城镇居民的购书行为造成不便。

2.3.8　对图书价格的评价

如图 2-3-11 所示，在成年人中，有 26.5％的人认为我国目前的图书价格是合适的，而近一半（49.2％）的人认为我国目前的图书定价较高（"比较贵"或"非常贵"），只有 5.2％的人认为目前国内的图书价格便宜（"比较便宜"或"非常便宜"）。

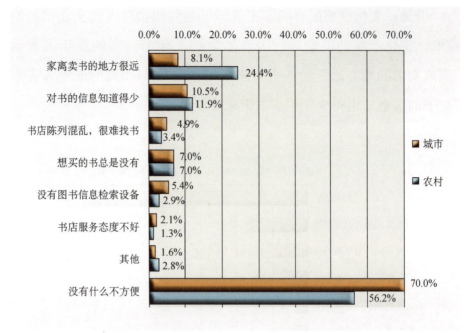

图 2-3-10　城乡居民购书制约因素的比较

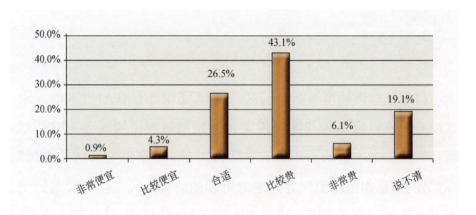

图 2-3-11　对图书价格的评价

2.3.9　图书价格承受力

如图 2-3-12 所示，对于一本 200 页左右的文学类简装书，我国成年人可接受的价格为 11.77 元。其中，相对较多（26.6％）的人接受 9—12 元的价格，其次有 24.0％和 21.7％的人能接受 5—8 元和 13—20 元的价格。总体来看，20 元以下的价格被八成以上

（81.9%）的国民接受。

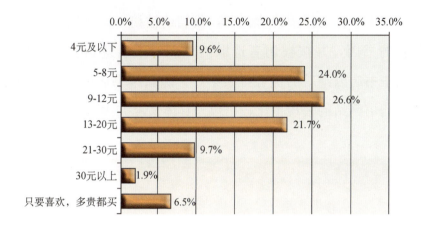

图 2-3-12　图书价格承受力分布

对于同样一本书，我国城乡居民可接受的价格差异显著。城镇居民可接受的价格为 12.82 元，农村居民可接受的价格为 11.00 元。

其中，农村居民中能接受 8 元以下图书价格的比例显著高于城市居民，而能接受 8 元以上图书价格的比例显著低于城市居民。具体情况如图 2-3-13 所示：

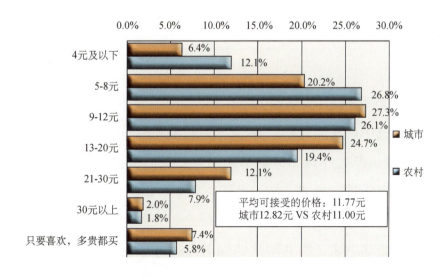

图 2-3-13　城乡居民可接受的图书价格比较

2.3.10 读者最喜爱的书店

调查中，在无提示的情况下，我们请被访者列举其最经常购买出版物的书店，并按被访者选取的比例对书店进行排名。结果表明，新华书店以绝对的优势排名第一。除新华书店外，当当网、卓越网等购书网站的表现也比较出色。具体情况如表 2-3-1 所示：

表 2-3-1 读者最喜爱的书店

书店名称	排名
新华书店	1
当当网	2
新知书店/图书城	3
卓越网	4
南通书城	5
超市书店	6
街头书摊	7
生活·读书·新知三联书店	8
新华文轩书店	9
深圳书城	10

2.3.11 国内书店的知名度、市场渗透率

在调查中，我们列举了 24 家国内较为知名的书店（包括网上书店），请被访者选择其知道的书店名称。我们根据被访者选取的比例对这些书店进行排名。结果表明，对于各地居民来说，本地新华书店的知名度最高。

除了新华书店，购书网站的知名度超过了其他传统实体书店。例如，当当网、卓越网、中国图书网等在国民中的知名度相对高于其他书店。具体情况如表 2-3-2 所示：

表 2-3-2 书店的知名度排名

书店名称	排名
本地新华书店	1
当当网	2
卓越网	3
中国图书网	4
新华文轩连锁书店	5
大众书局	6
上海书城	7
新知书城	8
北京西单图书大厦	9
九九网上书城	10
博库书城	11
新书城网上书店	12
时代网上书店	13
西西弗书店	14
800 图书网	15
一城网	16
光合作用书房	17
孔夫子旧书网	18
季风书园	19
蔚蓝图书网	20
红泥巴图书网	21
风入松书店	22
弘道书局	23
第三极书局	24

　　针对我们列举出的 24 家书店（包括网上书店），我们进一步询问被访者曾在其中哪些书店购买过出版物。结果表明，对各地居民来说，他们中的多数人曾去过本地新华书店购买过出版物；其次，各地居民中曾在当当网、卓越网等购书网站购买过出版物的比例也较高。具体情况如表 2-3-3 所示：

表 2-3-3　书店的市场渗透率排名

书店名称	排名
本地新华书店	1
当当网	2
卓越网	3
新华文轩连锁书店	4
新知书城	5
北京西单图书大厦	6
大众书局	7
上海书城	8
博库书城	9
西西弗书店	10
中国图书网	11
光合作用书房	12
九九网上书城	13
新书城网上书店	14
时代网上书店	15
季风书园	16
一城网	17
风入松书店	18
800 图书网	19
孔夫子旧书网	20
第三极书局	21
蔚蓝图书网	22
弘道书局	23
红泥巴图书网	24

▋2.4　我国分类图书市场

2.4.1　各分类图书市场消费状况及市场预期

调查数据显示，"文学"和"日常生活"类图书是许多成年人最喜欢的图书种类，这两类图书的喜爱者在成年人总体中的比重最大，均在三成以上。另外，"经济管理"、"医药卫生"和"心理"类图书也有不少喜爱者。与这种情况非常吻合的是，2008 年购买过这些图书和打算以后购买这些图书的成年人也相对较多。

具体来说，2008 年，有 16.7％的国民购买过文学类图书，有 15.8％购买过日常生活类图书。推及总体，这两类图书的消费者规模分别为 1.29 亿人和 0.91 亿人，销售总量分别为 2.07 亿本和 0.77 亿本。另外，有分别约 15.8％和 14.8％的国民今后打算购买以上两类图书，推及总体，这两类图书大约分别有 1.22 亿和 1.14 亿的预购人群。

具体情况如表 2-4-1 所示：

表 2-4-1　分类图书市场占有情况及市场预期

	偏好度①	消费状况			市场预期		市场空缺度④
		购买率②	消费者（亿人）	购买量（亿本）	预购率③	消费者（亿人）	
文学	37.6％	16.7％	1.29	2.07	15.8％	1.22	3.8％
日常生活	32.6％	11.8％	0.91	0.77	14.8％	1.14	3.8％
经济、管理	15.3％	6.9％	0.53	0.28	8.6％	0.66	2.8％
医药卫生	14.8％	5.3％	0.41	0.20	7.8％	0.60	2.4％
心理	13.2％	3.3％	0.25	0.05	5.1％	0.39	2.6％
法律	12.6％	2.8％	0.22	0.05	5.4％	0.42	2.1％
历史	12.4％	3.6％	0.27	0.09	4.3％	0.33	1.2％
军事	12.2％	3.7％	0.29	0.12	4.3％	0.33	1.7％
教育	11.6％	4.0％	0.31	0.11	5.8％	0.45	1.8％
体育健身	9.8％	2.8％	0.22	0.05	4.2％	0.32	0.8％

---

① 课题组注：喜欢某类图书的人数占总体的比例。

② 课题组注：过去一年购买过某类图书的人数占总体的比例。

③ 课题组注：将来打算购买某类图书的人数占总体的比例。

④ 课题组注：认为某类图书在市场上比较缺乏的人数占总体的比例。

	偏好度	消费状况			市场预期		市场空缺度
		购买率	消费者（亿人）	购买量（亿本）	预购率	消费者（亿人）	
科普	9.5%	3.1%	0.24	0.05	3.9%	0.30	2.1%
农业	8.7%	1.7%	0.13	0.02	4.8%	0.37	2.7%
少儿	7.5%	5.3%	0.40	0.34	5.7%	0.44	0.8%
计算机网络	6.8%	3.5%	0.27	0.07	3.9%	0.30	0.8%
政治	6.6%	1.9%	0.14	0.02	2.0%	0.16	0.8%
哲学	5.3%	1.8%	0.14	0.02	2.2%	0.17	1.1%
天文、地理	5.1%	1.3%	0.10	0.01	1.8%	0.14	1.5%
美术书法艺术	3.6%	1.5%	0.11	0.02	1.6%	0.12	0.7%
工业技术	3.3%	1.3%	0.10	0.01	2.0%	0.15	1.3%
外文版图书	2.5%	2.0%	0.15	0.02	2.1%	0.16	1.5%
生物科学	2.3%	0.7%	0.05	0.00	0.9%	0.07	0.9%
数学物理化学	1.5%	1.3%	0.10	0.01	0.9%	0.07	0.4%
其他	4.1%	3.7%	0.28	0.13	2.6%	0.20	2.3%

另外，数据显示，在目前的国内图书市场，我国各类图书的供应较为充足，认为各类图书比较缺乏的人数只占很小的比例（均不超过 4.0%）。但相对而言，较多的国民认为市场上"文学"和"日常生活"类图书比较缺乏。

下面，我们从购买率和市场空缺度两个维度分析各类图书的市场表现。如图 2-4-1 所示，"文学"和"日常生活"类图书购买率较高、空缺度也较高，同时这两类图书的喜爱者和预购者也远多于其他类图书。据此可以推测，在所有图书种类中，"文学"和"日常生活类"图书的市场表现是最好的，且相对于其他各类图书仍有较大的发展空间。

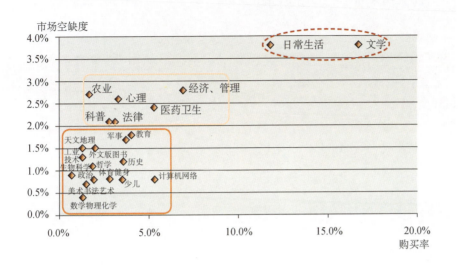

图 2-4-1　各类图书的市场占有和空缺情况

值得注意的是，"经济管理"、"农业"、"心理"、"医药卫生"、"科普"和"法律"类图书的购买率虽然不高，但市场供给也相对较为匮乏，可见这些领域仍有一定的空间可供开发。而"数学/物理/化学"、"美术/书法艺术"和"计算机网络"等类图书的购买率低且饱和度高（与空缺度相对），发展空间相对狭窄。

2.4.2　文学类图书市场消费状况及市场预期

调查数据显示，"武侠小说"、"文学名著"和"言情小说"等文学作品是较多成年人喜欢的文学类图书，购买过和计划购买这些图书的国民也相对较多。2008 年"文学名著"的购买率最高，为 6.2%，推及总体，这类图书的消费者规模为 0.48 亿。"武侠小说"和"言情小说"的购买率均为 4.0%，推及总体，消费者规模约为 0.3 亿。

在国内文学类图书市场，很少有国民（均不超过 3.0%）认为目前市场上哪些文学类图书比较缺乏，但相对来说，纪事报告、民间文学和历史小说等文学类书籍被认为市场空缺度较高。

具体情况如表 2-4-2 所示：

表 2-4-2　文学类图书分类市场状况

	偏好度	市场消费状况		市场预期		市场空缺度
		购买率	消费者（亿人）	预购率	消费者（亿人）	
武侠小说	19.1%	4.0%	0.30	6.0%	0.46	1.0%
文学名著	18.8%	6.2%	0.48	7.0%	0.54	1.3%
言情小说	17.6%	4.0%	0.31	5.1%	0.39	0.7%
人物传记	15.0%	2.9%	0.23	5.9%	0.45	1.4%
纪实报告	14.7%	2.4%	0.18	5.9%	0.45	2.9%
历史小说	14.0%	3.1%	0.24	5.4%	0.41	1.5%
民间文学	13.8%	2.2%	0.17	5.0%	0.39	1.9%
当代小说	13.1%	3.1%	0.24	4.6%	0.35	0.9%
散文随笔	9.1%	2.2%	0.17	3.9%	0.30	1.3%
科幻小说	8.5%	1.7%	0.13	3.2%	0.25	1.0%
玄疑/惊悚小说	5.9%	1.1%	0.08	2.3%	0.18	1.1%
青春/玄幻小说	5.6%	1.4%	0.11	1.9%	0.15	0.7%
文学评论	4.9%	1.4%	0.11	2.3%	0.17	1.4%
儿童文学	4.4%	2.3%	0.18	4.3%	0.33	0.9%
诗歌/戏剧	2.6%	0.7%	0.06	1.3%	0.10	1.4%
其他	2.1%	1.5%	0.12	2.5%	0.19	2.6%

为了更直观地表现各种文学类图书在偏好度、购买率、预购率和市场空缺度这四个指标上的差异，我们将以上数据作图，如图 2-4-2 所示。很明显，成年人对武侠小说的偏好度最高，但对文学名著的购买率和预购率都是最高的。

为了更直观地表达文学类图书市场的竞争状况，我们同样从购买率和市场空缺度两个维度来分析各种文学类图书的市场表现。如

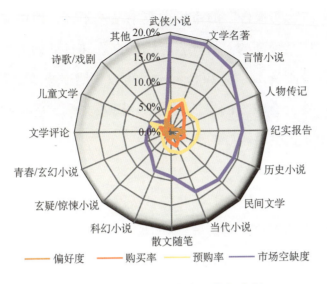

图 2-4-2　文学类图书市场指标分析

图 2-4-3 所示，很明显，"文学名著"的市场占有度最高，但市场饱和度也相对较高，"武侠小说"、"言情小说"也具有相同的特点。虽然以上三类书的喜爱者众多，但这几类书的市场供给在更多图书消费者眼里也已比较充足。因此，图书经营者在考虑到有较多人喜欢并打算购买这三类书的同时，也应注意其市场供给现实，从而实现合理投放。

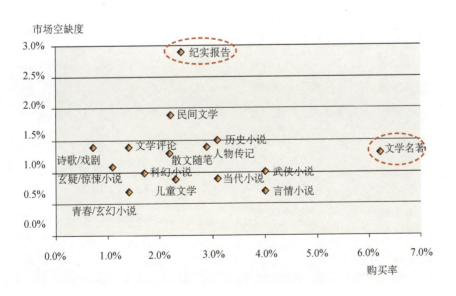

图 2-4-3　文学类图书的市场占有和空缺情况

另外，"纪实报告"的市场占有率虽然不高，但市场空缺度在文学类图书中是最高的。另外，考虑到喜欢和打算购买这类图书的人数较多（分别有 14.7％和 5.9％）。可以预测，这类图书在未来一段时间内可能会有较大的发展潜力。"民间文学"也具有相似的特点，预计未来也会有较好的市场表现。

2.4.3 生活类图书市场消费状况及市场预期

在生活类图书中，有 31.4％的成年人喜欢"生活知识"类图书，有 29.9％的成年人喜欢"家庭保健"类图书。而购买过和计划购买这些图书的国民也相对较多。推及总体，2008 年"生活知识"和"家庭保健"类图书的消费者规模分别为 0.47 亿和 0.43 亿。

具体情况如表 2-4-3 所示：

表 2-4-3　生活类图书分类市场状况

	偏好度	消费状况		市场预期		市场空缺度
		购买率	消费者（亿人）	预购率	消费者（亿人）	
生活知识	31.4％	6.2％	0.47	12.0％	0.93	2.0％
家庭保健	29.9％	5.6％	0.43	11.6％	0.89	2.0％
烹饪美食	18.1％	3.9％	0.30	7.5％	0.57	1.3％
心理健康	14.5％	2.4％	0.18	7.1％	0.54	3.4％
休闲旅游	11.0％	2.0％	0.15	4.3％	0.33	1.2％
服装服饰	10.5％	2.2％	0.17	4.2％	0.32	0.8％
女性生活	8.5％	1.4％	0.11	3.0％	0.23	0.6％
美发美容	7.3％	1.7％	0.13	2.7％	0.21	0.6％
励志学习	7.1％	1.7％	0.13	3.8％	0.29	1.8％
家居装饰	6.5％	1.0％	0.08	3.2％	0.24	1.0％
家庭手工制作	4.8％	0.4％	0.03	2.5％	0.19	1.9％
育儿	4.8％	1.5％	0.11	3.2％	0.25	0.6％
两性关系	3.0％	0.5％	0.04	1.4％	0.10	1.4％
其他	1.6％	0.9％	0.07	1.6％	0.12	2.3％

为了更直观地表现各种生活类图书在偏好度、占有度、预购率和市场空缺度这四个指标上的差异，我们将以上数据作图，如图2-4-4所示。我们发现，各种生活类图书空缺度分布基本上集中于中心位置，这表明各种生活类图书的市场供应较为充足，空缺度较低。但相对来说，有较多（3.4%）的国民认为目前市场上"心理健康"类图书比较缺乏。

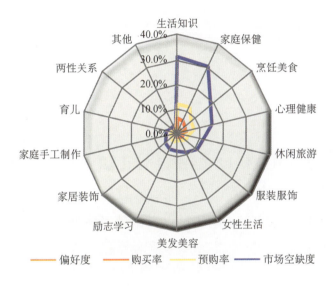

图 2-4-4　生活类图书市场指标分析

　　如图2-4-5所示，在生活类图书中，"生活知识"和"家庭保健"类图书的市场占有度最高，同时市场空缺度也相对较高，再加上喜欢和打算购买这两类图书的人数较多（如表"生活类图书分类市场状况"），可以估计，这两类图书在生活类图书市场将会有较大的发展空间。

　　"心理健康"类图书虽然市场购买率不高，但其市场空缺度是生活类图书中最高的，喜欢和打算购买这类书的人也较多，因此这类图书也可能会有较好的市场发展前景。

2.4.4　经济类图书市场消费状况及市场预期

　　对于经济类图书来说，喜欢"个人理财"类图书的成年人最

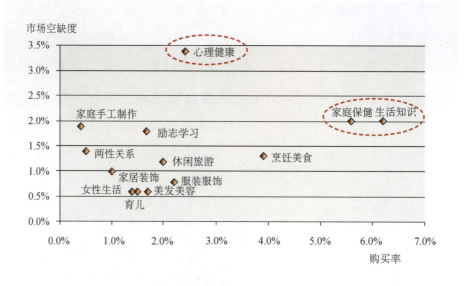

图 2-4-5　生活类图书的市场占有和空缺情况

多，占 15.1%；其次有 10.0% 左右的国民喜欢"市场营销"、"经营管理"和"经济理论"等图书。而购买过这些图书的国民也相对较多。推及总体，2008 年，购买过以上四种经济类图书的国民分别有 2000 万人左右。

各类经济类图书的购买率比较低（均在 3.0% 以下），但预购率较高，市场前景较好。在国内图书市场，我国经济类图书的供应较为充足，很少有人（均不超过 3.0%）表示目前市场上有哪些经济类图书比较缺乏。

具体情况如表 2-4-4 所示：

表 2-4-4　经济类图书分类市场状况

	偏好度	消费状况		市场预期		市场空缺度
		购买率	消费者（亿人）	预购率	消费者（亿人）	
个人理财	15.1%	2.3%	0.17	9.1%	0.70	2.9%
市场营销	11.4%	2.6%	0.20	5.8%	0.45	1.4%
经营管理	9.4%	2.3%	0.18	5.0%	0.39	1.4%

续前表

| | 偏好度 | 消费状况 | | 市场预期 | | 市场空缺度 |
		购买率	消费者（亿人）	预购率	消费者（亿人）	
经济理论	9.2%	1.9%	0.15	3.9%	0.30	1.3%
金融保险	5.9%	0.8%	0.06	2.9%	0.22	1.5%
房产物业	4.7%	0.9%	0.07	2.1%	0.16	1.4%
广告宣传	3.9%	0.7%	0.06	1.5%	0.12	0.9%
财务会计	3.6%	1.1%	0.09	1.8%	0.14	0.6%
职场	3.1%	0.6%	0.04	1.9%	0.14	1.3%
证券期货	2.9%	0.8%	0.06	1.6%	0.13	1.0%
财政税收	2.0%	0.2%	0.01	0.8%	0.06	1.0%
其他	2.3%	1.3%	0.10	2.0%	0.15	2.2%

　　为了更直观地表现各种经济类图书在偏好度、购买率、预购率和市场空缺度这四个指标上的差异，我们将以上数据作图，如图 2-4-6 所示。我们发现，我国成年人对各种经济类图书的偏好度与预购率的形状非常接近，也就是说偏好度指标高的经济类图书的预

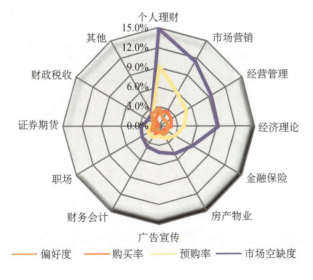

图 2-4-6　经济类图书市场指标分析

购倾向也越强。同时，我们发现各种经济类图书的购买率不高且比较接近（基本呈圆形分布，差别不大）。

2.4.5 外语类图书市场及国民消费情况

可能由于外语类图书的消费群较小等因素的影响，我国成年人中喜欢各类外语图书的比例不高，购买过和预购这些图书的人也较少。但比较而言，有较多（6.0%）的人喜欢外语类"文艺读物"，而购买率最高的则是"外语工具书"（2.1%）。具体情况如表 2-4-5 所示：

表 2-4-5　外语类图书分类市场状况

	偏好度	消费状况		市场预期		市场空缺度
		购买率	消费者（亿人）	预购率	消费者（亿人）	
文艺读物	6.0%	1.6%	0.12	2.8%	0.22	1.5%
外语工具书	3.9%	2.1%	0.17	2.4%	0.18	0.9%
阅读写作	3.6%	1.3%	0.10	2.1%	0.16	0.9%
口语听力	3.4%	1.4%	0.10	2.8%	0.21	1.2%
教材教辅	3.3%	1.8%	0.14	2.8%	0.22	1.1%
词汇语法	3.1%	1.5%	0.11	2.1%	0.16	0.6%
商贸外语	2.4%	0.6%	0.05	1.7%	0.13	1.5%
其他	2.1%	1.1%	0.08	2.0%	0.15	2.0%

为了更直观地表现各种外语类图书在偏好度、购买率、预购率和市场空缺度这四个指标上的差异，我们将以上数据作图。如图 2-4-7所示，在偏好度上，成年人对外语类"文艺读物"的偏好度明显高于其他外语类图书，但对各种外语类图书的预购倾向差别并不大（距中心的距离比较接近）。

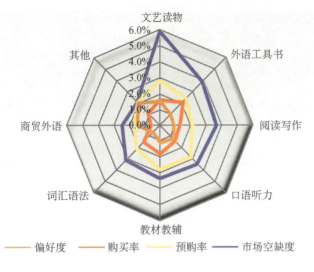

图 2-4-7　外语类图书市场指标分析

2.4.6　科技类图书市场及国民消费情况

在科技类图书中，"医药卫生"类图书最受成年人欢迎，有 23.2％的人表示喜欢这类图书。其次有 10.0％以上的人喜欢"农业科技"、"科普"、"计算机"和"网络"等类图书。与之相对应的是，购买过和打算购买这几类图书的人也相对较多。

从市场供应来看，科技类图书的供应较为充足，尤其是"计算机"类图书，很少有人认为该类图书在市场上比较缺乏。但相对来说，"医药卫生"、"农业科技"和"科普"类图书的市场供给相对缺乏。

具体情况如表 2-4-6 所示：

表 2-4-6　科技类图书分类市场状况

		消费状况		市场预期		
	偏好度	购买率	消费者（亿人）	预购率	消费者（亿人）	市场空缺度
医药卫生	23.2％	5.2％	0.40	11.1％	0.85	3.2％
农业科技	13.8％	2.1％	0.16	6.7％	0.52	2.9％

续前表

	偏好度	消费状况		市场预期		市场空缺度
		购买率	消费者（亿人）	预购率	消费者（亿人）	
科普	11.7%	2.9%	0.22	5.5%	0.42	2.6%
计算机	10.2%	3.7%	0.29	5.5%	0.42	0.8%
网络	9.3%	2.0%	0.16	4.4%	0.34	1.1%
工程技术	4.6%	1.1%	0.09	2.5%	0.19	1.8%
交通运输	4.4%	0.7%	0.06	1.8%	0.14	1.3%
机械建筑	3.9%	0.8%	0.06	1.7%	0.13	1.6%
其他	2.0%	1.2%	0.09	1.9%	0.15	2.0%
不知道	0.4%	0.4%	0.03	2.1%	0.16	11.4%
没有	48.9%	84.2%	6.47	67.4%	5.18	74.8%

同样，我们作图 2-4-8 来更直观地表现各种科技类图书在偏好度、购买率、预购率和市场空缺度这四个指标上的差异。和经济类图书的分布情况相似，我国国民对各种科技类图书的偏好度与预购率的分布情形非常接近，像医药卫生、农业科技等国民偏好度较高的科技类图书，国民预购的倾向也较强。

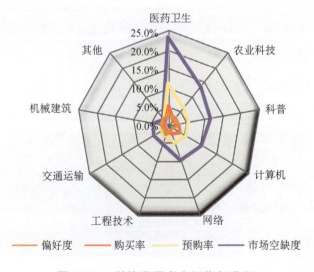

图 2-4-8　科技类图书市场指标分析

▌2.5 读者最喜爱的图书

调查中，在无提示的情况下，我们请被访者列举其最喜欢的 3 本图书的书名。结果发现，一些经典著作，如中国古代四大名著、国外经典（如《钢铁是怎样炼成的》、《简爱》）等依然受到较多国民的喜爱。除此之外，一些畅销书，如《狼图腾》等，也为较多国民所喜爱。具体情况如表 2-5-1 所示：

表 2-5-1　最受读者欢迎的图书排名

选择比例	排名
红楼梦	1
三国演义	2
西游记	3
水浒传	4
钢铁是怎样炼成的	5
围城	6
狼图腾	7
鬼吹灯	8
简爱	9
天龙八部	10

▌2.6 读者最喜爱的图书作者

同样，在无提示的情况下，我们请被访者列举其最喜欢的三个图书作者的姓名。结果发现，金庸、鲁迅、琼瑶等对国人影响深远，连续多年都是最受国人喜爱的作家。另外，当代青年作家郭敬明、韩寒也位列前 10 名。具体排名如表 2-5-2 所示：

表 2-5-2　读者最喜爱的图书作者排名

作者姓名	排名
金庸	1
鲁迅	2
琼瑶	3
古龙	4
曹雪芹	5
郭敬明	6
老舍	7
贾平凹	8
巴金	9
韩寒	10

▋2.7　读者最喜爱的出版社

调查中，在无提示的情况下，我们请被访者列举其最喜欢的三家国内出版社。经统计发现，人民出版社位居第一，新华出版社、人民教育出版社和人民文学出版社等也名列前茅。具体情况如表 2-5-3 所示：

表 2-5-3　读者最喜爱的出版社排名

出版社名称	排名
人民出版社	1
新华出版社	2
人民教育出版社	3
人民文学出版社	4
北京出版社	5
三联书店	6
商务印书馆	7
清华大学出版社	8
上海人民出版社	9
北京大学出版社	10

2.7.1　国内出版社的知名度和市场渗透率排名

　　为了解国内出版社的知名度，我们列举了29家国内较为知名的出版社，请被访者在其中选择其所知道（听说过）的，调查结果如表2-5-4所示，和无提示下读者最喜爱的出版社情况基本相同，人民出版社、人民教育出版社、人民文学出版社和新华出版社等在知名度和市场渗透率上的表现依然比较出色。

表 2-5-4　国内出版社的知名度排名

出版社名称	排名
人民出版社	1
人民教育出版社	2
人民文学出版社	3
新华出版社	4
北京大学出版社	5
清华大学出版社	6
高等教育出版社	7
北京出版社	8
中国人民大学出版社	9
中国青年出版社	10
上海人民出版社	11
三联书店	12
商务印书馆	13
江苏教育出版社	14
长江文艺出版社	15
作家出版社	16
浙江教育出版社	17
科学出版社	18
复旦大学出版社	19
中华书局	20
重庆出版社	21

出版社名称	排名
机械工业出版社	22
人民邮电出版社	23
电子工业出版社	24
中国财政经济出版社	25
外研社	26
中信出版社	27
社科文献出版社	28
接力出版社	29

　　为进一步了解以上出版社的市场表现，我们询问被访者在2008年曾购买过哪些出版社的出版物。调查结果如表2-5-5所示，人民出版社、新华出版社、人民教育出版社和人民文学出版社等的市场渗透率排名位于前列。

表2-5-5　国内出版社的市场渗透率排名

出版社名称	排名
人民出版社	1
新华出版社	2
人民教育出版社	3
人民文学出版社	4
高等教育出版社	5
商务印书馆	6
北京大学出版社	7
三联书店	8
清华大学出版社	9
中国青年出版社	10
上海人民出版社	11
北京出版社	12
江苏教育出版社	13

续前表

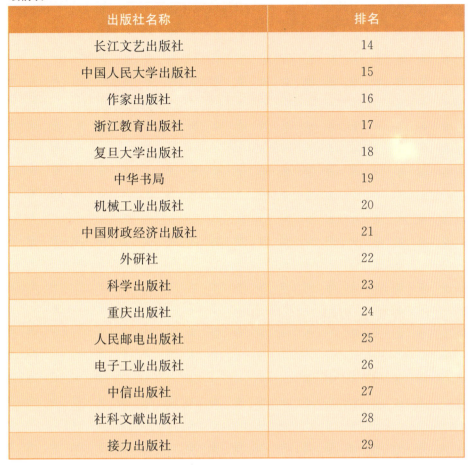

出版社名称	排名
长江文艺出版社	14
中国人民大学出版社	15
作家出版社	16
浙江教育出版社	17
复旦大学出版社	18
中华书局	19
机械工业出版社	20
中国财政经济出版社	21
外研社	22
科学出版社	23
重庆出版社	24
人民邮电出版社	25
电子工业出版社	26
中信出版社	27
社科文献出版社	28
接力出版社	29

第三章
成年人报刊阅读与购买倾向

■3.1 成年人报纸阅读状况

3.1.1 报纸阅读率

2008 年，我国成年人的广义报纸阅读率为 58.0％，而狭义报纸阅读率即识字人口的报纸阅读率为 63.9％，比 2007 年的 73.8％减少了 9.9 个百分点。在接下来的报告中，我们采用的数据均为狭义的即识字人口数据。

在成年人中，不同群体的报纸阅读率之间存在显著性差异。具体来说，成年男性的报纸阅读率为 69.4％，远高于成年女性的报纸阅读率（57.7％）。另外，年龄较轻、学历较高和中高收入者（个人月收入在 2000—8000 元的人群）的报纸阅读率显著高于对应的其他群体。

从职业类型来看，"农民/农民工"的报纸阅读率（41.1％）远低于总体水平（63.9％），"无业及失业人员"的报纸阅读率（63.1％）接近于总体水平，而其他职业类型人群的报纸阅读率均高于总体水平。这说明，除"农民/农民工"外，我国成年人的报纸阅读率较高。

从城乡对比来看，我国城镇居民在 2008 年的报纸阅读率为 81.2%，显著高于农村居民的报纸阅读率（51.2%）。

具体情况如表 3-1-1 所示：

表 3-1-1　不同人口特征人群的报纸阅读率

人口特征	类别	报纸阅读率
性别	男	69.4%
	女	57.7%
年龄	18—29 周岁	68.3%
	30—39 周岁	64.6%
	40—49 周岁	60.4%
	50—59 周岁	58.2%
	60—70 周岁	60.3%
学历	小学及以下	26.7%
	初中	58.8%
	高中/中专	80.0%
	大专	85.5%
	大学本科	87.1%
	硕士及以上	92.9%
收入	无收入	57.8%
	500 元以下	41.5%
	501—1000 元	60.7%
	1001—2000 元	76.3%
	2001—3000 元	83.8%
	3001—5000 元	87.1%
	5001—8000 元	87.0%
	8001—10000 元	58.2%
	10000 元以上	78.9%
	拒绝回答	66.3%
职业或身份	企业领导或管理人员	91.5%
	机关/事业单位干部	89.0%

人口特征	类别	报纸阅读率
职业或身份	公检法/军人/武警	87.4%
	专业技术人员/教师/医生	84.2%
	一般职员/文员/秘书	80.0%
	学生	79.5%
	工人/商业服务业人员	76.8%
	离退休人员	75.0%
	私营或个体劳动者	73.6%
	无业及失业人员	63.1%
	农民或农民工	41.1%
	其他	68.7%
城乡	城市	81.2%
	农村	51.2%

3.1.2 报纸阅读量

2008年，我国成年人的平均报纸阅读量为88.67份（期），而报纸读者的平均报纸阅读量为138.51份（期）。按月计算，我国报纸读者平均每月的报纸阅读量为11.54份（期）。

从报纸读者每月的报纸阅读量来看，成年男性、学历较高和中高收入者（尤其是个人月收入在2000—8000元和10000元以上的人群）显著高于对应的其他群体。

值得注意的是，从年龄对比来看，虽然年龄较大的读者的报纸阅读率较低，但其报纸阅读量却显著高于年龄较轻者。

从城乡对比来看，城镇居民每月的平均报纸阅读量为15.51份，远高于农村居民的月平均报纸阅读量（6.90份）。

另外，从职业类型来看，"学生"、"公检法/军人/武警"、"机关/事业单位干部"和"企业领导或管理人员"等人群平均每月阅读的报纸量显著高于"无业及失业人员"、"农民或农民工"等群体。值得注意的是，"离退休人员"群体虽然在 2008 年的平均图书阅读量（9.21 本）低于总体水平，但其月平均报纸阅读量（18.75 份）却远高于总体水平。

具体情况如表 3-1-2 所示：

表 3-1-2　不同人口特征的报纸读者的报纸阅读量

人口特征	类别	报纸阅读量（份/月）
性别	男	12.19
	女	10.65
年龄	18—29 周岁	8.74
	30—39 周岁	12.65
	40—49 周岁	13.24
	50—59 周岁	13.64
	60—70 周岁	13.37
学历	小学及以下	6.24
	初中	8.64
	高中/中专	13.16
	大专	15.24
	大学本科	15.98
	硕士及以上	17.39
收入	无收入	7.50
	500 元以下	5.97
	501—1000 元	9.76
	1001—2000 元	13.33
	2001—3000 元	17.75
	3001—5000 元	19.84
	5001—8000 元	16.47
	8001—10000 元	9.61
	10000 元以上	23.62
	拒绝回答	11.04
职业或身份	学生	26.18
	公检法/军人/武警	26.06

续前表

人口特征	类别	报纸阅读量（份/月）
职业或身份	机关/事业单位干部	23.46
	企业领导或管理人员	20.22
	离退休人员	18.75
	专业技术人员/教师/医生	17.16
	私营或个体劳动者	14.89
	一般职员/文员/秘书	14.25
	工人/商业服务业人员	13.35
	无业及失业人员	12.55
	农民或农民工	9.00
	其他	14.50
城乡	城市	15.51
	农村	6.90

■ 3.2　成年人期刊阅读及消费状况

3.2.1　期刊阅读状况

3.2.1.1　期刊阅读率

2008 年，我国成年人的广义期刊阅读率为 45.5％，而狭义期刊阅读率即识字人口的期刊阅读率为 50.1％，比 2007 年的 58.4％减少了 8.3 个百分点。在接下来的报告中，我们采用的期刊阅读率数据均为狭义的数据。

在成年人中，不同群体的期刊阅读率之间存在显著性差异。具体来说，年龄较轻、学历较高和中高收入者（尤其是个人月收入在 2000—8000 元的群体）的期刊阅读率较高。

与报纸的阅读率情况不同的是，我国女性的期刊阅读率（51.1％）高于男性的期刊阅读率（49.3％）。

从职业类型来看，"离退休人员"和"农民或农民工"的期刊阅读率分别为41.1%和31.1%，均低于总体水平，且显著低于其他职业类型的人群。

另外，从城乡对比来看，城镇居民的期刊阅读率为62.3%，高出农村居民的期刊阅读率（41.2%）20多个百分点。

具体情况如表3-2-1所示：

表3-2-1　不同人口特征人群的期刊阅读率

人口特征	类别	期刊阅读率
性别	男	49.3%
	女	51.1%
年龄	18—29周岁	66.0%
	30—39周岁	52.9%
	40—49周岁	38.5%
	50—59周岁	31.0%
	60—70周岁	29.2%
学历	小学及以下	14.9%
	初中	42.7%
	高中/中专	64.6%
	大专	75.6%
	大学本科	84.0%
	硕士及以上	80.4%
收入	无收入	55.3%
	500元以下	29.6%
	501—1000元	43.3%
	1001—2000元	59.3%
	2001—3000元	64.1%
	3001—5000元	71.1%
	5001—8000元	82.7%
	8001—10000元	56.6%
	10000元以上	57.7%
	拒绝回答	51.6%

续前表

人口特征	类别	期刊阅读率
职业或身份	学生	82.3%
	公检法/军人/武警	80.4%
	机关/事业单位干部	77.6%
	企业领导或管理人员	74.1%
	专业技术人员/教师/医生	72.2%
	一般职员/文员/秘书	68.8%
	工人/商业服务业人员	57.3%
	无业及失业人员	54.1%
	私营或个体劳动者	52.6%
	离退休人员	41.1%
	农民或农民工	31.1%
	其他	54.1%
城乡	城市	62.3%
	农村	41.2%

3.2.1.2 期刊阅读量

调查数据显示，2008 年，我国成年人的平均期刊阅读量为 8.16 期，而我国期刊读者的平均期刊阅读量为 16.28 期。

如表 3-2-2 所示，不同群体的期刊阅读量之间差异显著。年龄在 40—49 周岁人群、学历较高者，尤其是高收入者（个人月收入在 8000 元以上）的期刊阅读量较高。另外，虽然男性国民的期刊阅读率低于女性，但男性期刊读者的平均期刊阅读量（16.69 期）却高于女性期刊读者（15.82 期）。

从职业类型来看，"机关/事业单位干部"、"企业领导或管理人员"和"公检法/军人/武警"等人群的期刊阅读量显著高于"工人/商业服务业人员"、"农民/农民工"等人群。

从城乡对比来看，城镇居民的期刊阅读量为 18.89 期，显著高于农村居民的 13.37 期。

表 3-2-2　不同人口特征的期刊读者的期刊阅读量

人口特征	类别	期刊阅读量（期）
性别	男	16.69
	女	15.82
年龄	18—29 周岁	15.58
	30—39 周岁	16.34
	40—49 周岁	18.46
	50—59 周岁	16.88
	60—70 周岁	14.28
学历	小学及以下	10.16
	初中	13.03
	高中/中专	16.76
	大专	19.66
	大学本科	22.93
	硕士及以上	31.89
收入	无收入	14.24
	500 元以下	11.45
	501—1000 元	14.47
	1001—2000 元	17.63
	2001—3000 元	19.45
	3001—5000 元	22.37
	5001—8000 元	18.85
	8001—10000 元	62.22
	10000 元以上	40.91
	拒绝回答	17.75
职业或身份	机关/事业单位干部	26.26
	企业领导或管理人员	24.48

续前表

人口特征	类别	期刊阅读量（期）
职业或身份	公检法/军人/武警	23.02
	专业技术人员/教师/医生	19.61
	一般职员/文员/秘书	18.99
	学生	17.73
	私营或个体劳动者	16.28
	离退休人员	15.17
	无业及失业人员	15.02
	工人/商业服务业人员	14.67
	农民或农民工	11.57
	其他	22.20
城乡	城市	18.89
	农村	13.37

从城乡和职业类型两个维度来看不同人群对图书、报纸和期刊这三种媒介的阅读率和阅读量，我们发现农村居民（从另一个维度来说是农民/农民工）的阅读情况是不容乐观的。

要提高我国国民的阅读率，提高占我国人口大多数的农村居民的阅读率是关键所在。应该把提高农村居民的阅读率作为一项文化工程来推进，例如，提高农村居民的文化水平、营造读书氛围以培养他们的阅读习惯（我们在第二章曾提到农村居民中有较多的人因为文化水平有限或没有读书习惯而不读书）、加大农村基础文化设施的建设并设法提高这些文化设施的使用率（我们将在第九章提到包括农家书屋建设在内的农村文化设施建设）等，只有从各个方面同时入手才可能达到较为理想的效果。

3.2.1.3 制约期刊阅读的因素

通过分析成年人不读期刊的原因，我们发现除"没时间"看之外，传统媒体（电视、广播）的分流作用、期刊内容的吸引力是影响读者阅读期刊的重要因素。如图 3-2-1 所示，在不读期刊的成年人中，有四成以上（43.5%）的人是因为"没时间"，有三成以上（32.1%）的人是因为觉得"看电视、听广播就够了，没必要再读"期刊，也有两成多（22.0%）的人是因为"对现在期刊的内容没兴趣"而不读期刊。

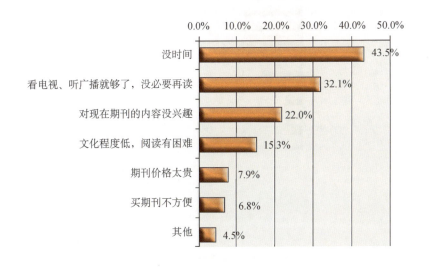

图 3-2-1　不读期刊的原因

与传统媒体（电视、广播等）相比，包括期刊在内的平面媒体由于自身的媒介特性，在信息传播的时效性、生动性等方面稍显不足，不能及时、全方位地满足读者的信息获取需求。而期刊自身也存在一些传统媒体没有的优点，例如便携性、信息提供的深度等。要引发期刊读者的阅读兴趣，充分发挥期刊的信息传播作用，对内容进行深度挖掘，提高内容的吸引力是必不可少的。

3.2.1.4　期刊读者的阅读偏好

如图 3-2-2 所示，在我国期刊读者中，有三成以上（32.0%）的人经常阅读"文学艺术类"期刊；其次，也有不少人（20.0%以上）经常阅读"新闻时政"、"医药健康"、"女性家庭情感"、"娱乐明星/八卦"等类型的期刊。

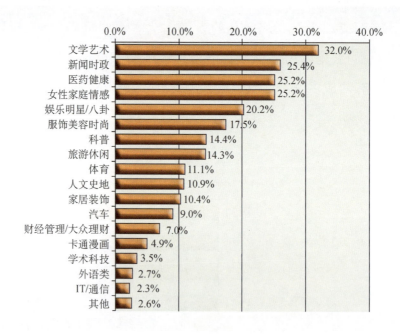

图 3-2-2　期刊读者的阅读偏好

3.2.2　期刊读者的期刊购买状况

3.2.2.1　期刊读者获取期刊渠道

"借阅"和"报摊购买"是我国期刊读者获取期刊的主要渠道。如图 3-2-3 所示，通过"报摊购买"获取期刊的读者为47.9%，而表示通过"借阅"的方式进行期刊阅读的读者比例则达到 49.1%。

与 2007 年相比，2008 年我国期刊读者的期刊"借阅"率上升，通过"报摊购买"期刊的比例有所下降。除了这两种期刊获取途径外，我国期刊读者通过其他渠道获取期刊的比例均有明显上升。也就是说，期刊读者中通过"报摊购买"之外的其他多种途径获取所需期刊的比例比以往均有所增加。

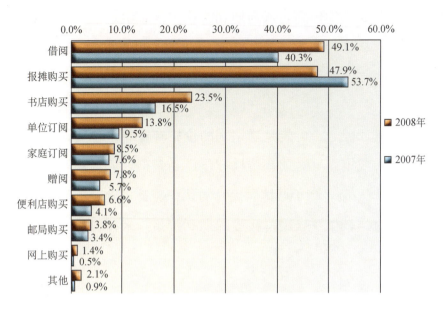

图 3-2-3　期刊读者获取期刊渠道

3.2.2.2　期刊读者对期刊价格的评价

如图 3-2-4 所示，超过一半（51.0％）的期刊读者认为目前市场上的期刊价格在其可接受的范围内（"合适"、"比较便宜"或"非常便宜"）。但我们必须注意到，认为期刊价格"比较贵"或"非常贵"的读者高达 41.5％，远多于认为期刊"比较便宜"或"非常便宜"的读者。

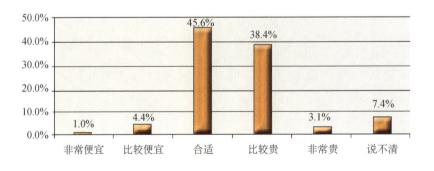

图 3-2-4　期刊读者对期刊价格的评价

如图 3-2-5 所示，城乡期刊读者对我国期刊价格的评价具有显著性差异。值得注意的是，农村期刊读者认为目前市场上的期刊价格"合适"的比例较高，认为期刊价格"比较贵"或"非常贵"的比例较低，从这种表象来看，农村居民对期刊的可接受价格较高。但是我们必须注意到，农村居民的期刊阅读率和期刊阅读量较低这一现实。农村居民中阅读期刊的人少，读过期刊的阅读的期数也相对较低，其原因之一可能是对期刊的价格存在不准确（误认为期刊价格不贵）或模糊（对期刊价格究竟是高是低回答"说不清"的比例为 10.4％，显著高于城镇居民）的认识。针对这一问题，接下来我们会通过比较城乡居民可接受的期刊价格，来探讨城乡居民对期刊的购买力。

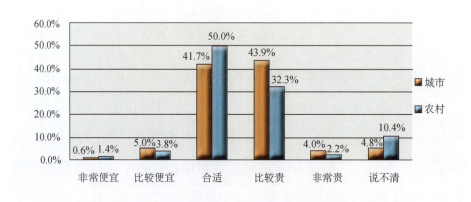

图 3-2-5　城乡期刊读者对期刊价格的评价

3.2.2.3　期刊读者的期刊价格承受力

如图 3-2-6 所示，整体来看，10 元以下的期刊价格容易被大多数（83.8％）期刊读者接受。而相对较多（46.0％）的期刊读者能接受的期刊价格是 4—6 元。平均来看，我国期刊读者可接受的期刊价格为 6.81 元。

如图 3-2-7 所示，我国城市期刊读者可接受的期刊价格为 7.18 元，而农村期刊读者可接受的期刊价格为 6.39 元。

进一步来看，农村期刊读者能接受较低价格（3 元及以下）的比例较高，而能接受较高期刊价格（4 元及以上）的比例显著低于

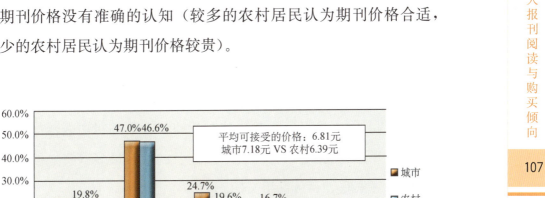

图 3-2-6　期刊读者可接受的期刊价格

城市期刊读者。这在一定程度上说明我们在上面提到的一个问题——可能由于阅读的期刊有限（农村期刊读者的人均期刊阅读量为 13.37 期，显著低于城市期刊读者的期刊阅读量）导致农村居民对期刊价格没有准确的认知（较多的农村居民认为期刊价格合适，较少的农村居民认为期刊价格较贵）。

平均可接受的价格：6.81元
城市7.18元 VS 农村6.39元

图 3-2-7　城乡期刊读者可接受的期刊价格比较

3.2.3　期刊读者对期刊广告的态度

对于期刊中广告所占的版面大小，大约八成（79.9％）的期刊读者认为其大小应控制在总版面的 20％ 以下，甚至有将近一成（9.9％）的期刊读者不能接受期刊中出现广告。而能接受广告版面超过总版面50％的国民只有4.7％。具体情况如图3-2-8所示：

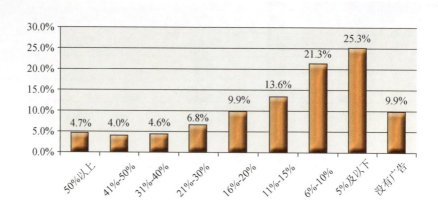

图 3-2-8　期刊读者可接受的广告面积

3.2.4　读者喜爱的期刊

3.2.4.1　读者最喜爱的期刊排名

调查中，在无提示的情况下，我们请期刊读者列举其最喜欢的三种期刊名称。我们根据期刊被提及的频次，对期刊进行排名。如表 3-2-3 所示，《读者》、《知音》被提及的次数最多以明显的优势位居前列，《家庭》和《青年文摘》的排名也较为靠前。

从期刊的内容类型来看，在排名前 10 位的期刊中，多种文学类期刊和时尚类期刊位列其中。文学类期刊如《读者》、《知音》、《青年文摘》等，时尚休闲类期刊如《瑞丽》、《女友》、《时尚》等被较多的期刊读者喜爱。

表 3-2-3　最受读者欢迎的期刊排名

期刊名称	排名
读者	1
知音	2
家庭	3
青年文摘	4

续前表

期刊名称	排名
故事会	5
家庭医生	6
意林	7
瑞丽	8
女友	9
时尚	10

3.2.4.2　国内期刊的知名度排名与购买情况

调查中，我们列举了 38 种国内较为知名的期刊，请期刊读者选择其知道的期刊名称，以及曾在 2008 年购买过的期刊，以了解这些期刊的知名度和市场表现。我们根据被访者选取的比例对这些期刊进行排名。

结果表明，被多数读者熟知的期刊往往也是消费者最多的期刊。如表所示，《读者》、《知音》、《青年文摘》等期刊被多数人所熟知并有相对更多的购买者。这一情况和国民最喜欢的期刊（无提示的情况下）情况也基本相同，即国民最喜欢的期刊往往也是他们所熟知并购买过的期刊。具体情况如表 3-2-4 所示：

表 3-2-4　期刊的知名度和市场渗透率

期刊名称	知名度	期刊名称	市场渗透率
知音	1	读者	1
读者	2	知音	2
青年文摘	3	青年文摘	3
家庭	4	家庭	4
故事会	5	故事会	5
时尚	6	家庭医生	6

续前表

期刊名称	知名度	期刊名称	市场渗透率
家庭医生	7	时尚	7
女友	8	瑞丽	8
瑞丽	9	意林	9
意林	10	女友	10
服饰与美容	11	特别关注	11
演讲与口才	12	服饰与美容	12
小说月报	13	足球周刊	13
格言	14	车主之友	14
都市丽人	15	格言	15
大众医学	16	小说月报	16
财经	17	演讲与口才	17
特别关注	18	大众医学	18
新华文摘	19	都市丽人	19
车主之友	20	财经	20
足球周刊	21	电脑爱好者	21
恋爱婚姻家庭	22	商界	22
父母必读	23	恋爱婚姻家庭	23
上海服饰	24	新华文摘	24
电脑爱好者	25	上海服饰	25
世界时装之苑	26	南风窗	26
商界	27	英语沙龙	27
中国国家地理	28	理财周刊	28
英语沙龙	29	父母必读	29
看电影	30	中国国家地理	30
读书	31	看电影	31
理财周刊	32	昕薇	32

续前表

期刊名称	知名度	期刊名称	市场渗透率
南风窗	33	世界时装之苑	33
证券市场周刊	34	读书	34
三联生活周刊	35	三联生活周刊	35
昕薇	36	证券市场周刊	36
悦己	37	贝太厨房	37
贝太厨房	38	悦己	38

■ 4.1 成年人音像电子出版物购买情况

调查数据显示，2008年成年人的音像电子出版物购买率为46.0％。购买者对这类出版物的购买渠道比较多样，除了最主要的销售渠道"音像店"（28.6％的成年人通常在"音像店"购买音像电子出版物）之外，"街头地摊"成了不少（14.4％）人购买音像电子出版物的消费场所。此外，分别有12.3％和11.3％的人选择在"书店"、"商场超市"购买这类出版物。具体情况如图4-1-1所示：

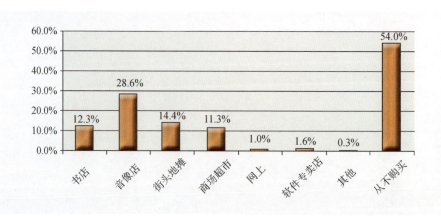

图 4-1-1 国民购买音像电子出版物的渠道

进一步分析发现，农村居民中通过常规渠道（"音像店"、"书店"、"商场超市"、"软件专卖店"等）购买音像电子出版物的比例均低于城市，而通过"街头地摊"购买的比例却显著高于城镇居民中的这一比例。另外，城镇居民中通过互联网购买音像电子出版物的比例（1.8%）远高于农村居民中的这一比例。具体情况如图 4-1-2 所示：

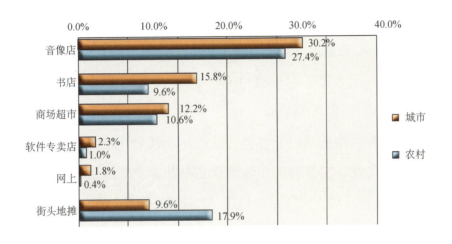

图 4-1-2　城乡居民购买音像电子出版物渠道的差异

■4.2　成年人对音像电子出版物价格的评价

如图 4-2-1 所示，在音像电子出版物的购买者中，认为我国音

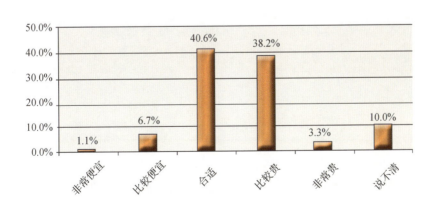

图 4-2-1　消费者对音像电子出版物的价格评价

像电子出版物价格在可接受范围内（"合适"、"比较便宜"和"非常便宜"）的人数接近一半（48.5％）。四成以上（41.5％）消费者认为我国音像电子出版物的价格比较贵或非常贵，还有多达一成的国民很难对此类出版物价格的高低作出明确的评价（说不清）。

■4.3　成年人音像电子出版物价格承受力

如表 4-3-1 所示，音像电子出版物的消费者可接受的 CD 光盘、VCD/DVD、盒式录音带、CD-ROM 的平均价格分别为 8.52 元、8.81 元、7.01 元和 9.45 元。

总体来看，除了对以上各类音像电子出版物的价格没有明确估计的消费者之外，较多的消费者认为这些出版物的价格一般不应超过 20 元。尤其是对于 CD 光盘和 VCD/DVD 来说，绝大多数（大约九成）消费者认为其价格应控制在 20 元以内，而认为这两类出版物价格应该在 10 元以内的消费者也分别超过了 50.0％和 60.0％。

表 4-3-1　消费者可接受的各类音像电子出版物的价格

	CD 光盘 (8.52 元)	VCD/DVD (8.81 元)	盒式录音带 (7.01 元)	CD-ROM (9.45 元)
≤10 元	53.7％	62.4％	43.9％	24.4％
11—20 元	22.1％	26.2％	8.7％	11.9％
21—30 元	1.9％	3.7％	1.5％	2.7％
≥30 元	1.0％	1.0％	0.2％	0.9％
不清楚/不知道	21.2％	6.8％	45.7％	60.1％

第五章
成年人动漫与游戏消费状况

▊ 5.1 我国动漫产品消费市场

5.1.1 各类动漫作品的接触率

如图 5-1-1 所示，成年人的动漫作品接触率为 35.2%[①]。其中，以接触过"动画片/动漫影视"的人数最多，约占成年人总体的 21.4%，接触过"网络游戏"和"漫画书"的人数也在 10%以上。

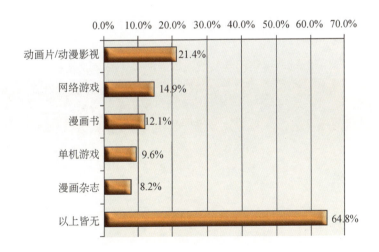

图 5-1-1　各类动漫作品的接触率

---

① 课题组注：用总体 1 减去没有接触过任何动漫作品（即"以上皆无"）的比例。

如图 5-1-2 所示，从性别特征来看，成年男性对动漫作品的接触率为 35.7%，略高于成年女性的动漫作品接触率（34.5%）。对于各类动漫作品，成年男性中有更多的人接触过"网络游戏"和"单机游戏"，而成年女性中有更多的人接触过"漫画书"、"漫画期刊"和"动画片/动漫影视"。

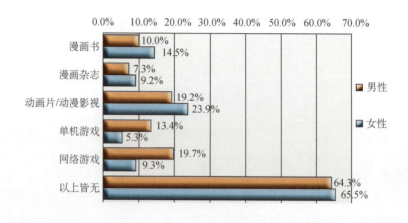

图 5-1-2　不同性别人群的动漫作品接触率

从年龄特征来看，成年人的动漫作品接触率随年龄的增高而降低。尤其是 40 周岁以上人群对各类动漫作品的接触率都远低于 40 周岁以下人群。具体情况如表 5-1-1 所示。

表 5-1-1　不同年龄段人群的动漫作品接触率

	漫画书	漫画期刊	动画片/动漫影视	单机游戏	网络游戏	以上皆无
18—29 周岁	21.8%	15.3%	33.6%	20.9%	33.0%	40.5%
30—39 周岁	12.1%	7.3%	22.5%	7.1%	10.3%	65.8%
40—49 周岁	4.8%	3.1%	10.8%	2.9%	4.4%	82.6%
50—59 周岁	2.5%	2.5%	9.6%	1.3%	1.5%	87.2%
60—70 周岁	3.0%	2.5%	8.9%	0.4%	0.7%	87.5%

5.1.2 受众对不同动漫题材的偏好

如图 5-1-3 所示，在接触过动漫作品的成年人中，60.0％的人偏爱"搞笑"类动漫作品。其次，三成以上的人喜欢"神话"、"科幻"和"侦探"类动漫作品，二成左右的人喜欢"格斗"、"体育"、"爱情"和"恐怖"类动漫作品。

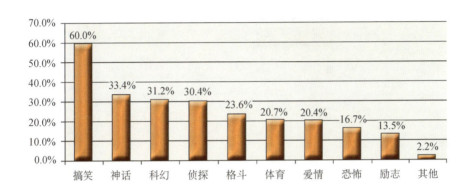

图 5-1-3　受众（动漫接触者）对动漫题材的偏好

■5.2　我国单机游戏消费市场

5.2.1 受众对单机游戏的题材偏好

如图 5-2-1 所示，在接触过单机游戏的成年人中，有 47.0％的人喜欢"赛车类"单机游戏，有 37.5％的人喜欢"棋牌益智类"单机游戏，有 31.0％的人喜欢"动作类"单机游戏。而喜欢其他各类题材单机游戏的比例均不超过三成，其中以"策略类"、"音乐舞蹈类"和"科幻奇幻 RPG"类单机游戏的喜爱者相对更少。

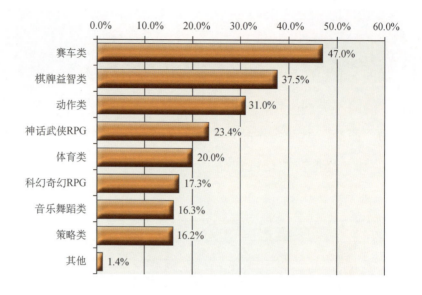

图 5-2-1　受众（单机游戏接触者）对单机游戏的题材偏好

5.2.2　单机游戏的黏度

当被问及过去一周平均每天花在单机游戏上的时间时，除了有14.4％的人表示过去一周没有玩过外，更多的玩家平均每天花费在单机游戏的时间在 1 小时以下（25.6％的人平均每天花费时间在半小时以下，20.7％的人平均每天花费 0.5—1 小时）。另外，有19.1％的人平均每天花费 1—2 个小时在单机游戏上，而明确表示花费在单机游戏上的时间超过 2 小时的比例只有 14.9％。具体情况如图 5-2-2 所示：

综合来看，玩家平均每天玩单机游戏的时间为 66.22 分钟。对比来看，男性玩家平均每天花费 72.45 分钟，女性玩家平均每天花费的时间为 48.63 分钟；年龄较低（18—29 周岁）或较高（50—70周岁）人群平均每天在单机游戏上的花费明显高于中间年龄段（30—49 周岁）的人群。另外，在单机游戏的花费时长上，城市单机游戏玩家平均每天花费 68.93 分钟，略长于农村单机游戏（62.80分钟）。具体情况如表 5-2-1 所示：

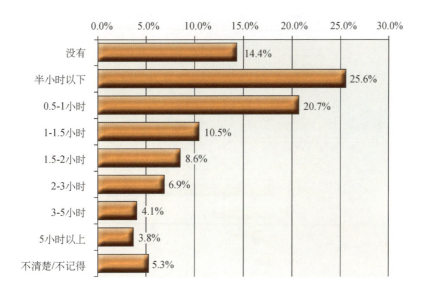

图 5-2-2　玩家平均每天玩单机游戏的时长

表 5-2-1　不同人口特征的玩家平均每天玩单机游戏的时长

人口特征	类别	单机游戏时间花费（分钟）
性别	男	72.45
	女	48.63
年龄	18—29 周岁	71.46
	30—39 周岁	52.67
	40—49 周岁	47.69
	50—59 周岁	84.07
	60—70 周岁	88.96
城乡	城市	68.93
	农村	62.80

5.2.3　单机游戏的消费状况

目前，我国互联网上的各类游戏资源较为丰富，一般的单机游戏基本上可通过互联网免费下载。也就是说，单机游戏玩家几乎不用花费资金便可获取所需的单机游戏资源。

如图 5-2-3 数据显示，多数（57.2％）单机游戏玩家一般不会在单机游戏上花费资金。除了这部分玩家之外，相对较多的（14.0％）玩家过去一年花费于单机游戏上的费用在 20 元以下。而在所有的单机游戏玩家中，年均单机游戏花费超过 20 元的比例在两成以上（22.0％）。

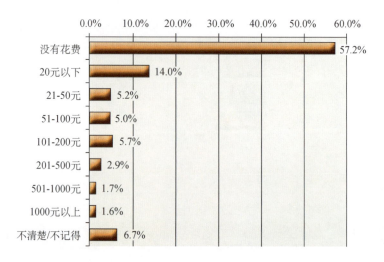

图 5-2-3　单机游戏玩家的花费

调查数据显示，我国单机游戏玩家在 2008 年的人均单机游戏花费金额为 57.93 元。

不同特征的单机游戏玩家在此类游戏花费的金额上存在显著性差异。具体来说，男性玩家在 2008 年的人均单机花费为 65.50 元，远高于女性玩家的平均花费（36.92 元）；18—29 周岁的玩家的平均花费高达 73.01 元，显著高于年长者；高收入（个人月收入为 5000—10000 元）玩家的平均花费显著高于其他收入的玩家。另外，大体来看，学历越低的单机游戏玩家平均花费的金额越高，尤其是"小学及以下"学历的单机游戏玩家平均花费高达 132.14 元。

从城乡来看，农村单机游戏玩家平均花费在此类游戏上的费用为 89.93 元，远高于城市单机游戏玩家的平均花费（31.69 元）。

具体情况如表 5-2-2 所示：

表 5-2-2　不同人口特征的单机游戏玩家的花费情况

人口特征	类别	单机游戏花费（元）
性别	男	65.50
	女	36.92
年龄	18—29 周岁	73.01
	30—39 周岁	21.80
	40—49 周岁	10.85
	50—59 周岁	48.66
	60—70 周岁	0.38
学历	小学及以下	132.14
	初中	71.86
	高中/中专	64.51
	大专	37.89
	大学本科	37.24
	硕士及以上	43.33
收入	无收入	69.96
	500 元以下	75.53
	501—1000 元	33.70
	1001—2000 元	50.37
	2001—3000 元	49.89
	3001—5000 元	65.17
	5001—8000 元	114.74
	8001—10000 元	275.76
	10000 元以上	0.00
	拒绝回答	86.70
城乡	城市	31.69
	农村	89.93

　　我们在前面提到，大多数单机游戏可通过互联网下载。而农村居民的电脑普及率、互联网的覆盖情况要弱于城市。因此，许多农村单机游戏爱好者在免费获取途径不畅的情况下，只能通过其他途

径，例如去游戏厅买游戏币或者去市场上买游戏光盘、游戏卡等途径进行单机游戏消费。这也可能是农村玩家花费在单机游戏上的时间短，而资金花费却比城市玩家多的一个原因。

■ 5.3　我国网络游戏消费市场

5.3.1　玩家对网络游戏的题材偏好

如图 5-3-1 所示，在接触过单机游戏的成年人中，喜欢"棋牌益智类"、"赛车类"和"神话武侠 RPG"类网络游戏的人最多。其中，有 34.7％的人喜欢"棋牌益智类"单机游戏，有 33.1％的人喜欢"赛车类"单机游戏，有 30.0％的人喜欢"神话武侠 RPG"类单机游戏。而喜欢"动作类"、"音乐舞蹈类"和"科幻奇幻 RPG"类网络游戏的人数也均超过两成。相对来说，"体育类"和"策略类"网络游戏的喜爱者相对较少。具体情况如图 5-3-1 所示：

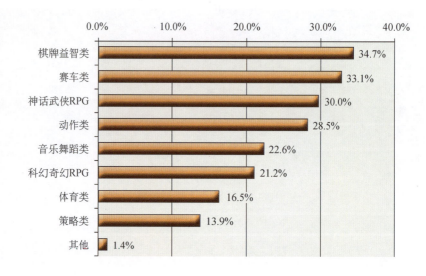

图 5-3-1　玩家对网络游戏的题材偏好

5.3.2　网络游戏的黏度

在接触过网络游戏的成年人中，当被问及过去一周平均每天花在网络游戏上的时间时，除了有10.6％的人表示过去一周没有玩过外，更多的玩家平均每天花费在网络游戏上的时间在1小时以下（15.8％的人平均每天花费时间在半小时以下，19.4％的人平均每天花费0.5—1小时）。另外，有32.5％的玩家平均每天花费1—3小时在网络游戏上，而明确表示花费在网络游戏上的时间超过3小时的比例有14.4％。具体情况如图5-3-2所示：

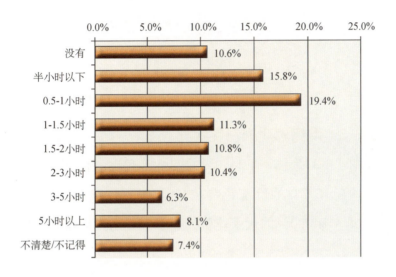

图 5-3-2　玩家平均每天玩网络游戏的时长

综合来看，我国网络游戏玩家平均每天花费在此类游戏上的时间为93.85分钟。不同人口特征的网络游戏玩家在时间花费上存在显著性差异。具体来说，男性玩家平均每天花费在网络游戏上的时间为103.03分钟，显著高于女性玩家（71.39分钟）；18—29周岁玩家平均每天花费的时间为99.22分钟，显著高于30—59周岁玩家的平均花费时长。

从城乡对比来看，城市网络游戏玩家平均每天花费在此类游戏上的时间为92.64分钟，与农村网络游戏玩家的游戏时长（95.51分钟）相差不多。

具体情况如表5-3-1所示：

表 5-3-1　不同人口特征的玩家平均每天玩网络游戏的时长

人口特征	类别	网络游戏时间花费（分钟）
性别	男	103.03
	女	71.39
年龄	18—29 周岁	99.22
	30—39 周岁	78.03
	40—49 周岁	84.93
	50—59 周岁	73.05
	60—70 周岁	107.42
城乡	城市	92.64
	农村	95.51

5.3.3　网络游戏的消费状况

如图 5-3-3 所示，有 44.0％的网络游戏玩家在网络游戏上没有资金花费。有 10.7％的玩家花费在 20 元以下，有 8.7％的玩家花费在 21—50 元，有 9.0％的玩家花费为 51—100 元。具体情况如图所示：

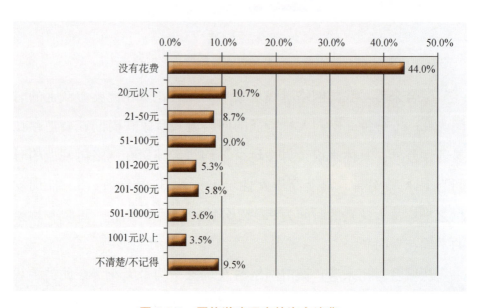

图 5-3-3　网络游戏玩家的资金消费

与单机游戏玩家相比，网络游戏玩家在网络游戏上不花费资金和花费资金在 20 元以下的比例较低，而花费在 20 元以上的比例明显较高。也就是说，网络游戏玩家在网络游戏上的花费要明显高于单机游戏玩家在单机游戏上的花费。

如表 5-3-2 所示，2008 年这些玩家平均花费在网络游戏上的费用为 111.51 元。不同特征的玩家在这类游戏上的花费存在显著性差异。具体来说，男性玩家在网络游戏上花费的金额为 136.28 元，远高于女性玩家在网络游戏上的花费（50.94 元）；整体来看，年龄较小的玩家在网络游戏上的花费较高，尤其是 18—29 周岁的玩家在网络游戏上的花费（128.91 元）显著高于其他年龄较大的玩家；从玩家的学历来看，学历较高的玩家在网络游戏上的花费更高。

另外，城市网络游戏玩家平均在网络游戏上的花费为 95.35 元，明显低于农村网络游戏玩家在网络游戏上的花费（133.98 元）。

表 5-3-2　不同人口特征的网络游戏玩家的花费

人口特征	类别	网络游戏花费（元）
性别	男	136.28
	女	50.94
年龄	18—29 周岁	128.91
	30—39 周岁	77.90
	40—49 周岁	29.69
	50—59 周岁	30.10
	60—70 周岁	80.65
学历	小学及以下	290.92
	初中	128.95
	高中/中专	129.27
	大专	85.20
	大学本科	56.61
	硕士及以上	0.50
城乡	城市	95.35
	农村	133.98

第六章
成年人数字出版产品的阅读与购买倾向

■6.1　成年人数字出版物阅读的整体情况

6.1.1　数字出版物阅读率

调查数据显示，我国成年人的数字出版物阅读率[①]为 24.5%。总体来看，接触过网络在线阅读和手机阅读的成年人相对较多，分别占 15.8%和 12.7%。具体情况如图 6-1-1 所示：

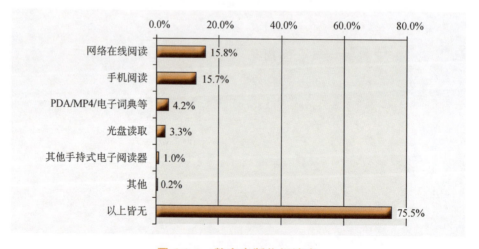

图 6-1-1　数字出版物阅读率

---

① 课题组注：本报告中所指的数字出版物的阅读包括网络在线阅读、手机阅读、PDA/MP4/电子辞典阅读、光盘读取、手持式电子阅读器阅读等方式。数字出版物阅读率为 2008 年进行过以上数字出版物阅读方式中的一种或几种的群体占全体成年人的比重。

另外，数据显示，在我国成年人中，有 1.0％的人经常通过手持电子阅读器进行数字阅读。

6.1.2　数字出版物阅读的花费

比较我国成年人在各类数字阅读方式上的花费，我们发现，手机阅读用户的付费率①最高，为 68.3％。同时，手机阅读用户在数字阅读上的花费也是最高，为 17.04 元。其次是光盘（CD-ROM）使用者的数字阅读花费。

从 2008 年各类数字阅读方式花费的分布来看，手机阅读用户、光盘（CD-ROM）用户和网络在线阅读用户在高消费段（50 元）的比例更高。

具体情况如表 6-1-1 所示：

表 6-1-1　各种数字出版物阅读的花费

	网络在线阅读	手机阅读	光盘读取	PDA/MP4/电子词典等	手持电子阅读器
10 元以下	12.6％	24.7％	16.9％	14.8％	13.6％
11—20 元	5.2％	8.4％	11.8％	5.1％	3.9％
21—30 元	4.6％	7.5％	9.3％	5.3％	2.5％
31—50 元	2.9％	11.9％	8.2％	1.0％	0.1％
50 元以上	10.2％	15.8％	12.9％	5.5％	1.5％
从未付费	64.5％	31.7％	41.0％	68.3％	78.4％
年均花费	8.81 元	17.04 元	14.65 元	5.97 元	2.68 元

■6.2　电子书刊阅读状况

6.2.1　电子书刊阅读偏好

在接触过数字阅读的成年人中，较多的（38.4％）人阅读过文学类图书，其次是百科、全集、电子期刊等书刊。具体情况如图 6-2-1 所示：

---

① 　课题组注：此处付费率指为某种数字出版物阅读支付过费用的成年国民在接触过该类数字阅读方式的成年国民中的比例。

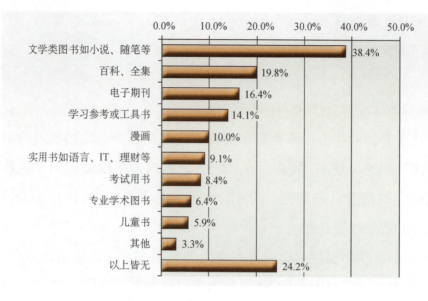

图 6-2-1　电子书刊阅读的类型偏好

6.2.2　对电子图书的价格承受力

调查数据显示，接触过数字阅读的成年人可接受的单本电子图书价格均值为 3.54 元。进一步分析发现，大部分（44.1%）数字阅读用户并不能接受需要付费的在线阅读和电子图书。在能接受电子图书付费阅读或下载的国民中，可接受的单本电子图书价格也大多为一两元或者 3—5 元，能接受 5 元以上价格的国民大约只有一成。

具体情况如图 6-2-2 所示：

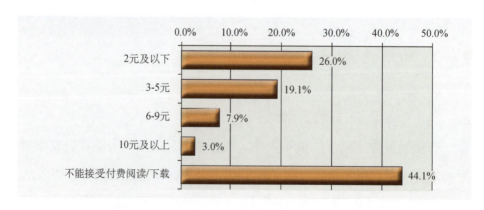

图 6-2-2　接触过数字出版物的读者可接受的电子图书价格

6.2.3　接触过数字出版物的读者选择数字阅读的原因

如图 6-2-3 所示，便利性（"获取便利"、"方便信息检索"、"方便复制和分享"）和资费低（"收费少甚至不用付费"）是数字阅读方式最突出的两大优势。较多的国民表示正是因为考虑到这些因素而选择进行数字阅读。

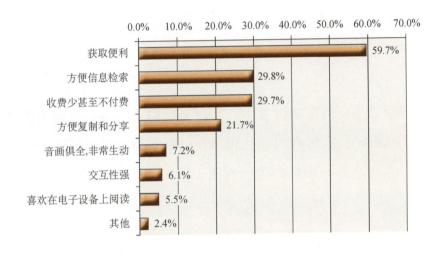

图 6-2-3　选择数字阅读的原因

另外，数字阅读还有优于传统纸质阅读的许多特点。例如，可利用多媒体的优势，让读者享受到传统阅读方式无法带来的视听效果；另外，数字阅读较强的交互性、新型手持阅读终端的时髦的外观、可移动性等等诸多优点也会吸引不少人来尝试这种新型的阅读方式。

6.2.4　电子图书对传统书籍销售的影响

11.1％的国民表示即使看过电子书也还会购买该书的纸质版，但绝大多数（88.9％）国民表示阅读过电子书后不会再购买该书的纸质版。这在一定程度上反映出电子图书对传统纸质书籍的一种冲击。但目前我国国民的数字阅读率毕竟不是很高，阅读电子书的比例则相应地更低。从这一方面来讲，就目前来看，电子图书对传统图书销售市场的冲击还不至于过大。但基于电子图书的"潜在威胁"，传统图书出版商不得不考虑数字出版这条新路。

我国提出数字出版口号已有数年。自 2005 年首届"中国数字出版博览会"① 举办以来，中国出版界在 5 年间的 3 次博览会上均提出了数字出版的理念及思考。随着数字阅读技术的进步，数字阅读方式在国民中的普及，以及相关人士的重视与努力，在不久的将来，中国出版业将掀起一轮数字出版改革的浪潮，中国的数字出版也将快速前进。

■6.3 手机阅读状况

在接触过手机阅读的读者中，超过半数以上（54.9%）的读者阅读过手机报，另有将近四成（36.6%）的读者使用过手机 QQ 和飞信等。除此之外，手机小说、音乐、游戏等也有两成多的读者。具体情况如图 6-3-1 所示：

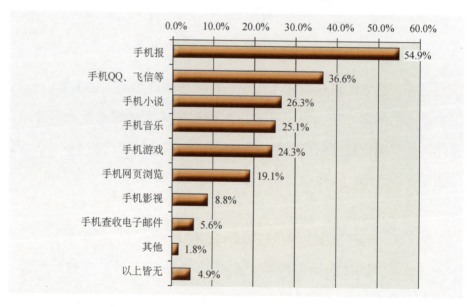

图 6-3-1　手机阅读用户阅读的内容

---

① 课题组注："中国数字出版博览会"由中国出版科学研究所主办，自 2005 年开始每两年举办一届，截至 2009 年 7 月已成功举办 3 届。

■ 6.4 上网情况以及网络阅读与购买状况

调查数据显示，2008年我国成年人的上网率为36.8%。其中，城市地区成年人的上网率为53.5%，农村地区成年人的上网率为24.5%。

6.4.1 上网频率

如图6-4-1所示，我国成年网民平均每月上网次数为18.84次。绝大部分（90.0%）网民每周至少上一次网，其中以每天上网1次及以上的网民数最多（42.9%）。其次，有16.3%的网民每周上网4—6次，有21.5%的网民每周上网2—3次。

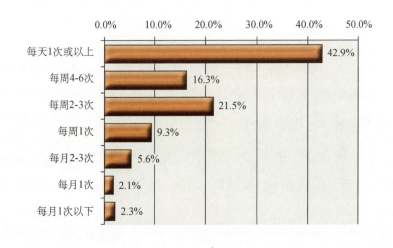

图6-4-1 网民的上网频率

6.4.2 网上从事的活动

网上聊天/交友、阅读新闻是多数网民上网从事的活动。其次，下载和欣赏歌曲或电影、查询各类信息、玩网络游戏、收发E-mail也是许多网民上网从事的主要活动。另外，调查数据显示，有17.6%的网民利用互联网阅读网络书籍和报刊。具体情况如图6-4-2所示：

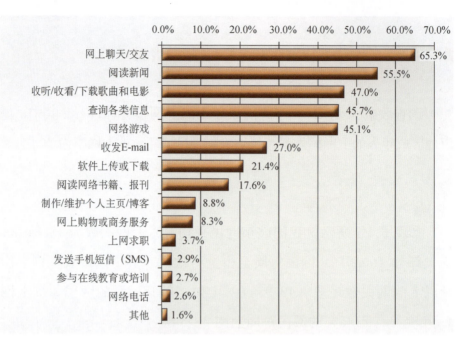

图 6-4-2　网民上网从事的活动

6.4.3　网上从事的与阅读相关的活动

如图 6-4-3 所示，在我国成年网民中，通过互联网进行图书相关信息检索（"图书信息"、"图书内容"）的相对较多（两成以上），进行图书阅读（"电子书"、"电子期刊"）的也有两成左右，而进行"网上购书"的比例相对较低，约为 10.0%。

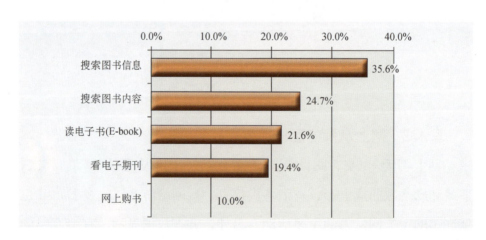

图 6-4-3　网民网上从事的与阅读相关的活动

6.4.4　从事网上阅读相关活动的频率

整体来看，在通过互联网进行图书相关信息检索或进行电子书、电子期刊阅读的网民中，均有八成左右的人每月至少会在互联网上进行 1 次这样的活动（"搜索图书信息"、"检索图书内容"、"读电子书"和"看电子期刊"）。而在通过互联网购书的网民中，每月购书次数为 1—2 次或更少的人则接近八成（79.4％）。具体情况如表 6-4-1 所示：

表 6-4-1　网民网上阅读活动的频率

	搜索图书信息	检索图书内容	读电子书（E-book）	看电子期刊	网上购书
几乎每天	15.0％	13.3％	15.8％	18.0％	4.5％
每周 3—4 次	16.0％	14.6％	16.6％	12.9％	4.7％
每周 1—2 次	30.8％	29.0％	28.2％	28.2％	11.4％
每月 1—2 次	22.4％	22.7％	20.7％	21.5％	20.2％
每 2—3 个月 1 次	9.2％	12.9％	10.1％	11.0％	20.7％
每年 2—3 次	4.5％	4.3％	4.8％	4.0％	22.4％
每年 1 次以下	2.2％	3.2％	3.9％	4.4％	16.1％
合计	100.0％	100.0％	100.0％	100.0％	100.0％

6.4.5　通过互联网购买的出版物类型

如图 6-4-4 所示，在我国成年网民中，有 13.7％的人通过互联网购买各类出版物。而在这些购买者当中，通过互联网购买图书的人数最多，有 67.6％的购买者表示曾通过互联网购买过图书。另外，也有二至三成的购买者通过互联网购买过期刊和软件/游戏光盘等出版物。

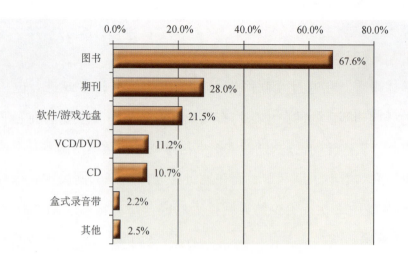

图 6-4-4　通过互联网购买的出版物类型

6.4.6　通过互联网购买出版物的原因和制约因素

节省成本（费用、人力和时间）是许多网民通过互联网购买各类出版物的原因。如表 6-4-2 所示，有 55.8％的网民把优惠的价格作为其网购各类出版物的主要原因，而三至四成的网民则因能"送货上门"或"节省去书店的时间和费用"而选择网购各类出版物。

而"不习惯网上购物"和担心网购的安全性等因素则是影响许多网民不在网上购买各类出版物的主要原因。另外，还有一部分人因为网购过程的复杂、付费不方便等因素而拒绝在网上购买各类出版物。

表 6-4-2　通过互联网购买出版物的原因和制约因素

在网上购买出版物的主要原因	选择比例	不在网上购买出版物的主要原因	选择比例
价格优惠	55.8％	不习惯网上购物	52.6％
送货上门	41.5％	网上购物不安全	38.6％
节省去书店的时间和费用	33.4％	太麻烦/流程过于复杂	22.3％
图书种类多	29.1％	无法检验出版物质量	16.7％
很容易找到需要的书	28.2％	付费不方便	13.0％
有丰富的信息和评论供参考	13.9％	运费太高	6.4％
提供赠品，开展活动	3.9％	其他	3.5％
其他	3.1％	—	—

随着我国互联网普及程度的提高，我国网民数量的逐年增长，许多商家将互联网销售作为营收的一个重要途径，在出版领域亦是如此。目前国内许多图书经销商、出版社纷纷开辟自己的网络销售渠道。这既顺应了互联网的发展大潮，探索出了一条新型的营销方式，又为足不出户的网民购买行为提供便利。目前卓越网、当当网、淘宝网等网站的销售业绩和在众多用户中的认可度也让更多的相关人士看到了网络销售渠道的有利可图。

　　然而，就目前来看，出版物的网络销售渠道对于许多人来说并不是十全十美的。网络支付的安全性、支付手段的复杂化、预购产品的质量优劣等诸多因素仍然让许多网民望而止步。

　　要实现出版物网络销售的美好前景，网络消费行为的培养、网络消费行为的维护等环节必不可少。培养并维护消费者的网购热情，就需要从消费者的角度考虑，既要发挥互联网成本低、信息易获取等诸多优点，又要想方设法解决消费者所顾虑的支付安全问题、产品质量问题等，让网络销售渠道在各种保障措施下有序地进行。

■ 6.5　读者最喜爱的阅读网站及阅读网站的市场表现

6.5.1　读者最喜爱的阅读网站排名

　　调查中，在无提示的情况下，我们请被访者列举其最喜爱的三个阅读网站（读书频道）的名称。结果显示，榕树下、起点中文网、天涯论坛等阅读网站受到相对较多的读者的喜爱。具体情况如表 6-5-1 所示：

表 6-5-1　最受欢迎的阅读网站

阅读网站名称	排名
榕树下	1
起点中文网	2

续前表

阅读网站名称	排名
天涯论坛	3
红袖添香	4
潇湘书院	5
中国知网	6
E书网	7
萌芽	8
飞库网	9
晋江原创网	10

6.5.2 阅读网站的知名度与市场表现

调查中，我们列举了 31 家国内较为知名的阅读网站，请被访者在其中选择其所知道（听说过）的，以了解这些阅读网站的知名度；同时，我们询问被访者在 2008 年曾在哪些阅读网站阅读过书刊，以了解这些阅读网站的市场表现。结果显示，读者对阅读网站的接触情况和阅读网站的知名度排名基本吻合，即较为知名的读书网站，往往有较多的读者。

新浪读书的知名度和市场渗透率分别达 69.4％和 40.3％，均名列第一。除此之外，搜狐读书、腾讯读书频道等阅读网站也有较好的市场表现。

具体情况如表 6-5-2 所示：

表 6-5-2　阅读网站的知名度和市场渗透率

阅读网站名称	知名度	市场渗透率
新浪读书	69.4％	40.3％
搜狐读书	61.6％	29.2％
腾讯读书频道	27.7％	13.4％
小说阅读网	14.4％	7.1％

续前表

阅读网站名称	知名度	市场渗透率
天涯论坛	14.1％	7.0％
中国知网	12.3％	4.9％
榕树下	12.2％	5.7％
起点中文网	10.5％	5.9％
潇湘书院	10.4％	5.1％
红袖添香	9.6％	4.3％
E 书网	5.5％	2.0％
萌芽	5.2％	1.9％
豆瓣网	5.0％	1.9％
幻剑书盟	5.0％	2.1％
白鹿书院	5.0％	1.8％
书香门第	4.9％	1.6％
飞库网	4.8％	1.8％
世纪文学网	4.5％	1.5％
维普网	4.4％	1.7％
爱读爱看网	4.2％	0.9％
爱搜书	3.6％	0.9％
万方数据	3.6％	1.8％
逐浪玄幻小说	3.1％	1.2％
超星网	2.9％	1.2％
书生读吧	2.7％	0.5％
晋江原创网	2.7％	1.2％
一起看 17K	2.7％	0.9％
非凡 TXT	1.8％	0.8％
龙源期刊网	1.3％	0.4％
佐罗网 ZCOM	0.9％	0.2％
Xplus	0.5％	0.2％

第七章
成年人的版权认知状况

■ 7.1 成年人的版权认知度

2008 年，我国成年人的版权认知度为 71.5%，与 2007 年的 71.3%相比有所提高。城乡居民的版权的认知度存在显著性差异。具体来说，我国城镇居民中有 84.7%的人听说过版权的概念，而农村居民中听说过版权概念的比例相对较低，只有 61.8%。

■ 7.2 盗版出版物市场现状

7.2.1 盗版出版物的市场占有状况

如图 7-2-1 所示，在我国成年人中，有 1/4 的人曾购买过盗版图书或音像制品，另有 22.2%的人表示自己也分不清其购买的出版物是否为正版或盗版，而全部购买正版出版物的人只有 10.6%。

7.2.2 盗版出版物的消费状况

7.2.2.1 购置的盗版出版物类型

如图 7-2-2 所示，在盗版出版物中，盗版音像制品和盗版图书

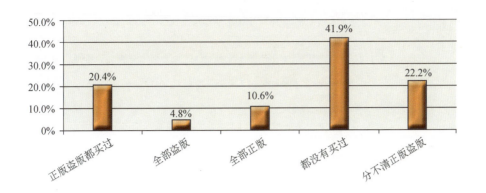

图 7-2-1　国民对盗版出版物的消费情况

的消费人群相对较大。在 2008 年购买过盗版出版物的国民中，多数人（60.1％）表示曾购买过盗版音像制品，另有 44.5％的人表示曾购买过盗版图书。

虽然与盗版音像制品和盗版图书相比，教材教辅、计算机软件和游戏软件等盗版出版物的消费群不是很大，但其危害程度也应受到足够的重视。倘若劣质的教材教辅进入课堂，没有安全保障的计算机软件被装入计算机，难以预料的后果也是很令人担忧的。

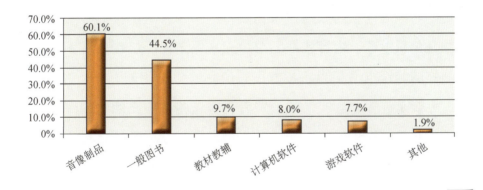

图 7-2-2　盗版消费者购买的盗版出版物类型

7.2.2.2　盗版出版物购买的驱动因素

便宜的价格成为绝大多数（81.6％）盗版消费者购买此类产品的主要原因。另外，购买方便、辨别不出盗版也成为不少人（两成左右）购买盗版出版物的一个主要原因。具体情况如图 7-2-3 所示：

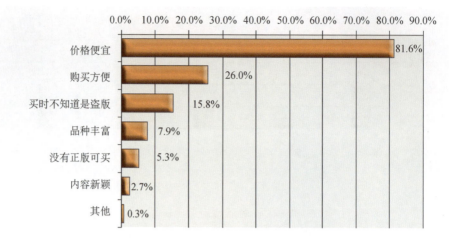

图 7-2-3　盗版出版物消费者购买盗版出版物的原因

由于省去了版权费用、应缴税款，以及使用成本较低质量较差的原材料，盗版出版物在价格上有很大的优势。我国国民虽然对版权的认知度较高，但对版权的重视程度还不是很高，在版权保护方面的投入力度还不够，这为盗版侵权提供了滋生和蔓延的土壤。

在我们生活的周围，街头书摊、音像制品贩卖点随处可见各类盗版书籍、盗版光盘等。这一方面为许多购买此类产品的人提供了"方便"，同时也逐渐成为盗版物流行的一个渠道。虽然有些盗版出版物是鱼目混珠，内容残缺、质量无从保证，但现在也有不少盗版出版物的制作水平相当高，与正版产品的质量相差无几，"物美价廉"无疑是许多"忠实"的消费者青睐这些盗版出版物的一个重要原因。对此，正规出版物经营者应提高警惕，不断探索行之有效的方式杜绝这类现象的蔓延。

7.2.2.3　盗版消费者的人群特征

如表 7-2-1 所示，年龄越低、学历越高的人群中表示购买过盗版出版物的人越多；另外，值得注意的是，中高收入人群中表示购买过盗版出版物的比例，要高于收入较低群体中的这一比例。其中月收入在 3001—10000 元的人群中，盗版出版物消费者均超过四成（40.8%）。而购买过盗版出版物的比例在性别和城乡类型之间的差异并不显著。

表 7-2-1　盗版消费者在不同人口特征的人群中的比例

人口特征	类别	盗版出版物消费者的比例
年龄	18—29 周岁	35.7%
	30—39 周岁	28.5%
	40—49 周岁	16.3%
	50—59 周岁	11.8%
	60—70 周岁	11.2%
学历	小学及以下	10.0%
	初中	22.2%
	高中/中专	29.5%
	大专	37.3%
	大学本科	46.1%
	硕士及以上	51.5%
收入	无收入	29.3%
	500 元以下	14.5%
	501—1000 元	21.2%
	1001—2000 元	30.2%
	2001—3000 元	32.1%
	3001—5000 元	40.8%
	5001—8000 元	46.8%
	8001—10000 元	42.6%
	10000 元以上	28.0%
	拒绝回答	21.1%

■7.3　成年人对盗版消费现象的认识

如图 7-3-1 所示，在我国成年人中，多数人认为购买盗版无论对于读者还是出版者来说都是无益的。当然，认为购买盗版对出版者不利的人数更多，占 81.7%。

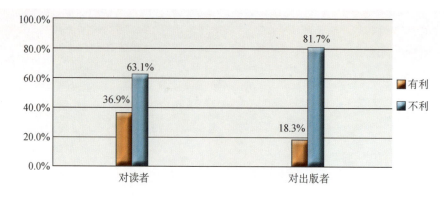

图 7-3-1　我国国民对盗版消费现象的认识

　　我国相关部门每年都会破获一些盗版案件，收缴一些盗版出版物，对盗版制造者给予了严厉的处罚。但面对巨大的经济利益，盗版问题不可能立即得到根治。有盗版消费者的存在，就会为盗版制造者创造生存的条件。对盗版的打击不能放松，但同时也应有提高公民版权保护意识的举措，从根本上消灭盗版制造者的生存土壤。当然，我们知道价格因素仍是影响人们购买盗版出版物的重要因素，公民版权保护意识的提高也绝非朝夕之间可以实现。因此，打击盗版市场，短期内又不能单纯依靠版权主管部门的行政手段和消费者的自觉性，出版商更应该从市场的角度出发，用市场的武器，例如低价格、高品质来压缩盗版市场的赢利空间，同时再借法律武器对侵权行为严厉打击，维护自己的合法利益，使盗版制造者难以生存。

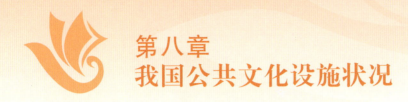

第八章
我国公共文化设施状况

■ 8.1 城镇地区公共文化设施

8.1.1 城镇居民公共文化设施知晓率

调查中，我们请城市被访者指出其所在的街道附近是否有公共图书馆、社区阅览室/社区书屋和报刊栏等公共文化设施。结果显示，35.6%的城镇居民表示在其居住的街道附近有报刊栏，15.5%的城镇居民表示在其居住的街道附近有公共图书馆，14.5%的城镇居民表示在其居住的街道附近有社区阅览室/书屋。

具体情况如图 8-1-1 所示。

8.1.2 城镇居民对公共文化设施的使用率

在表示其居住的街道附近有公共图书馆的城镇居民中，有64.3%的人表示使用过公共图书馆，这些使用者使用公共图书馆的平均频率为 22.77 次/年；在表示其居住的街道附近有社区阅览室/书屋的城镇居民中，有 49.0%的人表示使用过社区阅览室/书屋，这些使用者使用社区阅览室/书屋的平均频率为 25.94 次/年；在表示其居住的周围有报刊栏的城镇居民中，有 64.5%的人表示使用过

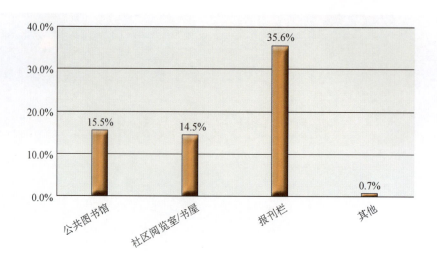

图 8-1-1　城镇居民对各类公共文化设施的知晓率

报刊栏，这些使用者使用报刊栏的平均频率为 25.68 次/年。

城镇居民对各类公共文化设施的使用情况如表 8-1-1 所示：

表 8-1-1　城镇居民对各类公共文化设施的使用率

使用频次	公共图书馆	社区阅览室/书屋	报刊栏
每周 1 次	16.8%	15.8%	20.0%
每月 2—3 次	12.7%	10.2%	13.6%
每月 1 次	11.9%	8.8%	12.3%
2—3 个月 1 次	7.6%	4.5%	7.5%
4—6 个月 1 次	6.9%	5.2%	6.0%
1 年 1 次	8.3%	4.5%	5.0%
从未使用	35.7%	51.0%	35.5%
合计	100.0%	100.0%	100.0%

8.1.3　城镇居民对公共文化设施的满意度

在我国城镇居民中，人们对各种公共文化设施的整体满意度较高。在公共图书馆使用者中有 61.6% 的人表示对公共图书馆满意（非常满意和比较满意）。在社区阅览室/书屋的使用者中，有 53.0% 的人表示对社区阅览室/书屋满意（非常满意和比较满意）。

另外，有 41.0％的报刊栏使用者表示对报刊栏满意。而在各类文化设施的使用者中，对各类文化设施表示不满意的人数很少（均不足一成）。具体情况如表 8-1-2 所示：

表 8-1-2　城镇居民对各类公共文化设施的满意度

满意度	公共图书馆	社区阅览室/书屋	报刊栏
满意（非常满意和比较满意）	61.6％	53.0％	41.0％
一般	31.5％	37.7％	44.4％
不满意（比较不满意和非常不满意）	3.0％	5.4％	8.5％
说不好	3.9％	4.0％	6.1％
合计	100.0％	100.0％	100.0％

■ 8.2　农村地区公共文化设施——农家书屋

8.2.1　农村居民对农家书屋的使用率

调查数据显示，在表示其居住的村里有农家书屋的农村居民中，有 42.7％的人表示使用过农家书屋，这些使用者使用农家书屋的平均频率为 13.92 次/年，这显然低于城市公共文化设施使用者对城市内各类公共文化设施的使用频率。具体情况如表 8-2-1 所示：

表 8-2-1　农村居民对农家书屋的使用率

使用频次	农家书屋
每周 1 次	5.9％
每月 2—3 次	5.0％
每月 1 次	7.0％
2—3 个月 1 次	5.0％
4—6 个月 1 次	6.7％
1 年 1 次	13.1％
从未使用	57.3％
合计	100.0％

改革开放以来，我国经济建设取得了举世瞩目的成就，精神文明建设也取得了卓越的成绩。但我们必须看到，我国现阶段的文化发展水平与全面建设小康社会的目标和进程还不相适应，还不能满足人民群众日益增长的精神文化需求。尤其是在广大农村地区，文化建设的发展程度远远落后于大部分城市。而我国是一个农业大国，"中国13亿人口有9亿农民"①。要从整体上提高我国精神文明的发展程度，必然离不开占我国人口主体的农民群众的文化水平的提高。要提高广大农民群众的文化水平，就必须解决长期以来农村基础文化设施建设薄弱的问题。

2006年9月，中共中央办公厅、国务院办公厅印发了《国家"十一五"时期文化发展规划纲要》，把"抓好基层文化建设，加大力度改善农村及中西部地区公共文化基础设施条件，完善公共文化服务体系，保障农民和城市低收入群体的基本文化权益"作为我国文化发展的第一个重点。

伴随着城市大型公共图书馆的进一步建设和社区阅览室/社区书屋等公共文化服务设施的建设，农村地区的基础文化设施也初见起色。

"党的十七届三中全会提出，要推进农家书屋等重点文化惠民工程，建立稳定的农村文化投入保障机制，尽快形成完备的农村公共文化服务体系。农家书屋工程自2004年开始试点建设，截至2008年底，全国已建成农家书屋5万余家……中央财政2008年拿出6个多亿专项资金用于支持农家书屋工程建设，各地也加大了投入……"②

农家书屋等农村公共文化设施的建设极大地拉近了当地农民群众

---

① 《温家宝：在我国农村投资多少都不算多》，中青在线：http://news.cyol.com/content/2009-03/13/content_2580864.htm.

② 王岩镔.《"农家书屋"：务实的惠民工程》，光明网：http://www.gmw.cn/CONTENT/2009-02/07/content_885405.htm.

与文化知识的距离，为农民群众乃至整个国民素质的提高提供了一种可能。因此在农村公共文化设施尚不发达的阶段，我们仍需深入调查，认真研讨，进一步加大投入力度，完善农村公共文化服务体系。

而在加大资金和人力等投入的同时，我们还必须考虑到一个问题，即如何增强我国人民群众尤其是文化氛围较为薄弱的农村地区居民接触文化的主动性，提高他们对文化设施的利用程度，使他们愿意贴近并乐于吸收文化的营养，真正地使这些惠民工程为广大人民群众带来实惠。

8.2.2 农村居民对农家书屋的满意度

调查数据显示，在农家书屋使用者中，有 35.0% 的人对农家书屋表示满意（非常满意和比较满意），而表示不满意（非常不满意和比较不满意）的人只有 10.0%。但值得注意的是，有 24.0% 的人对农家书屋的满意度评价比较模糊（说不好）。具体情况如图 8-2-1 所示：

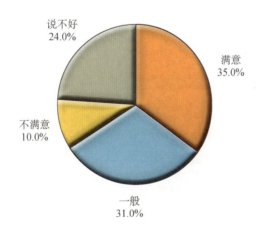

图 8-2-1　农家书屋使用者对农家书屋的满意度

我国农家书屋建设经历的时间虽然还比较短，但在新闻出版总署等 8 部委的大力支持下，取得的成就也是显而易见的，尤其是农家书屋的影响力已经越来越大。但我们还必须注意到在农家书屋建设过程中不可避免地会出现这样或那样的问题。例如，农家书屋的图书种类比较单一，且更新速度缓慢；书屋管理员的服务水平有待提高；重视建设而忽视使用率的提高等问题逐渐露出端倪，这难免会影响到农民群众对书屋的评价。在科学技术发展如此迅猛的今天，我们必须保障农民群众获取各类信息的渠道，同时还要不断完善这些渠道，不断满足农民群众的文化知识和科学技术的渴求。

8.2.3 农家书屋在内容提供方面的表现

为了解农家书屋在内容提供方面的情况和农村居民的阅读需求，我们在调查中请农村的被访者回答其在农家书屋中经常阅读的和认为农家书屋中缺乏的出版物。结果显示，农业科普类出版物在农家书屋最受欢迎，有近三成（29.4%）的农村居民表示经常阅读这类出版物。其次，法律类、科学教育类和经济类出版物也有不少读者。

另外，相对较多的（10.0%以上）农村居民认为农业类（农业科普、农业科教影像）和文学类出版物是农家书屋中最缺乏的。

具体情况如图 8-2-2 所示：

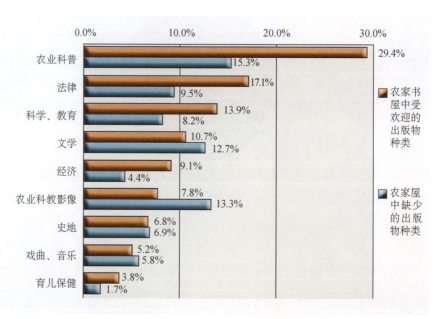

图 8-2-2　农家书屋的内容供给情况

"为了出好书，配好书，让农民群众看得懂、用得上、留得住，新闻出版总署于 2007 年制定发布了两批农家书屋推荐书目，2008 年底制定发布了农家书屋重点出版物推荐目录……各地也在总署制定的出版物目录的基础上，结合自身情况，制定了符合本地区农村生产生活实际的图书目录……一些地区还组织有关专家、出版社编辑深入农村，了解农民群众需求，策划更多切合农村实际的出版物选题。"①

在越来越多的有针对性的措施落实后，农家书屋建设将更加合理化、人性化，农民群众的文化需求也会逐步得到关注和满足。

■8.3 我国公共文化设施存在的不足

如图 8-3-1 所示，我国成年人中有相对较多的人（10.0% 以上）反映书报刊数量少、信息更新不及时是其周围文化设施存在的主要不足。

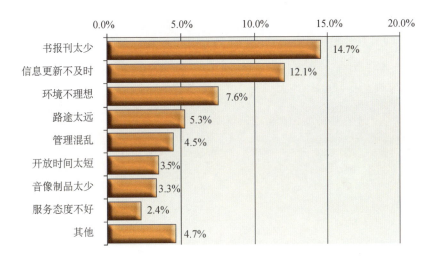

图 8-3-1 公共文化设施的不足之处

① 王岩镔.《"农家书屋"：务实的惠民工程》，光明网：http：//www. gmw. cn/CONTENT/2009-02/07/content _ 885405. htm.

如图 8-3-2 所示，从城乡居民对公共文化设施的认识来看，城镇居民中有更多的人认为其周围的文化设施在各方面存在不足。

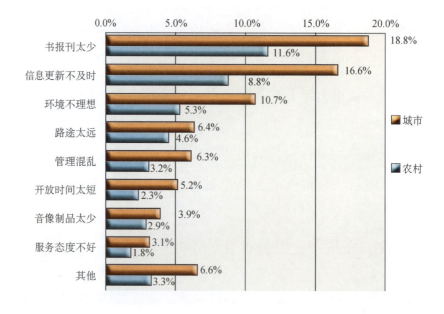

图 8-3-2　城乡居民对公共文化设施不足之处的认识差异

第九章
成年人阅读活动状况

■9.1 成年人对个人阅读情况的评价

9.1.1 个人阅读量评价

如图 9-1-1 所示，在我国成年人中，很少（7.4%）有人认为自己的阅读量很多或比较多，而有 65.1% 的人认为自己的阅读量比较少或很少。

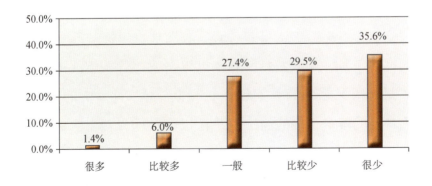

图 9-1-1 个人阅读量评价

9.1.2　个人阅读满意度评价

　　如图 9-1-2 所示，在我国国民中，61.3％的人对自己的整体阅读情况并不满意（比较不满意和非常不满意），35.7％的人对自己的阅读情况比较满意，而对自己的阅读情况非常满意的只是极少数（2.9％）。

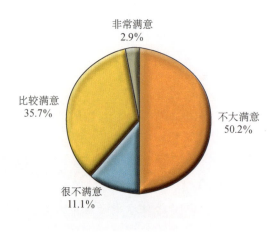

非常满意
2.9%

比较满意
35.7%

不大满意
50.2%

很不满意
11.1%

图 9-1-2　个人阅读满意度评价

9.1.3　阅读量与阅读满意度的关系

　　调查数据显示，个人对阅读的满意度评价可能与其自身的阅读量有一定的关系。在认为自己阅读量很多或比较多的人群中，对自己总体阅读情况感到满意的比例也很高。表 9-1-1 中的数据显示，在认为自己阅读量很多的国民中，有 85.5％的人对自己的总体阅读情况感到满意（非常满意或比较满意）；而在认为自己的阅读量很少的国民中，有 81.2％的人对自己的总体阅读情况感到不满意（不大满意或很不满意）。另外，值得注意的是，在认为自己阅读量很多的国民中，对自己的总体阅读情况感到很不满意的比例，要高于认为自己阅读量比较多、一般和比较少的人群中的这一人群的比例。

表 9-1-1　阅读量与阅读满意度

	非常满意	比较满意	不大满意	很不满意	合计
很多	42.3%	43.2%	9.9%	4.5%	100.0%
比较多	9.5%	79.4%	10.8%	0.3%	100.0%
一般	2.6%	64.1%	32.5%	0.8%	100.0%
比较少	1.6%	22.6%	71.6%	4.2%	100.0%
很少	1.6%	17.2%	54.2%	27.0%	100.0%

■ 9.2　我国国民参与读书活动的情况

9.2.1 我国读书活动/读书节的开展情况

如图 9-2-1 所示，只有 6.0% 的成年人表示在其居住地的周围曾举办过读书节或其他读书活动。

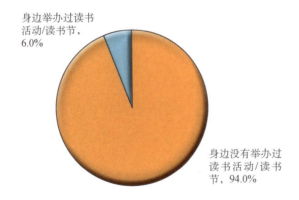

图 9-2-1　读书活动/读书节的开展情况

如图 9-2-2 所示，我国东部地区居民对读书节的知晓率高于中、西部地区，为 8.7%。

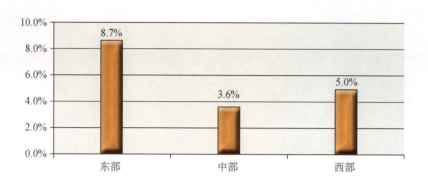

图 9-2-2　读书活动/读书节的开展情况

我们根据各城市居民对当地读书活动/读书节的知晓率进行了排名，结果显示，厦门、昆明、中山等地居民对当地的读书活动/读书节的知晓率较高。具体情况如表 9-2-1 所示：

表 9-2-1　城市读书活动/读书节知晓度排名（前 10 名）

城市	知晓率
厦门	1
昆明	2
中山	3
深圳	4
马鞍山	5
广州	6
抚顺	7
上海	8
乌鲁木齐	9
银川	10

调查数据显示，多数成年人对于读书活动比较欢迎。如图 9-2-3 所示，六成以上（64.0％）的成年人认为其所在地的有关部门应该举办一些读书节或其他读书活动。

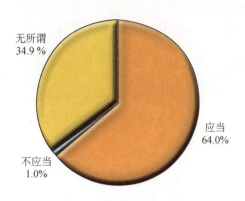

图 9-2-3 对读书活动/读书节的期望

鉴于我们在前面提到的，一些城市通过举办大型读书活动（书展或读书节）取得的成绩，以及这么大的一个群体（认为当地有关部门应当举办读书活动的 64.0％的国民）的需求，我们有必要在此方面做出更大的努力，为在全国范围内营造更为浓烈的全民阅读氛围创造条件。

9.2.2 读书活动的参与状况

如图 9-2-4 所示，我国成年人参与各种读书活动的程度较低。2008 年，我国有近 8.6％的国民参加过不同形式的读书活动。

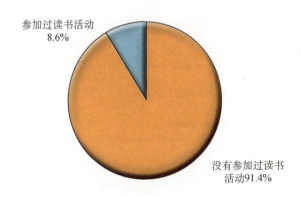

图 9-2-4 读书活动参与状况

在参加过读书活动的成年人中，三成多的人表示参与过较为传统的读书活动，例如书展/特价书市、捐书活动等；有二成多的国民表示参加过读书竞赛/演讲/辩论赛和读书征文/作文或书画摄影大赛等活动。具体情况如图 9-2-5 所示：

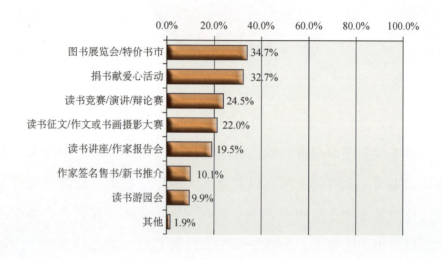

图 9-2-5　参与的读书活动类型

如图 9-2-6 所示，多数（58.7％）没有参加过读书活动的成年人表示，没有见到相关的活动是其没有参与此类活动的主要原因。另外，约三成（29.8％）的国民表示没有时间参加，约两成（20.5％）的国民表示对此类活动不感兴趣。

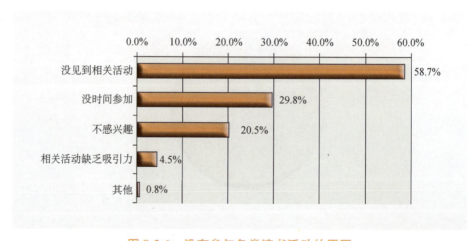

图 9-2-6　没有参与各类读书活动的原因

迄今为止，北京、上海、广州、深圳、重庆等国内许多城市陆续举办过多届书展、读书节等与阅读有关的活动。这些书展或读书节将图书展览、文艺活动、读书演讲比赛、有奖征文等多项活动有机地糅合在一起，大大地提高了当地人口参与的积极性。

但与一些城市相比，我国广大农村地区几乎没有什么大型的读书活动。一些农村地区举办的书市、送书活动等形式老旧、内容单一，很难激发当地农民群众的参与热情。

根据举办过阅读活动的城市的一些成功经验，一个好的读书活动，对于人民群众来说是有吸引力的，对于提高当地人民群众的阅读积极性也是有帮助的。读书活动有无趣味、对当地群众有无吸引力要看这些活动如何去办。内容丰富、形式多样，能够找准人们兴趣点的读书活动是有"人缘"的。

9.2.3　参与读书活动的原因

如图 9-2-7 所示，约半数（46.8%）国民参与各种读书活动的主要目的是促进自己读书学习，另有一些人则是为了看书/买书优惠、获取图书信息，或是因为好玩等因素而参加阅读活动。

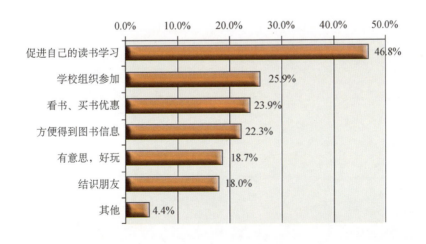

图 9-2-7　参与读书活动的原因

正如前面所提到的，内容丰富、形式多样的读书活动能从不同角度满足人们的多样化需求，把人们吸引到活动中来。反过来，更加深入地了解人们参与读书活动的原因及他们对读书活动的要求，对于我们今后更好地举办令人们满意的读书活动也很有益处。例如，我们可以通过提高读书活动的信息量、趣味性等途径吸引更多的人参与其中，进而使更多的人能够接近阅读，喜爱阅读。

第二部分

14—17 周岁青少年
阅读与购买倾向调查报告

青少年正处在人生的知识储备阶段，也是求知欲极其旺盛的阶段，对世界充满了好奇。对青少年而言，我们所处的信息时代所缺少的不是信息而是对正确信息的有效吸纳。书本的魅力正在于此，毋庸置疑，阅读给青少年提供了信息吸纳的便捷途径。可以说，14—17周岁青少年阶段是每个人培养阅读习惯的最后巩固期，最初的阅读兴趣在这一时期还没有培养成习惯，那么今后一生的阅读习惯将很难再养成。

在信息技术极其发达的时代，我们应该正视这样一个事实：阅读方式的改变直接影响着青少年的思维方式。有报道称："网络媒介这种集影、音、图、文于一身的整合传播造就了现在青少年形象思维能力发达，而想象力和逻辑思辨能力较差的现状。"① 网络这种具有更强表现力和感染力的媒介，使得知识结构还不完善、思维方式尚不成熟的青少年在阅读时一直是在"看问题"、"听问题"而不是在"想问题"。网络是个开放的信息空间，网络上文化的极端自由性导致了价值观的混乱，这对思想尚不成熟、价值观正处在形成阶段、学习和模仿意识又特别强的青少年来说，一方面开阔了眼界和知识面，另一方面也由于缺乏梳理和引导，获得的知识往往又是零散的、混乱的。

让阅读助力青少年健康成长，正是我们开展本次调查研究的初衷。因此，关注这个人群的阅读状况，对正确把握青少年阅读习惯的走向、科学合理地引导青少年阅读习惯的培养起着至关重要的作用。

本次调查共回收 14—17 周岁有效样本 1815 个，其中，男女青少年性别比为 1.02∶1，农村青少年样本占 24.0%，各年龄段样本量及比例如表 1 所示。

---

① 孙荣欣. 网络阅读对青少年的影响及相关对策研究. 百度文库：http：//wenku. baidu. com/view/1e8e1d1ec5da50e2524d7fdd. html.

表1 14—17周岁各年龄段样本量及比例

年龄	样本量	样本比例（%）
14 周岁	491	27.1
15 周岁	383	21.1
16 周岁	416	22.9
17 周岁	525	28.9
合计	1815	100.0

样本加权后可推及全国 14—17 周岁青少年 8327.89 万人，其中，男女青少年性别比为 1.06：1，农村青少年样本占 64.3%，在读中学生群体占到 89.7%，加权后各年龄段不同人口特征下的样本比例如表 2 所示。

表2 14—17周岁各年龄段样本加权后不同人口特征下的样本比例

人口特征		比例（%）
城乡	城镇	35.7
	农村	64.3
性别	男	51.5
	女	48.5
年龄	14 周岁	27.7
	15 周岁	22.4
	16 周岁	24.6
	17 周岁	25.3
年级	小学	6.5
	初一	10.1
	初二	25.1
	初三	24.5
	高一	14.8
	高二	10.9
	高三	4.1
	其他	3.8

第一章
14—17周岁青少年媒介接触情况

■1.1 14—17周岁青少年媒介接触情况

1.1.1 媒介接触率

本次调查显示，14—17周岁青少年在各媒介的接触率上，以电视的接触率为最高，约有95.7％的青少年在过去一周内接触过电视，电视在青少年群体中的普及程度最高；其次是图书，该年龄段青少年的图书接触率达到74.9％，比成年人图书接触率（32.6％）高出42.3个百分点。这主要与该年龄段青少年正处于学习最为紧张阶段，对各类图书的接触相对较多相关；再次，报纸、期刊和互联网均有五成以上的接触率。随着互联网的迅速普及，青少年互联网的接触率略高于报纸接触率，达到55.5％。

纵观各媒介的接触特征发现，以图书、期刊、报纸为代表的平面媒体的整体接触率相对较高。

电波媒介中虽然电视的接触率遥遥领先，但广播仅有31.0％的接触率。

在数字化阅读方式中，手机阅读的接触率最低，为17.1％。这可能与手机在这一群体的普及率有关，同时，手机阅读刚刚兴起，无论在内容、形式，还是接收终端上均不够完善。但随着科技的发展以及手机自身的便携性等特点，手机阅读市场前景不容置疑。

以录音带/CD/MP3、VCD/DVD 为代表的音像电子出版物，在14—17 周岁青少年中接触率处于中等水平。

各媒介具体接触情况如图 1-1-1 所示：

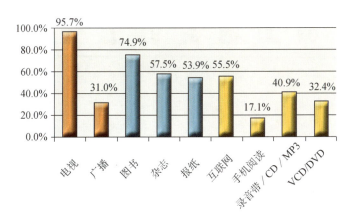

图 1-1-1　14—17 周岁青少年各媒介接触率

1.1.2　媒介接触时长

本次调查显示，无论是工作日还是休息日，14—17 周岁青少年接触电视的日均时间均为最长。在周一至周五接触电视的日均时长为 74.31 分钟，在周末休息日内接触电视的日均时长则增加至97.08 分钟。

其次，该年龄段青少年阅读图书的日均时间也较长，无论在休息日还是非休息日时段，均保持在每天将近 50 分钟的接触时长。

各媒介接触时长的具体情况如图 1-1-2 所示。

可以看到，在休息日的时候，该年龄段青少年接触各媒介的时间几乎均有所增加。其中增幅最大的为电视，其休息日接触电视日均时长较之非休息日增长了约 22.77 分钟；其次，互联网的增幅也较大，增加约 14.36 分钟。在各类媒介中，仅广播的日均接触时长在休息日有所减少。

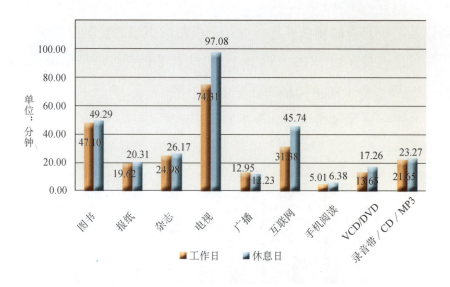

图 1-1-2　14—17 周岁青少年日均各媒介接触时长

■ 1.2　14—17 周岁青少年媒介使用目的

　　本次调查显示，14—17 周岁青少年使用不同媒介的主要目的存在差异。如表 1-2-1 所示，大多数青少年阅读国内期刊的主要目的是"了解国内外新闻时事"，其次是"了解与工作学习有关的信息"。而更多的该年龄段的青少年阅读期刊的主要目的是"了解时尚流行趋势"，其次是"了解生活/消费资讯"。

　　国内电视作为一种重要的传播媒介，该年龄段青少年使用其的目的更多的是"了解国内外新闻时事"和"了解国内外观点和思潮"。

　　青少年收听国内广播的主要目的是"了解国内外新闻时事"，其次是"了解国内外观点和思潮"。

　　14—17 周岁青少年阅读国内图书的主要目的是"了解与学习有关的信息"。

　　该年龄段青少年使用国内音像出版物（如 CD/DVD 等）的主要目的是"了解国内外新闻时事"和"了解时尚流行趋势"。

14—17周岁青少年接触国内电子出版物（如游戏/软件等），主要是为了"了解与工作学习有关的信息"。

该年龄段青少年使用境外媒体的最主要目的是"了解国内外新闻时事"；其次则是"了解时尚流行趋势"。

表 1-2-1　14—17 周岁青少年各媒介使用目的

	了解国内外新闻时事	了解国内外观点和思潮	了解与工作学习有关的信息	了解生活/消费资讯	了解时尚流行趋势	休闲娱乐
国内报纸	30.8%	20.4%	21.2%	17.9%	11.4%	11.5%
国内期刊	13.6%	13.2%	13.5%	14.0%	18.2%	14.9%
国内电视	85.9%	69.3%	50.4%	60.5%	59.2%	58.7%
国内广播	8.9%	7.1%	5.4%	4.8%	3.8%	4.5%
国内图书	7.8%	6.6%	26.9%	6.2%	3.9%	5.5%
国内互联网	26.7%	25.2%	26.0%	23.9%	28.0%	30.7%
国内音像出版物（例如 CD/DVD 等）	2.5%	1.5%	2.4%	1.5%	2.5%	3.2%
国内电子出版物（如游戏/软件等）	0.9%	0.7%	1.6%	1.0%	0.7%	3.2%
境外媒体	1.4%	0.5%	0.1%	0.7%	1.1%	0.9%

■1.3　14—17 周岁青少年 2008 年自费消费出版物情况

调查数据经过加权推及总体后，结果显示，2008 年，14—17 周岁青少年自费订购或购买的出版物中，从消费数量上看，图书的自费购买数量达到 35215.20 万本，VCD/DVD11289.22 万张，CD-

ROM9109.55万张，手机报消费量达到3486.67万份。

2008年，14—17周岁青少年自费订购或购买的出版物中，以图书的自费购买总金额为最多，为48.26亿元；其次是报纸和期刊的自费消费总金额，分别为21.79亿元和18.37亿元；再次为VCD/DVD的自费消费总金额，为8.77亿元；手机报消费金额达到2.29亿元；年消费金额最少的是CD-ROM和电子书，分别为0.90亿元和0.43亿元。

具体数据如表1-3-1所示。

表 1-3-1　14—17周岁青少年自费消费出版物总数量和总金额

	消费总数量①	消费总金额（亿元）
报纸（种）	—	21.79
期刊（种）	—	18.37
图书（本）	35215.20万	48.26
VCD/DVD（张）	11289.22万	8.77
手机报（份）	3486.67万	2.29
盒式录音带（盒）	619.41万	1.02
CD（张）	2813.83万	3.27
CD-ROM（张）	9109.55万	0.90
电子书/E-book（本）	556.12万	0.43

本次调查显示，2008年，14—17周岁青少年自费订购或购买的出版物中，如表1-3-2所示，以报纸的购买种类为最多，人均为4.61种，人均年消费金额为77.21元。其次是图书的消费数量，人均为4.23本，人均年消费金额为96.91元。而年消费量最少的是CD-ROM和电子书，均为年人均消费0.07张/本，二者的人均年消费金额分别为66.07元和24.36元。

---

① 报纸和期刊的消费总数量（种）不做具体统计。

表 1-3-2　14—17 周岁青少年人均自费消费出版物数量和金额

	人均消费数量	人均消费金额（元）
报纸（种）	4.61	77.21
期刊（种）	1.87	57.39
图书（本）	4.23	96.91
VCD/DVD（张）	1.36	52.37
手机报（份）	1.09	23.23
盒式录音带（盒）	0.42	25.94
CD（张）	0.34	56.63
CD-ROM（张）	0.07	66.07
电子书/E-book（本）	0.07	24.36

▌1.4　14—17 周岁青少年各类阅读载体的使用场合

本次调查显示，14—17 周岁青少年进行各种阅读载体的阅读时，最为经常阅读的地点是在家中。其次，学校也是重要的阅读地点。

值得注意的是，青少年在乘坐交通工具时，通常更倾向于通过 MP3/4、电子词典及手机等进行阅读。

表 1-4-1　各类阅读载体的使用场合

	家中	图书馆	学校	乘交通工具	书店	网吧	基本不阅读[①]
图书	53.4%	22.5%	44.8%	0.9%	12.9%	2.0%	19.3%
期刊	44.2%	10.7%	29.5%	1.5%	8.0%	1.1%	33.0%
报纸	42.1%	3.1%	29.1%	1.2%	1.9%	0.1%	36.9%
上网	28.9%	0.2%	8.2%	0.0%	0.0%	28.8%	42.8%

---

　　① 课题组注：此处重点考察不同阅读载体的适用场合，因此对"基本不阅读"的统计可能与下文中各媒介的阅读率略有差异，差异的原因与调查题目所考察的侧重点不同导致的提问方式的不同有关，也与不同调查题目中数据缺失值的处理有关。

续前表

	家中	图书馆	学校	乘交通工具	书店	网吧	基本不阅读
手机阅读小说/新闻	10.0%	0.3%	3.6%	1.7%	0.5%	0.4%	87.5%
MP3/4、电子词典	20.3%	0.7%	12.5%	5.5%	0.1%	0.3%	71.6%
其他手持阅读器	2.5%	0.1%	1.2%	0.2%	0.1%	0.2%	95.9%

第二章
14—17周岁青少年图书阅读与
购买倾向

2.1 14—17周岁青少年图书阅读状况

2.1.1 阅读重要性认知

本次调查显示，绝大多数14—17周岁的青少年认为，在当今社会，对于个人的生存和发展来说，阅读的作用是"重要"的，其所占比重为78.2％。其中，认为阅读"非常重要"的约占40.7％，而认为阅读"比较不重要"和"非常不重要"的该年龄段青少年仅占

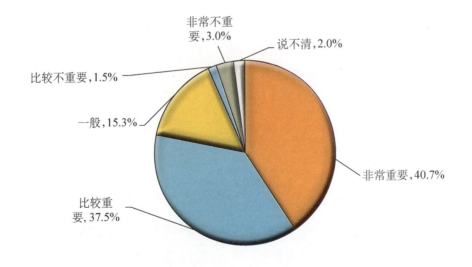

图 2-1-1 14—17周岁青少年对读书重要性的认知

该群体的 4.5%。

城乡的地域差异对"青少年的阅读重要性认知"有着一定的影响。研究发现，居住在城市的 14—17 周岁青少年认为阅读"重要"的人群所占比重为 85.2%；而居住在农村的 14—17 周岁青少年认为阅读"重要"的为 74.3%。同时，在农村中，认为阅读"非常不重要"的青少年也相对较多，为 4.4%；而城市中该比例仅为 0.6%。可见，农村青少年的阅读理念仍需加强，尤其要先从思想上让青少年对阅读的重要性有正确的认识。

表 2-1-1　14—17 周岁青少年对读书重要性认知的城乡差异

	非常重要	比较重要	一般	比较 不重要	非常 不重要	说不清
城镇居民	40.4%	44.8%	10.9%	1.8%	0.6%	1.5%
农村居民	40.8%	33.5%	17.7%	1.4%	4.4%	2.3%

2.1.2　图书阅读率和阅读量

本次调查显示，2008 年，14—17 周岁青少年的图书阅读率（不包括期刊和教科书）为 79.0%。城乡青少年的图书阅读率分别为 85.8% 和 75.4%，农村青少年的图书阅读率低于城镇青少年 10.4 个百分点。

通过对阅读量的考察发现，2008 年，14—17 周岁青少年年均阅读图书 10.96 本。城乡青少年的图书阅读量均超过 10 本，分别为 12.10 本和 10.25 本。

2.1.3　不读书的原因

通过对不读书的青少年群体的分析发现，2008 年，有 21.0% 的 14—17 周岁青少年不读书，不读书的原因排在第一位的是"因功课而没时间读书"，选择比例为 35.4%；其次是"没有读书的习惯／不喜欢读书"，占 32.0%；"因看电视而没有时间读书"和"因上网／玩游戏等而没时间读书"的分别占到 17.5％和 4.1％；"不知道该读什么"和"找不到感兴趣的书"也有相当大的比例，分别占到 12.9％和 18.7％。值得注意的是，有 3％以上的青少年认为"缺少读书氛围"或"书价过高买不起"而不读书，6.5％的青少年因"父母不允许读课本以外的书"而不读书。还有 2.7％的青少年持读书无用论的观点。

表 2-1-2　14—17 周岁青少年不读书的原因

不读书的原因	选择比例
没有读书的习惯/不喜欢读书	32.0％
不知道该读什么	12.9％
父母不允许读课本以外的书	6.5％
找不到感兴趣的书	18.7％
读书没用	2.7％
因上网/玩游戏等而没时间读书	4.1％
因功课而没时间读书	35.4％
因看电视而没有时间读书	17.5％
缺少读书氛围	3.1％
没有看书的地方	3.0％
书价过高买不起	5.6％
其他	0.9％

因此，倡导全民阅读需要加强对青少年和家长阅读课外书的正确引导，加强阅读习惯的培养、图书信息的推荐和阅读的指导，发掘青少年读书兴趣，适度控制其上网、看电视的时长，营造一个较好的读书氛围，加快公共文化设施的普及，都是有的放矢倡导青少年多读书的有效途径。

2.1.4　阅读来源

本次调查显示，14—17 周岁青少年阅读的图书主要是"自己购买"，选择此项的青少年约占该群体的 69.4％；其次，"向他人借阅"、"到图书馆借阅"也是青少年阅读图书的主要来源。可见，目前该年龄段的青少年图书的购买力相对较强。

此外，从"农家书屋或社区书屋"获取图书进行阅读的比例非常小，仅为1.0%。可见，目前农家书屋和社区书屋在14—17周岁青少年群体中使用率有待提高。

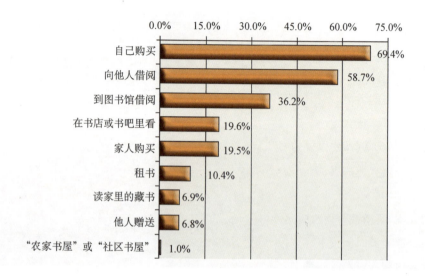

图 2-1-2　14—17周岁青少年图书阅读来源

如图2-1-3所示，城市中14—17周岁青少年阅读图书的来源相对广泛。其中，城市青少年更倾向于通过"自己购买"、"家人购

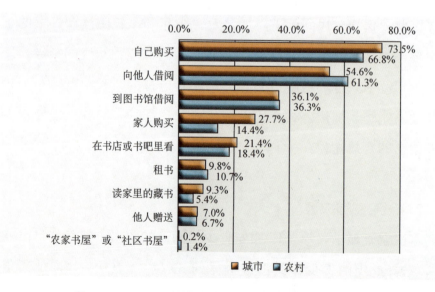

图 2-1-3　14—17周岁青少年图书阅读来源的城乡差异

买"等方式进行阅读。相比之下，农村中该年龄段的青少年更倾向于向他人借阅图书，其次则是到"图书馆借阅"。这也在一定程度上反映了城市青少年家庭经济条件较好，对图书的购买力较强。

2.1.5　阅读课外书的目的

本次调查显示，14—17 周岁的青少年读书的主要目的是"增加知识，开阔眼界"，约占 72.4％；其次，"功课、学习的需要"和"满足兴趣爱好"也是该年龄段青少年阅读课外书的重要原因，二者所占比重均为 44.4％。

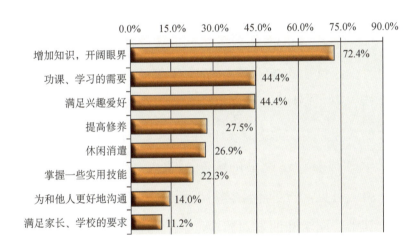

图 2-1-4　14—17 周岁青少年阅读课外书的目的

2.1.6　家庭藏书量

本次调查显示，14—17 周岁青少年家中的藏书量（不包括期刊和教科书）相对较少。大多数青少年家中的藏书在 20 本及以下，其所占比重为 44.6％。平均每个人家中拥有藏书 52.34 本。

本次调查显示，城市和农村中 14—17 周岁青少年家庭藏书量差异显著。城市该年龄段青少年的家中平均约藏书 82.58 本；而农村中青少年家中藏书量的均值则为 33.12 本。

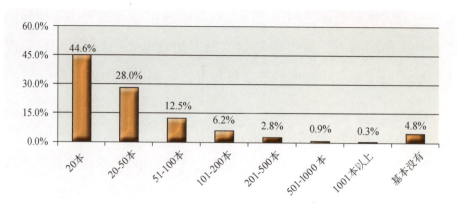

图 2-1-5　14—17 周岁青少年家庭藏书量

2.1.7　青少年阅读困难的解决途径

2.1.7.1　同学和朋友对青少年阅读影响最大

谁对青少年读书影响最大？日常生活中家长、老师、同学/朋友等通常与青少年接触较多，但是 14—17 周岁青少年表示对其读书影响最大的人是同学/朋友，该比例为 33.8%；同时，有 31.2% 的青少年表示老师对自己读书的影响也很大。父母家人的影响占到 29.0%。由此可见，青少年阅读行为受同学、朋友、老师、家长影响巨大，其中，同学和朋友对青少年阅读影响最大。因此，家长和

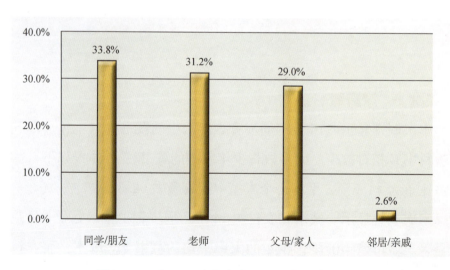

图 2-1-6　对 14—17 周岁青少年读书影响最大的人

学校方面应该加强对学生阅读的正面引导，努力为青少年塑造一个良好的阅读环境。

2.1.7.2 阅读遇到困难最常找老师/专家帮助

本次调查显示，大多数14—17周岁的青少年表示，当自己在读书方面遇到困难时最常找老师/专家帮助解决，该比例为59.8%；其次则是向父母/家人寻求帮助。可见，该年龄段青少年更加倾向听取老师/专家在读书方面的指导。

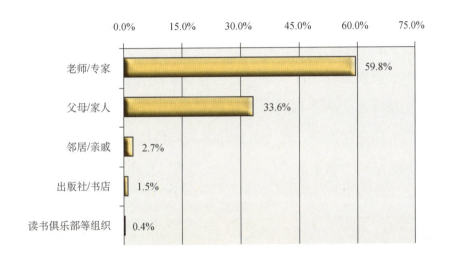

图 2-1-7　14—17周岁青少年读书遇到困难寻求帮助的途径

2.1.7.3 教师对青少年阅读课外书的态度

本次调查显示，大多数老师对14—17周岁青少年读课外书是持赞成态度的，该比例为58.2%。可见，当前学校老师的教育理念较为开明，近六成的教师希望通过让学生多阅读课外书籍来拓展学生课堂之外的视野，发散其思维。但是，对14—17周岁青少年读课外书持"无所谓"和"说不清"态度的分别为13.5%和11.7%，认为耽误学习的为16.6%，如何加强教师对学生阅读课外书的认识进而正确引导学生健康阅读，仍然是当前教育改革的努力方向。

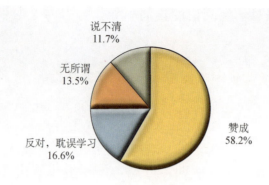

说不清
11.7%

无所谓
13.5%

反对，耽误学习
16.6%

赞成
58.2%

图 2-1-8　教师对 14—17 周岁青少年阅读课外书的态度

2.1.8　最喜欢的十大作者

本次调查显示，14—17 周岁的青少年最喜爱的作者排名前三位的分别是鲁迅、冰心和老舍。在该年龄段青少年最喜爱的作者中，大多为中国现代作家，四大名著作者有两位位列其中，80 后作家郭敬明、韩寒位列前十位。

表 2-1-3　14—17 周岁青少年最喜欢的十大作者

排名	作者
1	鲁迅
2	冰心
3	老舍
4	郭敬明
5	朱自清
6	韩寒
7	金庸
8	巴金
9	曹雪芹
10	吴承恩

2.1.9　最喜欢的十本书

本次调查显示，当前 14—17 周岁青少年最喜爱的图书中四大名著排名前五位中。十本书中多为文学类名著。

表 2-1-4　14—17 周岁青少年最喜欢的十本书

排名	书名
1	三国演义
2	红楼梦
3	钢铁是怎样炼成的
4	水浒传
5	西游记
6	骆驼祥子
7	童年
8	鲁宾逊漂流记
9	朝花夕拾
10	十万个为什么

■ 2.2　14—17 周岁青少年购书状况

2.2.1　购书频次

如图 2-2-1 所示，14—17 周岁青少年的购书率为 78.0%。购书频次为每个月一次的人相对最多，所占比重为 16.3%；其次，选择半年购一次书的青少年也较多，为 16.1%。

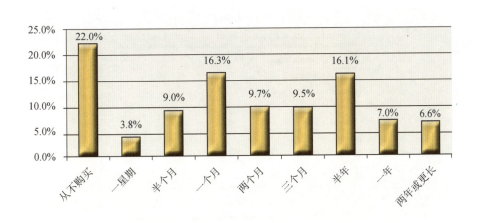

图 2-2-1　14—17 周岁青少年购书频次

从购书频次的城乡差异来看，城市 14—17 周岁青少年购书的频次相对较高。城市中青少年购书频次为三个月一次及以上者为 56.5%；而农村中购书频次为三个月一次或更频繁者为 43.7%，比城市中低 12.8 个百分点。具体情况如图 2-2-2 所示。

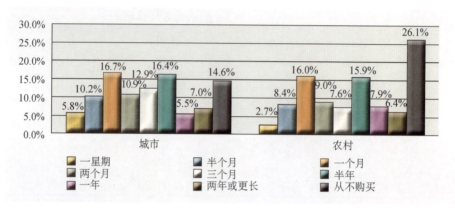

图 2-2-2　14—17 周岁青少年购书频次的城乡差异

2.2.2　图书购买渠道

如图 2-2-3 所示，14—17 周岁青少年购书的主要渠道是"新华书店"，其以 75.7% 的比重占据绝对竞争优势。此外，"私营书店"和"街头书摊"分别以 29.3% 和 23.1% 的比重抢占二、三位的购书渠道排名。而通过"网上书店"购书的比重为 3.2%。

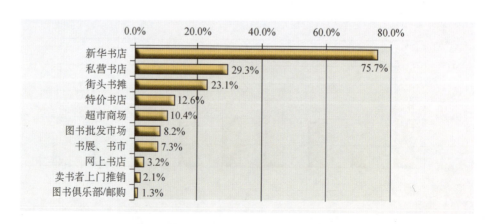

图 2-2-3　14—17 周岁青少年图书购买渠道

如图 2-2-4 所示，14—17 周岁青少年选择某种购书渠道时，"图书的种类是否多样"是一个重要的影响因素。约有 59.3% 的青少年表示选择某个购书渠道，常常是因为其图书的种类多。其次，"能否很容易找到需要的书"以及"图书信息的丰富性"也是影响青少年购书的重要因素，二者所占比重分别为 31.7% 和 31.3%。可见，某种购书渠道若想吸引更多该年龄段青少年，需从图书丰富性、购书便捷性等方面提升竞争力。

图 2-2-4　14—17 周岁青少年选择图书购买渠道时的考虑因素

2.2.3　购书影响因素分析

如图 2-2-5 所示，影响 14—17 周岁青少年购书的最主要因素是老师或学校的推荐，选择该因素的被访者约占该群体的 54.4%。其次，"图书内容简介"也是重要影响因素，为 38.8%。此外，价格、书名或目录、作者等因素的影响也较大。

相比之下，媒体的各类推介、评价、广告等因素的影响力则较小。可见，14—17 周岁的青少年在购书时，更看重口碑传播、图书内容等较为实质的因素；而大众媒介的推介、出版社的名气、外观设计等相对外在的因素，对该年龄段青少年的影响则偏小。

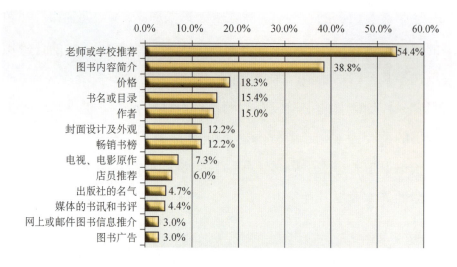

图 2-2-5　影响 14—17 周岁青少年购书的主要因素

2.2.4　获取图书信息的主要渠道

如图 2-2-6 所示，14—17 周岁青少年获取图书信息的主要渠道大致分为三个梯队。其中，朋友或他人推荐、老师或学校推荐位于第一梯队，分别占有 49.1％和 42.9％的比重；电视、报刊、互联网位于第二梯队，所占比重为 20％—30％；而售书人员推荐、图书宣传品等渠道位列第三梯队，所占比重不足 10％。

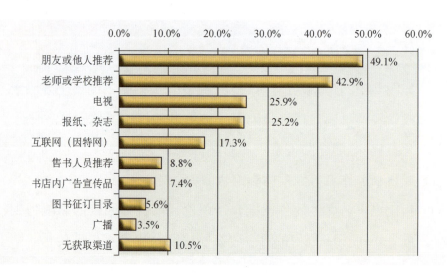

图 2-2-6　14—17 周岁青少年获取图书信息的主要渠道

可见，该年龄段青少年获取图书信息的最主要渠道是口碑传播，其次是电视等大众媒介。

2.2.5 购书的不便之处

本次调查显示，大多数 14—17 周岁青少年认为，当前在购书时并未存在不方便的地方，该比例为 45.7％。此外，有 21.3％的青少年表示"卖书的地方离家很远"；14.0％左右的青少年表示，"想买的书总是没有"和"书价过高"常常是在买书时遇到的问题。

可见，在青少年图书销售网点布局、书价等问题上仍需进一步改进和完善，以便更好地满足青少年的购书需求。

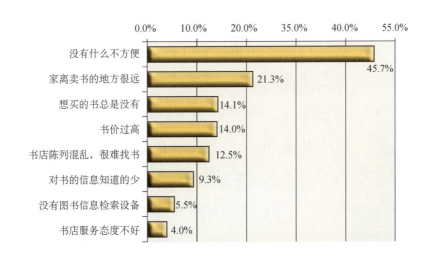

图 2-2-7   14—17 周岁青少年购书的不便之处

2.2.6 购书点分布密度

本次调查显示，14—17 周岁青少年生活范围内的购书点分布较为紧密。约 39.6％的购书点位于该年龄段青少年居住点的 1 公里以内。最近的购书点平均距离为 2.74 公里。可见，当前我国青少年购书较为便捷。

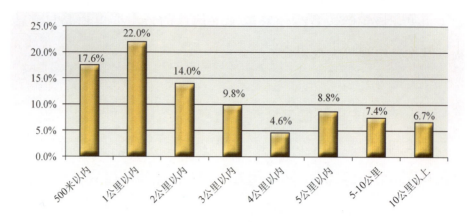

图 2-2-8　14—17周岁青少年图书销售点的分布密度

城乡比较研究发现，城市中 14—17 周岁青少年周边的图书销售点相对较多，离青少年家平均 1.49 公里便有一个购书点。而农村中的购书点分布相对较为分散，最近的购书点平均分布在离青少年家约 3.45 公里处。

2.2.7　图书价格评价

如图 2-2-9 所示，近一半 14—17 周岁青少年感到目前的青少年图书偏贵。其中，约 40.9％的人认为比较贵，6.1％者认为非常贵，但也有 35.7％的人认为当前书价较为合适。

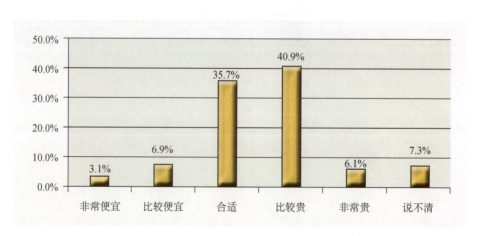

图 2-2-9　14—17周岁青少年图书价格评价

2.2.8　图书价格承受力

本次调查显示，14—17周岁青少年对图书价格的承受力呈正态分布。近六成的青少年表示图书的定价在 9—20 元是可以接受的。其中，约 30.7% 的人表示 9—12 元的图书在其价格承受范围内。平均而言，定价 13.24 元可以接受。

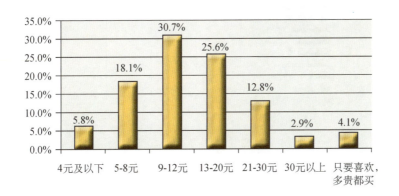

图 2-2-10　14—17周岁青少年图书价格承受力

■2.3　14—17周岁青少年分类图书市场状况

2.3.1　分类图书市场整体概况

2.3.1.1　最喜欢阅读的图书类型

如图 2-3-1 所示，14—17 周岁的青少年最喜欢阅读的是"文学"类的图书，约占 58.5% 的比重。其次，"历史"类、"科普"类和"心理"类的图书也较受该年龄段青少年的喜爱。而"农业"、"工业技术"等种类的图书则相对难以吸引该年龄段青少年阅读。

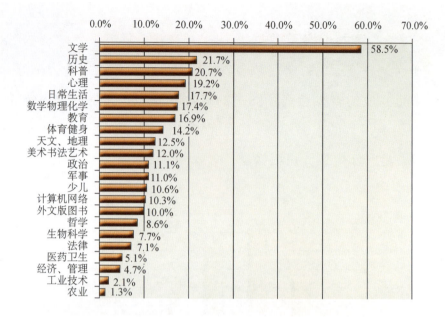

图 2-3-1 14—17 周岁青少年最喜欢阅读的图书类型

2.3.1.2 最经常购买的图书类型

如图 2-3-2 所示，当前 14—17 周岁青少年最常购买的图书类型是"文学类"，其所占比重为 35.3%，此外，"数理化"、"外文版图书"、"科普"、"教育"等图书的购买率也较高，这一方面是与青少

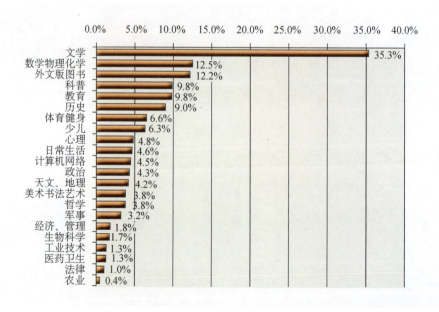

图 2-3-2 14—17 周岁青少年最经常购买的图书类型

年的阅读兴趣在一定程度上相吻合；另一方面，也是因为该年龄段青少年的学业较为繁重，为了辅助学习的需要，较多"数理化"、"外语"等类型的参考书便成了青少年经常购买的图书。

如表2-3-1所示，对各类图书人均年购买量的分析发现，在14—17周岁青少年读者市场中，"历史"类图书的人均年销量最高，为8.06本。其次是"天文地理"类和"文学"类，其在2008年的人均购买量分别为6.57本和1.90本。而其他类别的图书，人均购买量相对较低，均不足0.50本。可见，当前"历史"类、"天文地理"类和"文学"类图书的市场购买状况较好。

表 2-3-1　2008 年各类图书人均购买量

排名	图书类型	人均购买量（本）	排名	图书类型	人均购买量（本）
1	历史	8.06	12	美术书法艺术	0.13
2	天文地理	6.57	13	军事	0.12
3	文学	1.90	14	日常生活	0.11
4	数理化	0.37	15	哲学	0.11
5	教育	0.35	16	计算机网络	0.10
6	外文版图书	0.31	17	经济管理	0.07
7	心理	0.26	18	生物科学	0.04
8	科普	0.26	19	工业技术	0.04
9	少儿	0.20	20	法律	0.03
10	体育健身	0.17	21	农业	0.01
11	政治	0.14	22	医药卫生	0.00

2.3.1.3　市场上最缺的图书类型

如图2-3-3所示，接近七成的青少年认为目前14—17周岁青少年图书市场的图书种类较为完善，其比例为66.8%。相对而言，3%—6%左右的青少年表示，"文学"、"外文版图书"、"心理"、"军事"等类型的图书较为缺少。结合前文分析，"文学"类图书目前呈现出需求大、购买率高的特点。"心理"、"军事"、"美术书法艺术"等相对专业的图书也较为紧缺。

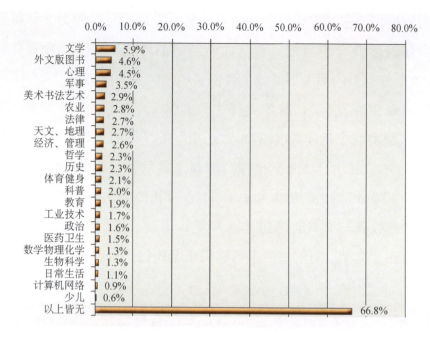

图 2-3-3　14—17 周岁青少年图书类型购买需求

2.3.1.4　图书预购率

如图 2-3-4 所示，14—17 周岁青少年图书市场中，预购率排在第一位的依然为"文学"类图书，预购率为 25.6％，市场需求较为

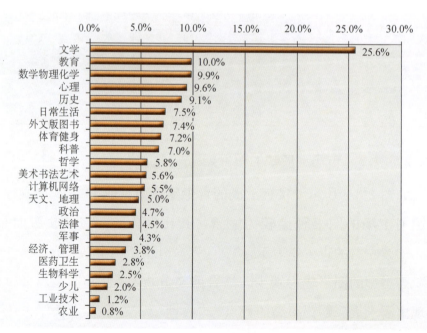

图 2-3-4　14—17 周岁青少年各类型图书预购率

旺盛。此外，"教育"、"数理化"、"心理"、"历史"等类图书的预购率也相对较高，但均不到 10.0%。相比之下，"农业"、"工业技术"类的图书预购率最低，均不足 2.0%。可见，该年龄段青少年购书更多的是出于兴趣；其次则是学习教辅的需要。因此，"文学"类和"学习教辅"类的图书市场前景更加看好。

2.3.2 文学类图书市场状况

2.3.2.1 最喜欢阅读的文学类图书类型

"文学"类图书是 14—17 周岁青少年最喜欢的图书类型。在"文学"类图书中，该年龄段青少年最喜欢阅读的是"文学名著"，其比重为 33.3%；其次，"科幻小说"和"武侠小说"等小说类图书位列前几名。而"诗歌"、"纪实报告"等图书则仅受很小部分青少年的欢迎。具体情况如图 2-3-5 所示：

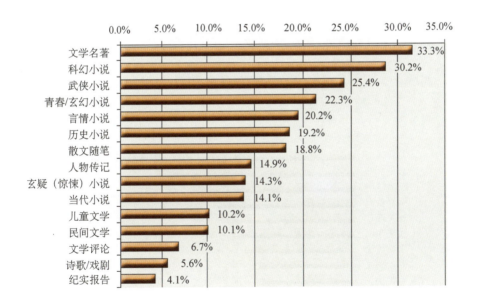

图 2-3-5　14—17 周岁青少年最喜欢阅读的文学类图书类型

2.3.2.2 各类文学类图书的购买率和预购率

如图 2-3-6 所示，在"文学"类图书中，购买率和预购率最高的均为"文学名著"，分别为 17.9% 和 16.3%。此外，"科幻小说"

的市场购买率和预购率也均较高。值得注意的是，"散文随笔"、"历史小说"、"青春/玄幻小说"、"人物传记"、"当代小说"、"民间文学"、"文学评论"等文学类图书的预购率均高出其市场购买率较多。可见，这几类文学图书的未来市场具有较大潜力。

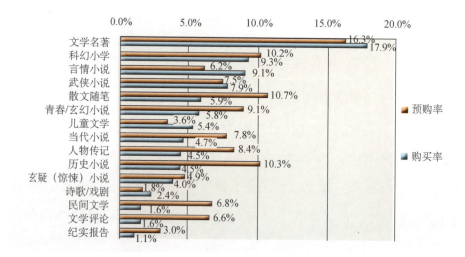

图 2-3-6　文学类图书的市场购买率和预购率

2.3.2.3　文学类图书的购买需求

如图 2-3-7 所示，约 52.4％的青少年认为目前的"文学"类图

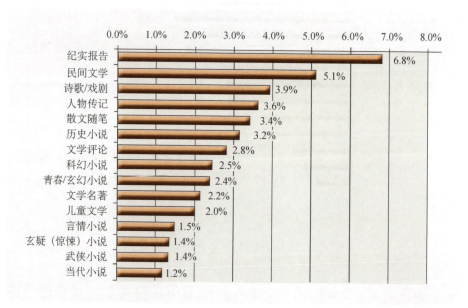

图 2-3-7　文学类图书购买需求

书种类较为齐全，没有缺少的类型。有少部分青少年认为，目前"纪实报告"、"民间文学"等类型的文学图书较为缺乏，还需进一步完备。

2.3.3 外语类图书市场状况

2.3.3.1 最喜欢阅读的外语类图书类型

本次调查显示，14—17周岁青少年最喜欢的外语类图书是阅读写作，约占25.8%的比重。其次，口语听力、教辅教材也是该年龄段青少年较为喜爱的外语类图书。

表 2-3-2　14—17周岁青少年最喜欢阅读的外语类图书类型

外语类图书	选择比例
阅读写作	25.8%
口语听力	21.5%
教材教辅	21.1%
外语工具书	19.7%
词汇语法	19.7%
文艺读物	16.0%
商贸外语	3.8%
其他	4.3%

2.3.3.2 外语类图书的购买率和预购率

如图2-3-8所示，外语类图书在14—17周岁青少年读者市场中购买率最高的为教材教辅，购买率为13.9%。而预购率最高的外语类图书是阅读写作类，预购率为15.9%。如图2-3-8所示，各类外语类图书的预购率均高于其目前的市场购买率。可见，外语类图书市场整体上呈现出需求旺盛的态势，具有较大市场潜力。

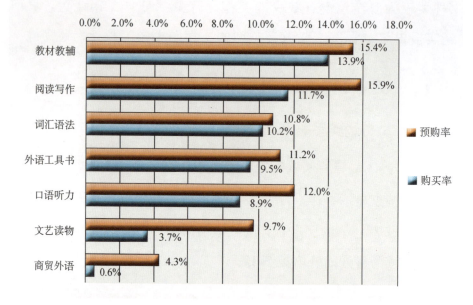

图 2-3-8　各类外语类图书的购买率和预购率

2.3.3.3　外语类图书的购买需求

如表 2-3-3 所示，约一半 14—17 周岁的青少年表示，目前的外语类图书种类较为齐全。而仍有部分青少年表示，商贸外语和文艺读物等外语类图书较为缺乏，但其空缺度均不足 10.0%。

表 2-3-3　14—17 周岁青少年外语类图书购买需求

外语类图书	选择比例
商贸外语	8.4%
文艺读物	7.4%
口语听力	6.6%
教材教辅	5.2%
阅读写作	3.9%
词汇语法	2.5%
外语工具书	1.9%
其他	5.7%

第三章
14—17 周岁青少年报刊阅读与购买状况

■3.1　14—17 周岁青少年报纸阅读状况

3.1.1　报纸阅读率

本次调查显示，当前青少年的报纸阅读率相对较高，约有
61.5％的 14—17 周岁青少年表示自己在 2008 年阅读过报纸。如图
3-1-1 所示，14—17 周岁青少年中女孩相对更爱读报纸，其报纸阅
读率为 63.9％，比男孩报纸阅读率高出约 4.8 个百分点。

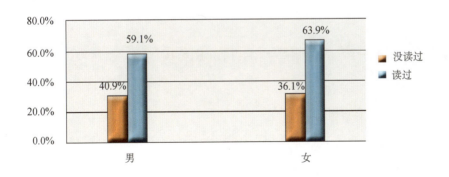

图 3-1-1　14—17 周岁青少年报纸阅读率的性别差异

本次调查显示，城市中 14—17 周岁青少年的报纸阅读率明显高

于农村青少年，其阅读率为 70.5%，比农村中该年龄段青少年的报纸阅读率高出 14.1 个百分点。

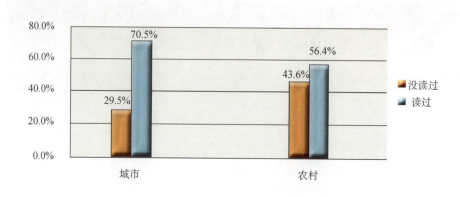

图 3-1-2　14—17 周岁青少年报纸阅读率的城乡差异

3.1.2　报纸阅读量

进一步分析显示，14—17 周岁青少年 2008 年人均读报 38.02 份，其中城市青少年人均年阅读报纸 62.35 份，农村青少年人均年阅读报纸 24.51 份。就 2008 年读过报纸的这一群体而言，人均读报量为 61.89 份，其中城市青少年人均读报量为 88.47 份，农村青少年读报量为 43.43 份，在有读报行为的青少年中，城市青少年读报量是农村青少年的两倍多。

■3.2　14—17 周岁青少年期刊阅读状况

3.2.1　期刊阅读率

如图 3-2-1 所示，14—17 周岁青少年的期刊阅读率为 62.2%，女孩的期刊阅读率明显高于男孩，2008 年 14—17 周岁青少年中女孩的期刊阅读率为 68.0%，比男孩期刊阅读率高出约 11.3 个百分点。

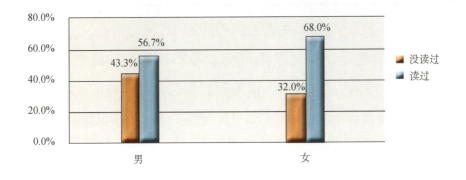

图 3-2-1　14—17 周岁青少年期刊阅读率的性别差异

如图 3-2-2 所示，城市青少年的期刊阅读率明显高于农村青少年，其阅读率为 70.9%，高出农村青少年的期刊阅读率 13.6 个百分点。

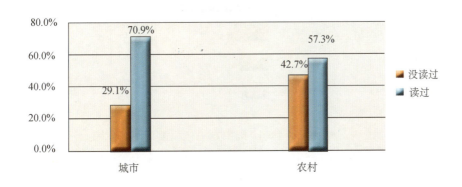

图 3-2-2　14—17 周岁青少年期刊阅读率的城乡差异

3.2.2　期刊阅读量

进一步分析显示，14—17 周岁青少年 2008 年人均阅读期刊 9.07 本，其中城市青少年人均阅读期刊 12.95 本，农村青少年人均阅读期刊 6.92 本。就 2008 年读过期刊的群体而言，人均阅读期刊量为 14.60 本，其中城市青少年人均阅读期刊量为 18.27 本，农村青少年人均阅读期刊量为 12.07 本，在有读刊行为的青少年中，城市青少年读报量比农村青少年多 6.20 本。

3.2.3 制约青少年阅读期刊的原因

本次调查显示，14—17周岁青少年不读期刊的最主要原因是"功课忙，没时间"，选择该因素的青少年约占该群体的48.2%。此外，"没有阅读期刊的习惯"和"对现在期刊上的内容没兴趣"等也是当前青少年不愿读期刊的重要原因。可见，"缺少时间"、"没兴趣"是导致青少年未读期刊的主要原因。

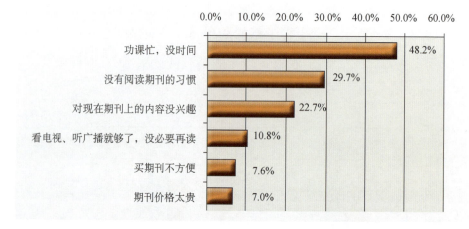

图 3-2-3　制约 14—17 周岁青少年阅读期刊的原因

3.2.4 期刊阅读来源

本次调查显示，当前青少年阅读期刊的主要来源是"向同学朋友借阅"，其约占60.2%的比重。选择在报摊、书店购买的青少年也较多，分别占据41.1%和35.3%的比例。而选择在网上购买期刊的青少年则相对很少，仅占该群体的1.3%。

传统的借阅、订购渠道是当前14—17周岁青少年阅读期刊的主要途径。

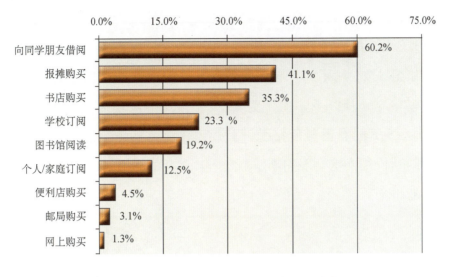

图 3-2-4　14—17 周岁青少年阅读期刊的来源

3.2.5　期刊阅读偏好

如图 3-2-5 所示，14—17 周岁青少年最常阅读的期刊类型是"文学艺术/青春文学"类期刊，其中有 42.9％的该年龄段的青少年平时经常阅读该类期刊。排在第二位的是"流行时尚/明星八卦"类期刊，所占份额为 35.4％。此外，该年龄段青少年经常阅读的期刊多为与学习教辅有关的期刊。

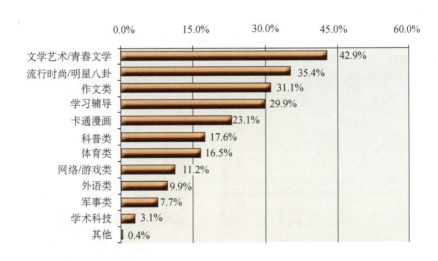

图 3-2-5　14—17 周岁青少年最常阅读的期刊类型

3.2.6 期刊价格承受力

如图 3-2-6 所示，当前 14—17 周岁青少年能够接受的期刊价格大多在 6 元及以下，比例为 60.4％。其中，较多人表示期刊价格在 4—6 元时自己较能接受，其约占该群体的 47.1％。就目前青少年期刊价格而言，该年龄段青少年读者的价格承受力处于中度偏低的水平。

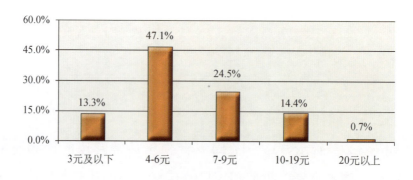

图 3-2-6　14—17 周岁青少年期刊价格承受力

如图 3-2-7 所示，近一半的 14—17 周岁的青少年读者表示当下的期刊价格较为合适，该比例为 48.6％。此外，也仍有较多人认为当前期刊的价格偏贵（"比较贵"或"非常贵"），其所占比重为 38.1％。

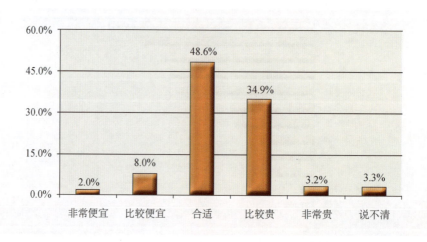

图 3-2-7　14—17 周岁青少年期刊价格评价

表 3-2-1 为 14—17 周岁青少年读者最喜爱的 10 本期刊排名。《读者》、《青年文摘》、《意林》位列前三。

表 3-2-1　14—17 周岁青少年最喜爱的 10 本期刊

期刊	名次
读者	1
青年文摘	2
意林	3
故事会	4
男生女生	5
知音	6
格言	7
中学生阅读	8
作文大王	9
女友	10

■ 3.3　14—17 周岁青少年期刊市场状况

3.3.1　期刊知名度

如图 3-3-1 所示，在 14—17 周岁青少年读者中，知名度最高的期刊是《读者》，所占比重为 66.7%；其次，《青年文摘》、《故事会》、《知音》也分别以 54.0%、53.9% 和 41.7% 的知名度，较领先于其他青少年期刊。由图 3-3-1 可知，知名度较高的多为文摘类、故事类，其次是学习教辅类报刊。

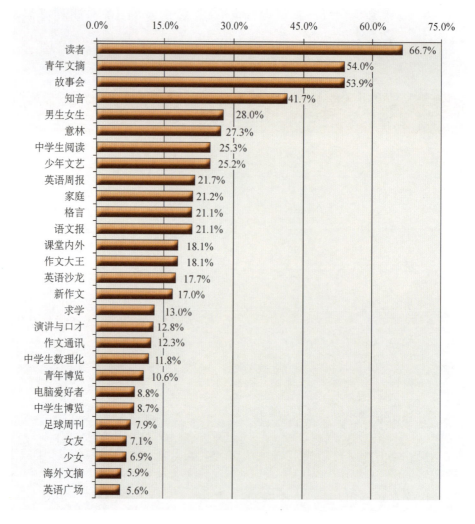

图 3-3-1　14—17 周岁青少年期刊知名度

3.3.2　期刊市场渗透率

如图 3-3-2 所示，2008 年在 14—17 周岁青少年读者市场中，渗透率最高的期刊是《读者》，其市场渗透率为 30.5％，遥遥领先于其他期刊。其次，《青年文摘》和《故事会》分别以 18.1％和 12.9％的渗透率紧随《读者》之后。而其他期刊的市场渗透率均不足 10％。与该类期刊的知名度相比，其市场渗透率更好地反映出该年龄段青少年的阅读偏好与阅读需求。知名度较高的《知音》、《家庭》等面向更成熟读者的期刊，在 14—17 周岁青少年读者市场中，其市场渗透率较之其知名度排名，明显靠后。具体情况如图 3-3-2 所示：

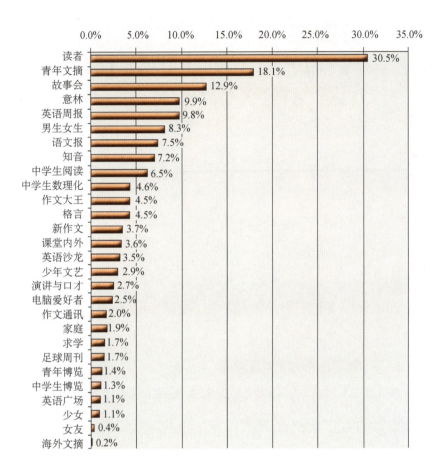

图 3-3-2　14—17 周岁青少年期刊市场渗透率

第四章
14—17 周岁青少年数字出版物
阅读与购买状况

■4.1　14—17 周岁青少年数字出版物阅读现状

4.1.1　数字出版物的阅读率

如图 4-1-1 所示，在 14—17 周岁青少年群体中，网络在线阅读是其最经常的数字化阅读方式，其所占比例为 24.3%；其次则是

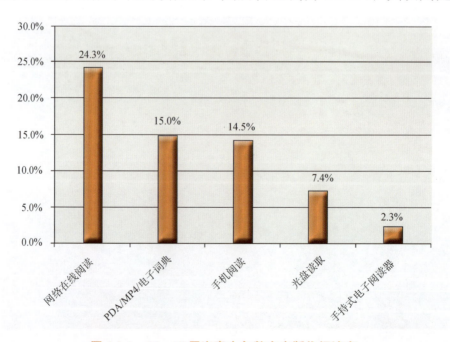

图 4-1-1　14—17 周岁青少年数字出版物阅读率

PDA/MP4/电子词典等阅读和手机阅读，其所占比重分别为 15.0%
和 14.5%。

4.1.2　选择数字阅读的主要原因

　　如图 4-1-2 所示，大多数青少年表示"获取便利"是其选择数
字阅读的最主要原因，选择该因素的青少年约占该群体的 56.6%。
其次，方便信息检索、方便复制和分享也是促使该年龄段青少年选
择数字阅读的重要原因。可见，数字阅读具有的便捷性是其吸引读
者阅读的重要因素。

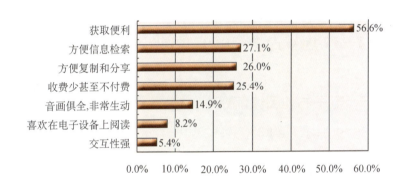

图 4-1-2　14—17 周岁青少年选择数字阅读的主要原因

4.1.3　数字出版物阅读花费

　　如图 4-1-3 所示，14—17 周岁青少年 2008 年在电子阅读上的总
花费较低，均在 11 元以下。其中花费相对较高的是光盘读取，但其
平均花费金额也仅为 10.69 元。而网络在线阅读的成本相对更低，
年均花费仅为 7.81 元。数字化阅读的低成本性也是其吸引越来越多
消费者的重要因素。

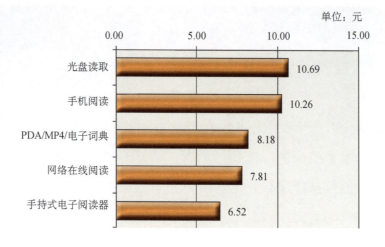

单位：元

图 4-1-3　14—17 周岁青少年数字出版物的阅读花费

4.2　14—17 周岁青少年电子书刊阅读状况

4.2.1　电子书刊阅读偏好

如图 4-2-1 所示，约 35.3％的 14—17 周岁青少年表示，自己最经常阅读的电子书刊是文学类图书，如小说、诗歌等。此外，百科全集、学习参考、工具书、考试用书等学习型/教辅类的电子书也是该年龄段青少年阅读的电子书刊中的主要类型。可见，该年龄段

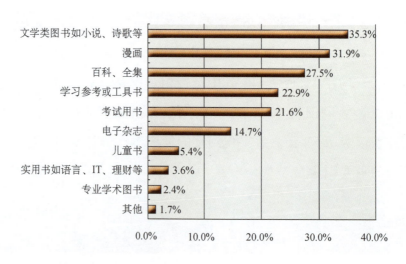

图 4-2-1　14—17 周岁青少年电子书刊阅读类型偏好

青少年阅读电子书刊的主要类型与其平时阅读兴趣和阅读需求基本吻合。

4.2.2　电子书刊价格承受力

如图 4-2-2 所示，当前 14—17 周岁青少年对网络在线阅读或付费下载的电子图书的单本价格承受力较低。约 32.2% 的青少年表示"不能接受付费阅读/下载电子书"。此外，也有 33.6% 的该年龄段青少年表示，自己仅能接受 3 元及以下价格的电子书。

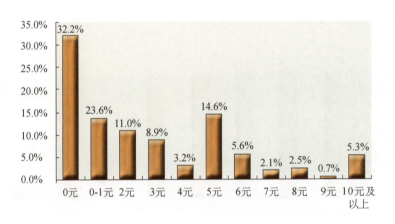

图 4-2-2　14—17 周岁青少年电子书价格承受力

4.2.3　电子书对传统纸质图书销售的影响

本次调查显示，14—17 周岁青少年中 87.5% 的人表示，在阅读过电子书后，不再购买该书的纸质版。在青少年群体中，数字出版对传统纸质出版势必造成严重冲击，数字出版将逐渐成为青少年阅读的主流。

■4.3　14—17 周岁青少年手机阅读消费行为分析

如图 4-3-1 所示，14—17 周岁青少年通过手机最常进行的阅读消费是"手机游戏"，其次是"手机报"阅读，这两项手机阅读消费的人群分别占该群体的 37.5％和 37.4％。此外，手机音乐、手机 QQ/飞信等也有较多青少年进行消费。而用手机"查收电子邮件"和收看"手机影视"的人则相对较少。"手机游戏"常常是手机自带或可下载至手机中进行使用的；"手机报"常常是其他通信业务赠送的；手机音乐和飞信等业务也常常是免费或其他通信业务赠送的。因此，以上手机阅读活动的成本极低甚至是免费的，从而，进行此类手机阅读活动的青少年也就相应较多。而手机查收电子邮件或手机影视，常常因为对手机本身硬件设施要求较高，或网络浏览消费较高，阻碍了人们对其的普遍使用。

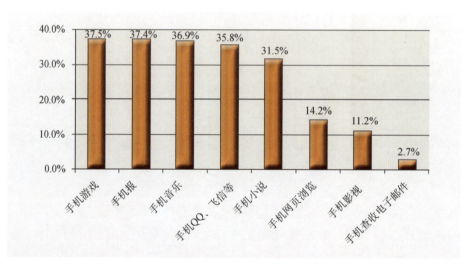

图 4-3-1　14—17 周岁青少年手机阅读消费类型

■ 4.4　14—17 周岁青少年互联网接触状况

4.4.1　上网率

本次调查显示，当前 14—17 周岁青少年的上网率为 56.3％，其中城市青少年上网率为 75.8％，比农村青少年的 45.4％高出 30.4 个百分点。

4.4.2 上网频次

如图 4-4-1 所示，14—17 周岁青少年上网的频次呈现正态分布的态势。大多数青少年的上网频次在每周 1—3 次。其中，每周上网 2—3 次的人最多，为 33.3％。

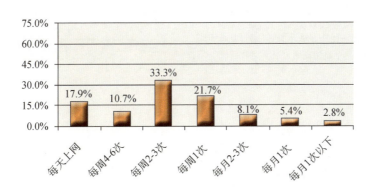

图 4-4-1　14—17 周岁青少年上网频次

4.4.3 上网从事的主要活动

如图 4-4-2 所示，14—17 周岁青少年上网的主要活动是"网上聊天/交友"，其所占比重为 72.8％，位列第一阶梯。青少年上网活动的第二阶梯中，"网络游戏"和"收听/收看/下载歌曲和电影"分别以 51.8％和 42.4％的比重位列第二、三位。而属于第三阶梯的上网活动多为"查询各类信息、阅读新闻、阅读网络书籍/报刊、收发 E-mail"等与学习、工作、增长见闻相关的学习型活动。可见，该年龄段青少年上网的主要活动多是"娱乐型"的，其次才是"学习型"。

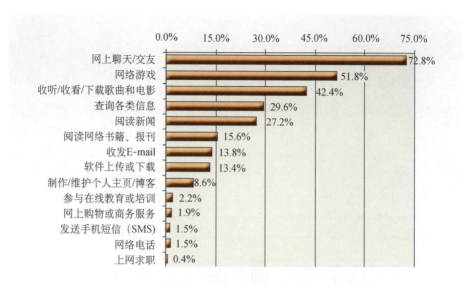

图 4-4-2　14—17 周岁青少年上网活动

4.4.4　网上阅读行为

如图 4-4-3 所示，14—17 周岁青少年在网上最经常从事的与阅读相关的活动是"检索图书信息"，其以 38.3％的比重位居首位。其次是检索图书内容，阅读电子书或电子期刊。而该年龄段中进行网上购书的人群则相对较少，仅占该群体的 8.4％。

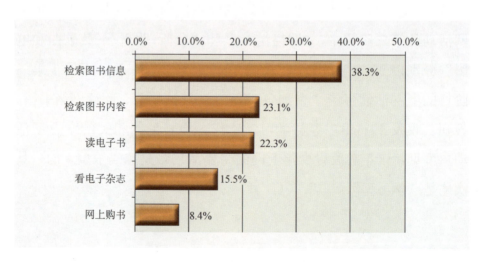

图 4-4-3　14—17 周岁青少年从事的与阅读相关的网络活动

14—17 周岁青少年上网从事的各项与阅读相关的活动的时间花

费如表 4-4-1 所示。"检索图书信息"的频次大多为每周 1—2 次，所占比重为 42.0%；85.4% 的该年龄段的青少年进行"检索图书内容"的频次在每月 1—2 次或更加频繁；进行网上购书的青少年，其购买频次较低，30.9% 的人群的购买频次为每年 1 次以下；该年龄段青少年在网上读电子书和看电子期刊的频次较高，大多都在每周 1—2 次。

由表 4-4-1 可知，14—17 周岁青少年在网上进行"检索图书信息"的活动较为频繁；其次，他们也经常在网上读电子书或看电子期刊。相比之下，该年龄段青少年"网上购书"并不活跃。

表 4-4-1　14—17 周岁青少年从事与阅读相关的网络活动的频次

	检索图书信息	检索图书内容	网上购书	读电子书	看电子期刊
几乎每天	2.0%	2.2%	1.1%	5.4%	4.3%
每周 3—4 次	14.6%	9.8%	1.9%	12.2%	8.0%
每周 1—2 次	42.0%	36.7%	14.1%	38.6%	38.6%
每月 1—2 次	29.0%	36.7%	23.1%	21.8%	23.4%
每 2—3 个月 1 次	6.6%	7.2%	15.4%	14.5%	12.6%
每年 2—3 次	3.2%	2.7%	13.4%	3.8%	4.6%
每年 1 次以下	2.5%	4.7%	30.9%	3.7%	8.4%

4.4.5　网上购买出版物行为分析

如图 4-4-4 所示，有 11.3% 的 14—17 周岁的青少年表示在网上购买过出版物，其中，在网上购买图书的相对最多，所占比重为 6.8%；其次是期刊为 4.5%。而在网上购买盒式录音带的青少年相对最少，这也与该出版物目前的使用率较低、市场上较为少见有关。

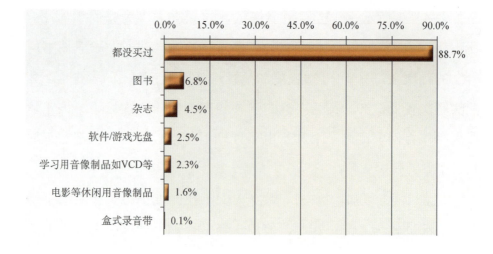

图 4-4-4　14—17 周岁青少年网上购买出版物的选择比例

对选择网上购买出版物的原因的研究发现，14—17 周岁青少年在网上购买出版物的最主要原因是价格优惠，约 51.0％的青少年表示该因素最能吸引其去网上购买出版物。其次，图书种类多、送货上门也是促使青少年网上购买出版物的重要因素。

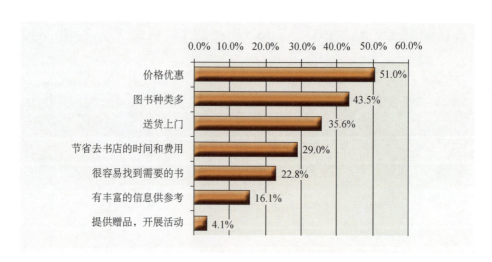

图 4-4-5　14—17 周岁青少年选择网购出版物的原因

城乡相比之下，"价格优惠"和"有丰富的信息供参考"是促使农村青少年网上购买出版物的最主要原因。这可能是因为农村的经济水平相对较低，信息渠道相对闭塞。网络购物成本低、信息畅通的特点则成为吸引城镇青少年购买出版物的重要原因。

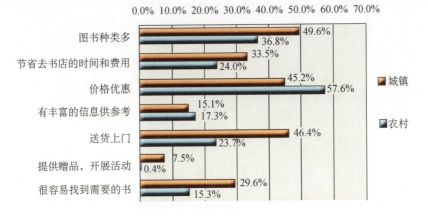

图 4-4-6　14—17 周岁青少年选择网购出版物的原因的城乡差异

从网络购买出版物的制约因素分析发现，制约 14—17 周岁青少年上网购买出版物的主要原因是习惯问题。约 51.9％的该年龄段的青少年表示自己"不习惯网上购物"。其次，也有 36.1％的青少年表示会担心"网上购物不安全"，因此不太愿意进行网络购买出版物。

由图 4-4-7 可知，其实影响青少年网络购物的前三个原因都是出于长久以来的购物习惯。但是随着网络购物的兴起，人们对于网络购物的看法以及购物习惯都会逐渐改变。因此，网络在未来将可能成为青少年购买出版物的主要渠道。

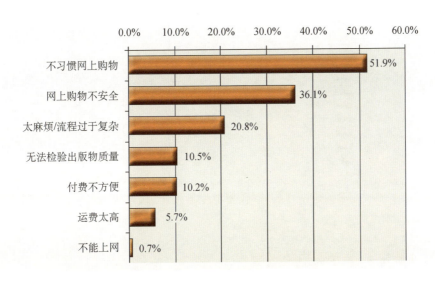

图 4-4-7　网络购买出版物的制约因素

4.5 14—17周岁青少年阅读网站市场格局

4.5.1 阅读网站知名度分析

如图 4-5-1 所示，在 14—17 周岁青少年中知名度最高的阅读网站是新浪读书频道，其知名度为 63.0％；其次是搜狐读书频道，其知名度为 56.8％。约六成的青少年听说过这两个阅读网站，其知名度明显领先于其他阅读网站。与阅读网站的美誉度排名大致相同，该类网站知名度较高的也都为门户网站的读书频道，而专门的阅读类网站的知名度则相对较低。可见，专业阅读网站的公关宣传活动仍需进一步改进、加强。

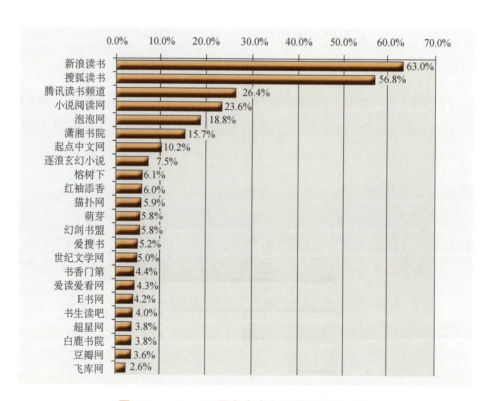

图 4-5-1　14—17 周岁青少年阅读网站知名度

4.5.2 阅读网站美誉度

表 4-5-1 为 14—17 周岁青少年最喜爱的阅读网站排名。排在第

一、二、四位的均是门户网站的读书频道。尤其是新浪和搜狐的读书频道分别以21.7%和16.0%的美誉度领先于其他阅读网站。而小说阅读网、起点中文网、潇湘书院、红袖添香等专业阅读网站的美誉度却仅在1%—6%，相对偏低。

表4-5-1　14—17周岁青少年阅读网站美誉度

名次	阅读网站	份额	名次	阅读网站	份额
1	新浪	21.70%	11	酷狗	1.30%
2	搜狐	16.00%	12	超星网	1.30%
3	百度	12.20%	13	天涯论坛	1.20%
4	腾讯	8.50%	14	红袖添香	1.10%
5	小说阅读网	5.70%	15	飞库网	1.10%
6	起点中文网	4.60%	16	飞宇网站	0.90%
7	潇湘书院	2.10%	17	静思	0.90%
8	泡泡网	1.90%	18	土豆网	0.80%
9	榕树下	1.70%	19	小小网	0.80%
10	当当网	1.60%	20	淘宝网	0.70%

4.5.3　阅读网站市场渗透率

如图4-5-2所示，在14—17周岁青少年读者中，市场渗透率排在前三位的阅读网站均是门户网站的读书频道。其分别是新浪读书频道（37.0%）、搜狐读书频道（26.0%）和腾讯读书频道（10.3%）。而其他专业阅读网站的市场渗透率明显较低，均不足10.0%，且大多阅读网站的渗透率在1.0%左右。

由此可见，无论是美誉度、知名度，还是市场渗透率，新浪、搜狐、腾讯三大门户网站的读书频道均占据着绝对优势。

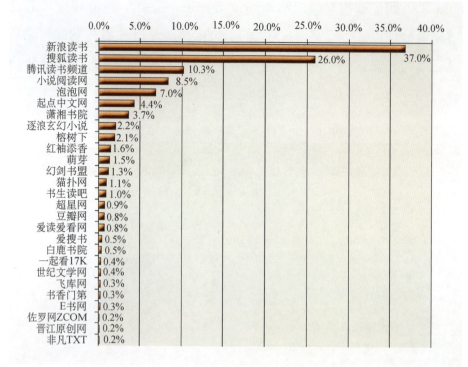

图 4-5-2　14—17周岁青少年阅读网站市场渗透率

第五章
14—17 周岁青少年音像电子
出版物购买状况

■ 5.1　音像电子出版物的购买渠道

　　如图 5-1-1 所示，14—17 周岁的青少年市场中，音像电子出版物的购买率为 60.7%。其中，"书店"是青少年最常购买音像电子出版物的地方，选择该渠道的比例为 27.0%。其次是"音像店或软件专卖店"，选择比例为 25.8%。14—17 周岁青少年主要还是在传统的实体店购买音像电子出版物。

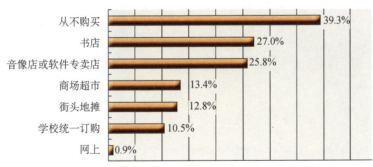

图 5-1-1　14—17 周岁青少年音像电子出版物的购买渠道

▍5.2 音像电子出版物价格承受力

如图 5-2-1 所示，14—17 周岁青少年对音像电子出版物的价格
承受力较低，大多数消费者只能接受价格在 10 元及以下的音像电子
出版物。相对而言，该年龄段青少年对 CD 光盘和 CD-ROM 的价格
承受力相对较高。具体情况如图 5-2-1 所示。

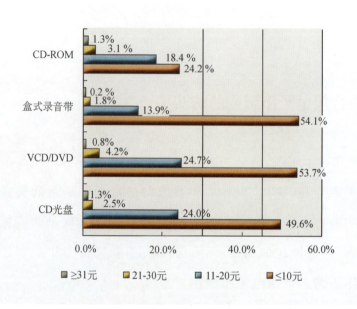

图 5-2-1　14—17 周岁青少年对音像电子出版物价格承受力

▍5.3 音像电子出版物价格评价

如图 5-3-1 所示，大多数 14—17 周岁青少年认为当前音像电子
出版物的价格较为适中，其比例为 42.2％；但也有 39.3％的青少年
表示其价格"比较贵"。

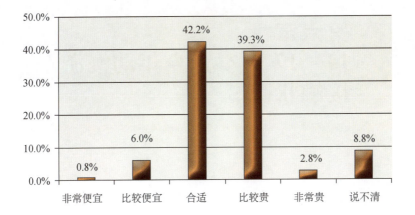

图 5-3-1　14—17 周岁青少年对音像电子出版物价格评价

第六章
14—17 周岁青少年动漫游戏接触状况

■6.1　14—17 周岁青少年动漫接触情况

6.1.1　喜爱的动漫形式

如图 6-1-1 所示，"动画片/动漫影视"是青少年最为喜爱的动漫形式，其比例为 53.6%；而单机游戏这类动漫形式的喜爱者则相对较少，约有 21.7%。

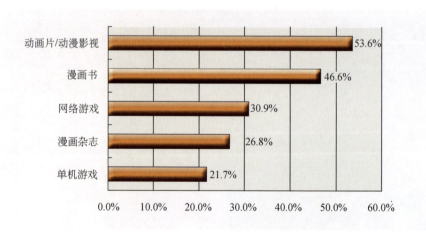

图 6-1-1　14—17 周岁青少年最喜爱的动漫形式

6.1.2 喜爱的动漫题材

本次调查显示，"搞笑类"是14—17周岁青少年最喜爱的动漫题材，约有63.9％的青少年表示喜爱此类题材。位列第二、三位的受欢迎的动漫题材是"科幻类"、"神话类"。而格斗、恐怖、体育等相对较为刺激的题材则排名靠后。可见，当前青少年对轻松、充满神奇色彩的虚幻题材更为喜爱。

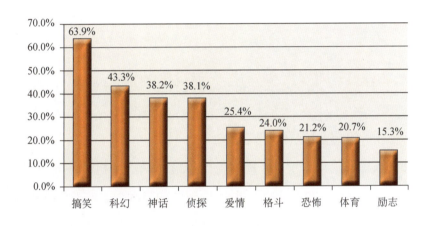

图 6-1-2　14—17 周岁青少年最喜爱的动漫题材

6.1.3 动漫产品竞争格局

研究发现，日本的动漫在中国市场占据了较为明显的优势。约58.6％的14—17周岁的青少年表示其最喜爱日本的动漫。日本动漫历史源远，其动漫产业发展相对成熟，受到了世界各地青少年甚至成人的喜爱。不过，近年来我国的动漫产业也取得了迅猛的发展。国产动漫无论在票房、收视率，还是相关衍生品上均取得了较好成绩。本次调查亦显示，近六成的青少年表示自己也很喜欢中国大陆地区的动漫。

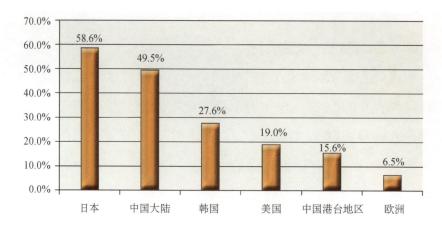

图 6-1-3　国内外动漫产品在中国市场的竞争格局

6.2　14—17 周岁青少年电子游戏接触情况

6.2.1　喜爱的电子游戏题材

如图 6-2-1 所示，14—17 周岁青少年最喜爱的单机游戏题材是"赛车类"和"动作类"，其所占比重分别为 21.9% 和 18.8%。而网络游戏中，最受该年龄段青少年喜爱的题材则是"音乐舞蹈类"和"神话武侠RPG"，其所占比重分别为 17.3% 和 16.4%。具体情况如图 6-2-1 所示。

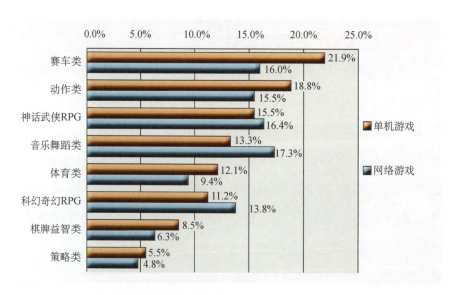

图 6-2-1　14—17 周岁青少年喜爱的电子游戏题材

6.2.2　电子游戏日均接触时长

如图 6-2-2 所示，14—17 周岁青少年玩网络游戏的日均时长要长于单机游戏的。但其二者的日均花费时长均较短，大多在 1 小时以下。其中，单机游戏玩家日均花费时长在 1 小时以下的为 29.3%。该年龄段青少年玩网络游戏接触时间更长。

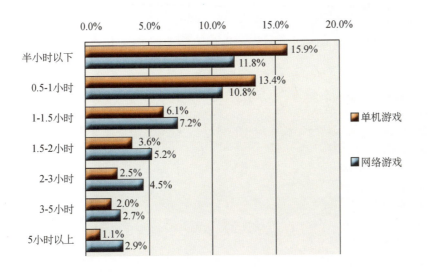

图 6-2-2　14—17 周岁青少年电子游戏日均接触时长

6.2.3　在电子游戏上的花费

如图 6-2-3 所示，近六成 14—17 周岁青少年表示其在电子游戏上"没有花费"。即使有所花费，其金额也大多集中在"20 元以下"。可见，玩电子游戏的成本很低，这可能也是吸引青少年玩电子游戏的主要因素之一。

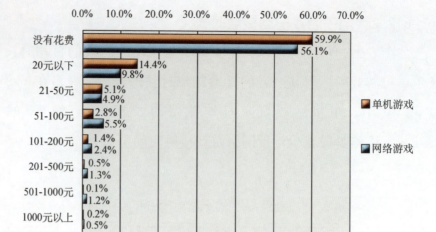

图 6-2-3　14—17 周岁青少年玩电子游戏的金额花费

第七章
14—17 周岁青少年版权认知状况

■ 7.1 14—17 周岁青少年版权认知度

如图 7-1-1 所示，14—17 周岁青少年的版权认知度较高，约68.9％的青少年表示其听说过版权这回事。城市中 14—17 周岁青少年对版权的认知度更高，约 81.3％的青少年听说过版权，高于总体12.4 个百分点。而农村青少年对版权的认知度稍低。因此，我国版权保护应在农村中进行更为广泛、到位的宣传。

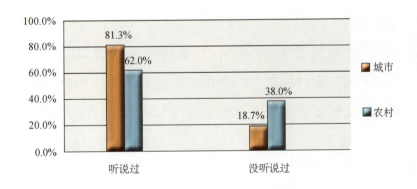

图 7-1-1 14—17 周岁青少年版权认知现状的城乡差异

7.2　14—17周岁青少年盗版出版物购买状况

7.2.1　盗版出版物购买率

本次调查显示，目前 14—17 周岁青少年出版物盗版的情况较为严重。全部购买正版的青少年仅占该群体的 15.8%。同时，在盗版的购买者中存在着较多的"分不清正版盗版"的青少年，该比例为 28.7%。因此，在宣传版权法律法规的同时，相关部门还应加强"区分盗版出版物"等相关知识的普及。

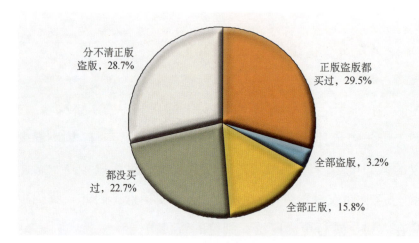

图 7-2-1　青少年出版物盗版市场占有情况

城市中的 14—17 周岁青少年每次购买"全部正版"比例明显高于农村，其所占比重为 22.8%，而农村中全部购买正版的比例为 11.9%。同时，农村中有 29.5% 的青少年在购买出版物时分不清盗版正版，该比例要高于城市青少年（27.4%）2.1 个百分点。可见，盗版情况在农村更为严重，区分正版盗版的知识在农村也更为匮乏。

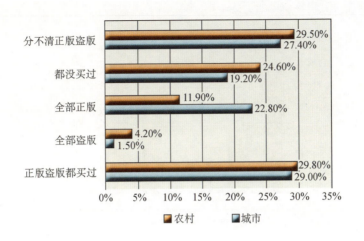

图 7-2-2　青少年出版物盗版市场占有情况的城乡差异

7.2.2　购买盗版出版物的类型

本次调查显示，在14—17周岁青少年购买的盗版出版物中，一般图书和音像制品是最常被购买的盗版出版物，其所占比重分别为48.0％和40.8％。而计算机软件的盗版购买相对较少，为4.3％。这可能是因为计算机软件的科技含量较高，在防盗版方面的技术较高。

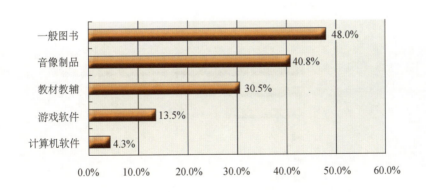

图 7-2-3　青少年出版物盗版市场分类

城乡比较而言，城市青少年更倾向于购买盗版"一般图书"和"计算机软件"；而农村青少年则更倾向于购买盗版的"教材教辅"。

具体情况如图 7-2-4 所示。

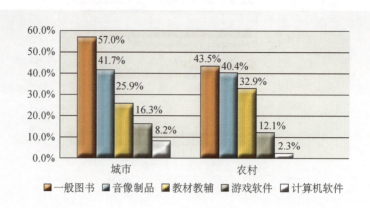

图 7-2-4　青少年出版物盗版市场分类的城乡差异

7.2.3　购买盗版出版物的驱动因素

　　本次调查显示，价格便宜是绝大多数青少年购买盗版出版物的重要驱动因素，其比例为 78.5%。其次，较多青少年也表示"买时不知道是盗版"，该比例为 25.2%，成为青少年购买盗版出版物的第二位因素。因此，为了维护、拯救正版，出版物应更加有效地提升自身的性价比；同时，相关部门也应更加广泛、有效地进行区分正版盗版出版物知识的普及。

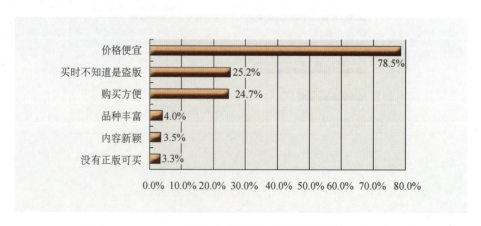

图 7-2-5　14—17 周岁青少年购买盗版出版物驱动因素

■7.3 14—17周岁青少年对盗版消费现象的评价

本次调查显示，大多数14—17周岁青少年均认识到盗版消费的危害，知道盗版对读者和出版者是不利的，对出版者尤其不利。但是，与前文分析的该年龄段青少年购买盗版出版物的比例较大相对比，可见，虽然大多数青少年有较好的版权认知度，认识到盗版消费的危害性，但在实际行动上还可能会购买盗版。而这个现象是普遍存在于各个年龄段，并非14—17周岁青少年所特有。因此，相关法律法规应该更加完善、细化，同时，应加强对青少年版权保护意识的消费引导。

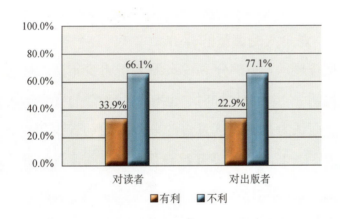

图 7-3-1　14—17 周岁青少年对盗版现象的观点

第八章
14—17 周岁青少年阅读活动参与度评价

■8.1　14—17 周岁青少年对个人阅读状况的评价

8.1.1　对个人阅读量的评价

　　本次调查显示，大部分 14—17 周岁的青少年认为自己的阅读量一般，该比例为 46.6％；同时，也有约 40.0％的青少年认为自己的阅读量少。而认为自己阅读量多的该年龄段的青少年仅为 13.3％。可见，当前 14—17 周岁青少年已意识到自身阅读量的匮乏。

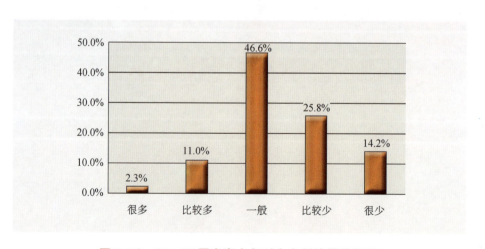

图 8-1-1　14—17 周岁青少年对自身阅读量的评价

城市和农村的大部分 14—17 周岁青少年均认为个人阅读量一般或较少，其中，城市青少年表示个人阅读量很多或比较多的比例高于农村青少年。其中，城市中该年龄段青少年认为自己阅读量很多或比较多的比例为 17.4%，比农村的高出约 6.3 个百分点。

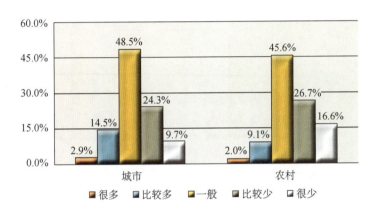

图 8-1-2　14—17 周岁青少年对自身阅读量评价的城乡差异

8.1.2　对个人阅读情况的满意度评价

本次调查显示，绝大多数 14—17 周岁青少年对个人阅读情况的满意度一般。其中，约 45.5% 的青少年对个人阅读情况是比较满意；约 45.1% 的青少年则是不大满意。而非常满意和很不满意这两种评价仅占 9.3%。

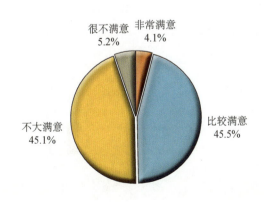

图 8-1-3　14—17 周岁青少年对个人阅读情况的满意度

城市中 14—17 周岁青少年对个人阅读情况的满意度相对较高，比较满意和非常满意者共占 54.1%；而农村中该年龄段青少年对个人阅读情况满意的为 47.1%，比城市的少 7 个百分点。

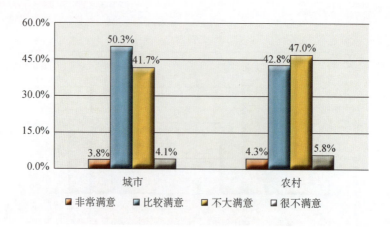

图 8-1-4　14—17 周岁青少年对个人阅读情况满意度的城乡差异

■8.2　14—17 周岁青少年读书活动/读书节知晓情况

8.2.1　读书活动/读书节知晓率

本次调查显示，14—17 周岁青少年周围读书活动/读书节的知晓率较低，仅有 25.8% 的青少年表示身边有读书活动或读书节。

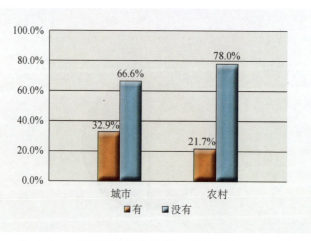

图 8-2-1　读书活动/读书节知晓率的城乡差异

从城乡差异的考察发现，在城市中，14—17周岁青少年周围的读书活动/读书节相对普及一些。城市中，读书活动或读书节的知晓率为32.9%，高出平均水平（25.8%）7.1个百分点；高出农村读书活动/读书节（21.7%）11.2个百分点。因此，在全国需大力普及读书活动的情况下，农村地区更应加强读书节等专门针对青少年的读书活动。

8.2.2　读书活动/读书节的认知

本次调查显示，大部分14—17周岁青少年认为读书活动/读书节应当举办，其比例为74.6%；认为不应当举办者仅为0.8%。可见，绝大多数该年龄段青少年对读书活动/读书节较为重视。

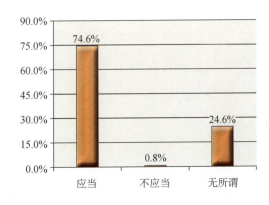

图 8-2-2　14—17周岁青少年对读书活动/读书节的认知

8.2.3　读书活动的参与类型

本次调查显示，14—17周岁青少年参加过读书活动者并不很多，其参与率为39.9%。而在各种读书活动中，"读书征文/作文或书画摄影大赛"是参与率最高的阅读活动，其比例为15.5%；读书竞赛/演讲/辩论赛紧随其后，为14.6%。相对于其他类型的阅读活动，以上两种活动的举办成本相对较低，也更适宜在校园举办。因此，这两类活动也就成为最为常见、青少年参与率最高的两类阅读活动。

图 8-2-3　14—17 周岁青少年读书活动的参与类型

如图 8-2-4 所示，城市中 14—17 周岁青少年读书活动的参与率略高于农村青少年，参与率分别为 47.0％和 36.0％，且城市青少年参与读书活动的类型要多于农村青少年。相比之下，该年龄段的农村青少年"读书竞赛/演讲/辩论赛"参与度更高，其比例为14.7％，略高出城市青少年 0.3 个百分点。

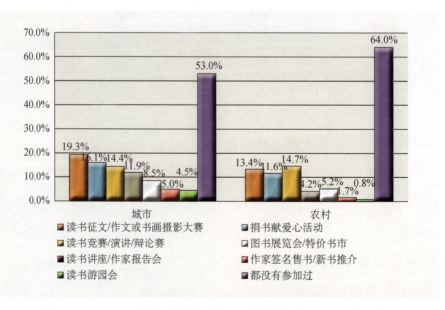

图 8-2-4　14—17 周岁青少年读书活动的参与类型的城乡比较

8.2.4 参与读书活动的原因

研究发现，当前 14—17 周岁青少年参与读书活动的主要原因为"学校组织参加"，其比例为 54.2%；同时，也有较多青少年（53.1%）表示参与读书活动是为了"促进自己的读书学习"。可见，虽然有较多青少年表示参与读书活动是比较主动，但这其中也有部分青少年表示参与读书活动是学校组织的而非自觉行为。

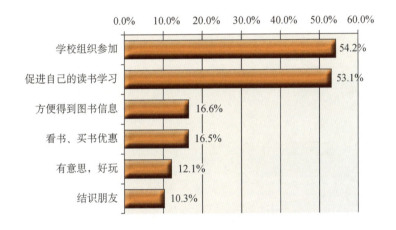

图 8-2-5　14—17 周岁青少年参与读书活动的原因

8.2.5 制约青少年参与读书活动的原因

本次调查显示，大多数 14—17 周岁青少年表示，自己未参加读书活动主要是因为"没见到相关活动"，其比例为 36.8%；其次，"不感兴趣"也成为制约较多青少年参与读书活动的重要原因。可见，当前读书活动若要吸引更多青少年参加，首先要多开展适合青少年参与的读书活动并形成长效机制；其次，提高读书活动的可参与性，将其办得更加生动活泼、有特色。

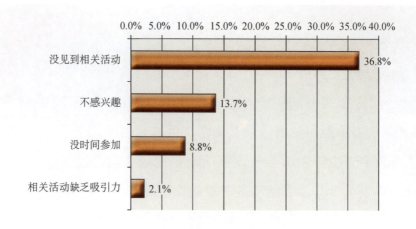

图 8-2-6　制约 14—17 周岁青少年参与读书活动的原因

8.3　14—17 周岁青少年校园图书馆使用情况

8.3.1　校园图书馆普及情况

本次调查显示，我国 14—17 周岁青少年所在学校的图书馆普及率较高，约 76.6% 的中学都设有图书馆。城市中 14—17 周岁青少年所在学校的图书馆普及率相对更高，为 82.4%，高出全国平均水平（76.6%）约 5.8 个百分点；同时，其也比农村中学图书馆的普及率（73.2%）高出约 9.2 个百分点。可见，当前农村中学图书馆

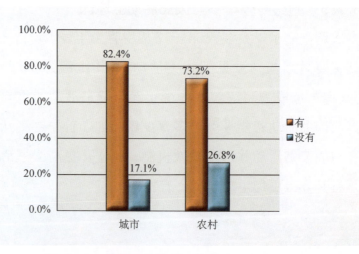

图 8-3-1　中学图书馆普及情况的城乡差异

的建设亟待加强。

8.3.2　校园图书馆使用率与满意度

　　研究发现，当前14—17周岁青少年对其学校图书馆的使用率相对较高，约62.2%的青少年表示去过学校的图书馆。当前14—17周岁青少年对其学校图书馆的满意度较低。较多数人对学校图书馆的满意度为一般，其比例为30.8%；而仅有27.1%的青少年表达了对其学校图书馆满意的态度。

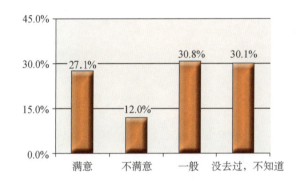

图 8-3-2　14—17 周岁青少年对学校图书馆满意度

第 三 部 分

9—13周岁少年儿童
阅读与购买倾向调查报告

少年儿童时期是人生读书、汲取知识的主要阶段，也是世界观、价值观形成的主要时期，阅读会在少年儿童的成长中产生重要影响。全民阅读活动的重点和主体是少年儿童。

一直以来，新闻出版总署把做好少年儿童读物的出版工作作为重中之重，采取了多项政策措施加以扶持，确保给少年儿童提供更多的、健康的精神食粮。

目前，我国少年儿童出版成效显著。少儿读物的出版总量持续增长。2008年全国共出版少年儿童读物13522种（初版7441种）、33315万册（张）、1519546千印张，总定价328046万元，与上年相比种数增长29.27%（初版增长21.55%），总印数增长36.29%，总印张增长31.73%，总定价增长34.71%。出版少儿读物类期刊98种，平均期印数1052万册（平均一种期印数10.73万册），总印数23083万册，总印张667370千印张；占期刊总品种1.03%，总印数7.43%，总印张4.22%。与上年相比种数持平，平均期印数下降3.31%，总印数增长2.58%，总印张下降0.33%。

为了鼓励更多的优秀少儿读物的出版，推动少年儿童阅读活动，新闻出版总署将在以下三个方面采取措施：

一是从出版政策上加大对优秀少儿出版物的扶持力度，在资源配置方面给予更有力的支持，书号、版号管理向优秀少儿读物倾斜，进一步鼓励优秀少年儿童读物出版社跨媒体经营；在国家出版基金的资助方面，把优秀少儿读物纳入资助范围，鼓励各单位积极申报。

二是建立健全少年儿童读物出版工作长效机制，要做好中长期规划，加强指导和突出重点，从新闻出版总署到地方要抓好已列入"十一五"出版规划的未成年人读物出版子规划项目的完成，把未成年人读物作为重点，统筹考虑；加强对少儿文艺作品和科普作品的出版引导，加强对优秀少儿动漫读物的出版支持，推出更多有感染力的精品力作，打造一批少儿类读物的品牌工程。

三是加大宣传推介力度，继续做好少年儿童优秀图书的推荐工作和主题阅读活动，让优秀的作品发挥现实的影响力。

本次调查显示，2008 年我国 9—13 周岁的少年儿童的识字率为100%。9—13 周岁的少年儿童正是求学读书的年龄，他们是国家未来的栋梁。这一识字率反映了我国较高的教育普及程度，也反映了我国国民义务教育取得了较好成效。

本次调查共回收 9—13 周岁有效样本 1750 个，其中，男女少年儿童性别比为 1.04：1，农村少年儿童样本占 22.7%，各年龄段样本量及比例如表 1 所示。

表1　9—13 周岁各年龄段样本量及比例

年龄	样本量	样本比例（%）
9 周岁	339	19.4
10 周岁	384	21.9
11 周岁	307	17.5
12 周岁	350	20.0
13 周岁	370	21.1
合计	1750	100.0

样本加权后可推及全国 9—13 周岁少年儿童 12116.4 万人，其中，男女少年儿童性别比为 1.10：1，农村少年儿童样本占 71.5%，在读中小学生群体占到总样本的 99.9%，加权后各年龄段不同人口特征的样本比例如表 2 所示。

表2　9—13 周岁各年龄段样本加权后不同人口特征下的样本比例

人口特征		比例（%）	年级	比例（%）
城乡	城镇居民	28.5	小学一年级	0.6
	农村居民	71.5	小学二年级	4.8
性别	男	52.4	小学三年级	11.7
	女	47.6	小学四年级	19.6
年龄	9 周岁	19.0	小学五年级	19.4
	10 周岁	16.9	小学六年级	19.7
	11 周岁	20.5	初一	17.4
	12 周岁	18.8	初二	6.4
	13 周岁	24.9	初三	0.2
	—	—	其他	0.1

第一章
9—13周岁少年儿童图书
阅读与购买状况

■ 1.1　9—13周岁少年儿童阅读现状分析

1.1.1　对阅读的喜爱程度

本次调查显示，超过八成的9—13周岁少年儿童喜欢阅读。其中，"喜欢，经常看"的少年儿童约占该群体的66.5%，"喜欢，但没时间看"的占到19.0%。而"不喜欢，很少看"的少年儿童仅占该群体的14.4%。可见，现阶段我国少年儿童对阅读的喜爱程度较高。

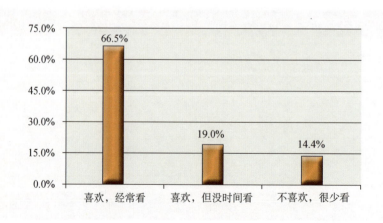

图1-1-1　9—13周岁少年儿童对阅读的喜爱程度

从少年儿童对阅读喜爱程度的城乡差异角度对比分析显示，无论是城市或农村的 9—13 周岁儿童，对阅读的喜爱程度基本一致，以"喜欢，经常看"的少年儿童居多，均占各群体的六成以上。相比之下，城市的少年儿童较之农村的更喜欢读书。这可能与城市中教育普及、读书意识培养、文化氛围营造的成果较好相关。具体情况如图 1-1-2 所示。

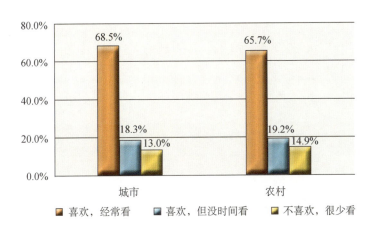

图 1-1-2　9—13 周岁少年儿童对阅读喜爱程度的城乡差异

1.1.2　阅读率与阅读量

本次调查显示，2008 年，9—13 周岁少年儿童阅读率达 93.5%，其中城市 9—13 周岁少年儿童阅读率为 96.1%，农村 9—13 周岁少年儿童阅读率为 92.4%。

从阅读量上考察，9—13 周岁少年儿童阅读量为 6.29 本，城市 9—13 周岁少年儿童阅读量为 7.83 本，比农村 9—13 周岁少年儿童平均多阅读 2.15 本。不同人口特征下的阅读量见表 1-1-1 所示。

表 1-1-1　9—13 周岁少年儿童图书阅读量

人口特征	阅读量	年龄	阅读量
城镇居民	7.83	9 周岁	5.86
农村居民	5.68	10 周岁	5.24

人口特征	阅读量	年龄	阅读量
男	6.51	11 周岁	7.62
女	6.04	12 周岁	6.20
—		13 周岁	6.48

　　课外书读书量多于 10 本的 9—13 周岁的少年儿童占据多数，为 31.7％。而最近一年中没读过课外书的少年儿童仅占 6.5％。此外，大多数少年儿童 2008 年读课外书的数量主要集中在 2—6 本，合计占到 45.3％。具体情况如图 1-1-2 所示。

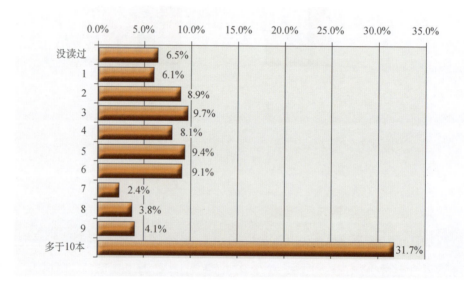

图 1-1-2　9—13 周岁少年儿童年阅读量

　　本报告中将年阅读量在 1—3 本的定义为"低阅读量"；4—6 本定义为"中阅读量"；7 本及其以上定义为"高阅读量"。本次调查显示，我国 9—13 周岁少年儿童中，男性和女性在图书的年阅读量上大致相当。其中，女性相对于男性，年读书量更多。具体情况如图 1-1-3 所示。

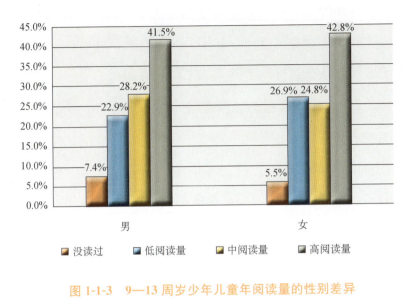

图 1-1-3　9—13 周岁少年儿童年阅读量的性别差异

1.1.2.1　家长教育程度的差异对儿童阅读量的影响

本次调查显示，家长的教育程度对孩子的读书量产生着一定的影响。一般而言，家长的教育程度越高，其孩子的年读书量也越多。其中教育程度为硕士的家长，其孩子为高阅读量的约占其85.2%。而教育程度在小学及以下的家长，孩子的年阅读量相对最低，其中，一年都没读过书的孩子占了该群体的9.5%；年阅读量在1—3本书的孩

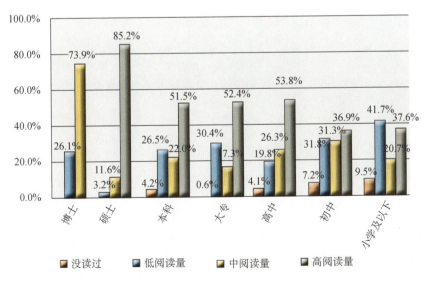

图 1-1-4　9—13 周岁少年儿童年阅读量与家长教育程度差异

子，占了该群体的 41.7%。值得注意的一点是，教育程度为博士的家长，其孩子的年阅读量多为 4—6 本。我们推断，这可能是教育程度为博士的家长，其在教育孩子的方法上比较有想法。

1.1.2.2 儿童阅读量的城乡差异

本次调查显示，城市中 9—13 周岁的少年儿童，其年阅读量明显高于农村该年龄段少年儿童。城市中，9—13 周岁少年儿童年阅读量在 7 本及以上的为 51.3%；而农村中该年龄段少年儿童，高阅读量者比城市的低 12.8 个百分点；2008 年没读过书的却比城市中的高 3.7 个百分点。这进一步反映了城市中阅读教育、相关文化建设的相对完备与重视。

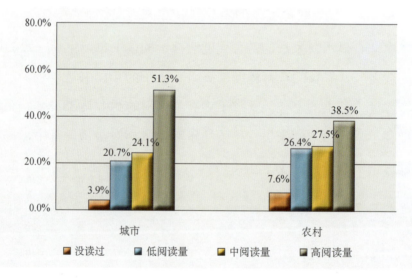

图 1-1-5　9—13 周岁少年儿童年阅读量的城乡差异

1.1.3　儿童喜爱的图书类型

本次调查显示，作文精选和童话寓言并列为 9—13 周岁少年儿童最喜欢阅读的课外读物，二者均占 21.9% 的比重。其次，卡通漫画也颇受欢迎。这与该年龄段少年儿童思维活跃、想象力丰富的特点相吻合。而古诗绘画本相对则是少年儿童最不喜爱的课外书类型，仅有 0.8% 的少年儿童喜爱此类图书。具体情况如图 1-1-6 所示。

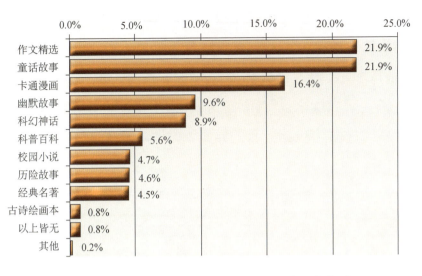

图 1-1-6　9—13 周岁少年儿童喜爱的图书类型

本次调查显示，9—13 周岁的少年儿童中男孩最喜爱的课外书类型是"卡通漫画"，其约占该群体的 22.0%；其次为"童话故事"和"作文精选"，二者分别占该群体的 17.3% 和 15.4%。而女孩则更青睐"作文精选"和"童话故事"，二者合计占该群体的 55.8%，占据较大比重。且 9—13 周岁少年儿童喜爱的课外书类型在性别间差异显著。具体情况如图 1-1-7 所示。

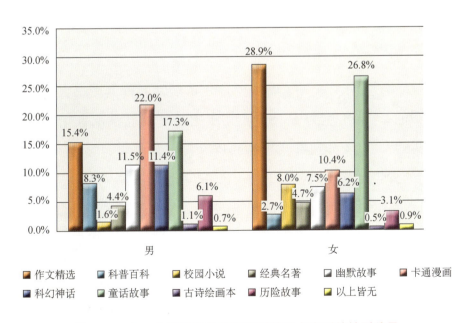

图 1-1-7　9—13 周岁少年儿童喜爱的图书类型的性别差异

城市 9—13 周岁的少年儿童最喜爱的课外读物类型是"作文精选"，约占该群体的 22.0%；而农村该年龄段的少年儿童最喜爱的是"童话故事"，约占该群体的 25.2%。此外，城市少年儿童对"科普百科"、"校园小说"和"经典名著"等课外书类型的喜爱度也明显高于农村少年儿童，且差异显著。具体情况如图 1-1-8 所示。

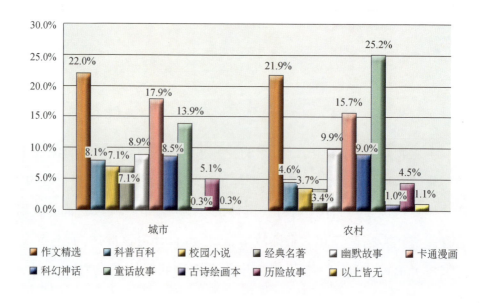

图 1-1-8　9—13 周岁少年儿童喜爱的图书类型的城乡差异

1.1.4　阅读来源

　　本次调查显示，9—13 周岁少年儿童经常阅读的图书大多来自"爸妈买的"，该比例为 52.8%。其次则是"找同学朋友借的"和"自己买的"，二者分别占该群体的 17.1% 和 15.7%。而选择"在网上看"的少年儿童则相对很少，仅占 0.9% 的比重。可见，"购买图书"是该年龄段少年儿童阅读图书的主要来源；阅读传统的纸质图书成为主流；网上阅读等其他阅读来源所占比例则非常小。具体情况如图 1-1-9 所示。

　　对比城市和农村 9—13 周岁少年儿童的阅读来源，其整体趋势大致相同，均是以"爸妈买的"为主，而"在网上看"则相对最少。

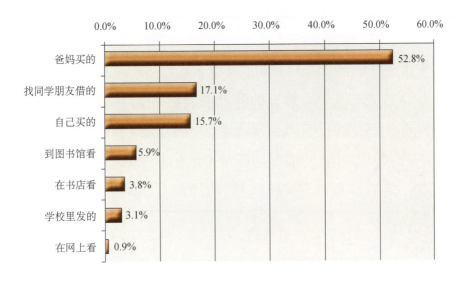

图 1-1-9　9—13 周岁少年儿童阅读来源

值得注意的是，城市少年儿童阅读爸妈买的图书的比重明显高于农村少年儿童的该类阅读来源，高出约 13.5 个百分点。而相较于城市少年儿童，农村少年儿童更倾向于找同学朋友借阅图书，其所占比重约占群体的 20.8%，高出城市少年儿童该类阅读来源 12.5 个百分点。经过交互分析发现，9—13 周岁少年儿童图书阅读来源在城乡间的差异显著。具体情况如图 1-1-10 所示。

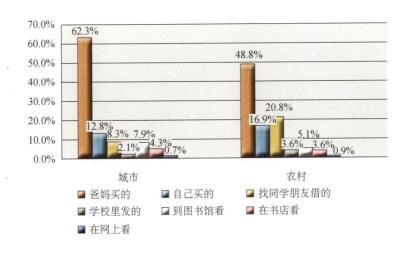

图 1-1-10　9—13 周岁少年儿童阅读来源的城乡差异

1.1.5　日均阅读时长

本次调查显示，9—13周岁少年儿童日均阅读课外书的时长呈正态分布的趋势。其平均每天的课外书阅读时长为25.21分钟。约28.9%的该年龄段的少年儿童阅读课外书的日均时长在20—30分钟，占据了主体地位。而日均阅读时长在5分钟以下和基本不读书的则相对最少，分别占有2.9%和1.4%的比例。具体情况如图1-1-11所示。

全
国
国
民
阅
读
调
查

报告（2009）

246

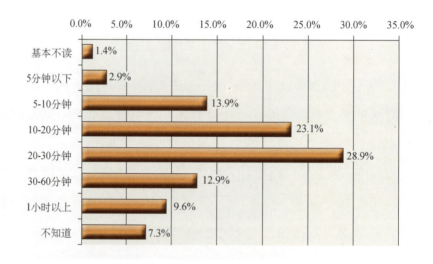

图 1-1-11　9—13周岁少年儿童日均阅读时长

分析发现，9—13周岁少年儿童阅读课外书的日均时长在性别、城乡间差异显著。其中，该年龄段的男性少年儿童的课外书日均阅读时长略长，为25.80分钟；城市少年儿童的课外书日均阅读时长也高于农村读者，为26.98分钟。具体情况如图1-1-12所示。

9—13周岁少年儿童阅读课外书的日均时长与家长的教育程度间也存在一定关系。其中，教育程度为硕士的家长，其孩子的日均阅读时长相对最长，为35.38分钟；其次则为教育程度为本科的家长，其孩子日均阅读时长为28.58分钟。值得注意的是，该

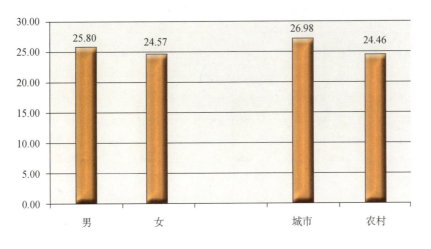

图 1-1-12　9—13 周岁少年儿童日均阅读时长的性别/城乡差异

年龄段的少年儿童的课外书日均阅读时长并未与家长的教育程度呈现正相关。其间差异较小。但教育程度为博士的家长，其孩子的日均阅读时长反而最短，仅为 9.04 分钟。具体情况如图 1-1-13 所示。

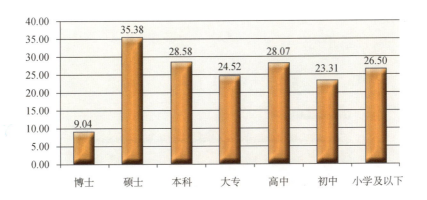

图 1-1-13　9—13 周岁少年儿童日均阅读时长与家长教育程度差异的关系

1.1.6　阅读地点

本次调查显示，接近六成的 9—13 周岁少年儿童阅读课外书的地点在"家里"，为 57.7％；其次则是"学校"，约占有 31.3％的比例。具体情况如图 1-1-14 所示。

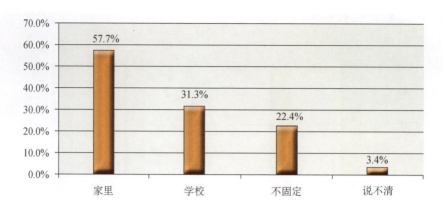

图 1-1-14　9—13 周岁少年儿童阅读地点

1.1.7　图书拥有量

本次调查显示，绝大多数 9—13 周岁少年儿童家里拥有 20 本以内属于自己的图书（不包括期刊和教科书），其共占 67.6% 的比重。其中，又以家中图书拥有量在 5 本以内的人最多，约占该群体的24.9%。如图 1-1-15 所示，超过九成的 9—13 周岁少年儿童家中均拥有一定量的属于自己的图书，仅有 5.1% 的少年儿童表示家中未拥有属于自己的图书。

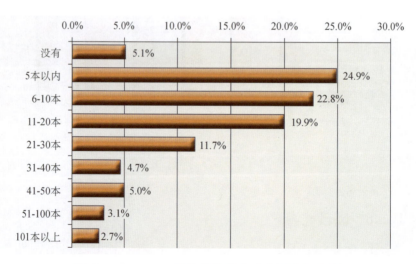

图 1-1-15　9—13 周岁少年儿童家中图书拥有量

城市少年儿童家中属于自己的图书拥有量明显多于农村少年儿童的。城市少年儿童的家中图书拥有量为 28.37 本，比农村少年儿童的多出约 15.65 本。

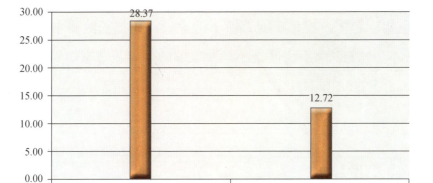

图 1-1-16　9—13 周岁少年儿童家中图书拥有量的城乡差异

1.1.7.1　家中图书拥有量与家长月收入的关系

本次调查显示，9—13 周岁少年儿童家中属于自己的图书拥有量，在其家长的个人月收入上呈正态分布的趋势。个人月收入在 4001—5000 元的家长，其孩子的个人图书拥有量最多，为 59.07 本。而月收入在 0—500 元的家长，其孩子的个人图书拥有量相对最少，为 10.22 本。具体情况如图 1-1-17 所示。

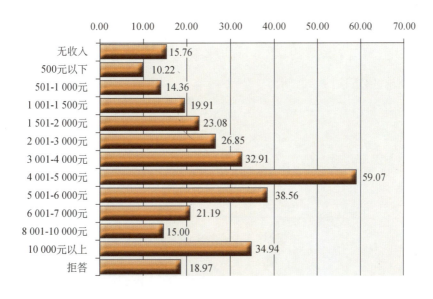

图 1-1-17　9—13 周岁少年儿童家中图书拥有量与家长月收入差异

1.1.7.2　家中图书拥有量与家长教育程度的关系

本次调查显示，随着家长教育程度的提升，其家中属于孩子的图书量也相应越多。教育程度为博士的家长，其孩子的图书拥有量为62.92本。比家长教育程度是小学及以下的少年儿童家中属于自己的图书拥有量（9.13本），多出约53.79本。具体情况如图1-1-18所示。

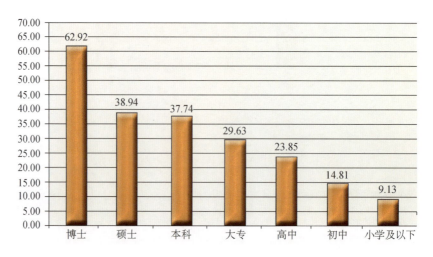

图 1-1-18　9—13 周岁少年儿童家中图书拥有量与家长教育程度的关系

1.1.8　老师／家长对少年儿童读课外书的态度

本次调查显示，绝大多数学校老师对于少年儿童阅读课外书持赞成态度，其占据了约71.6％的比重。持反对态度的仅占6.6％。具体情况如图1-1-19所示。

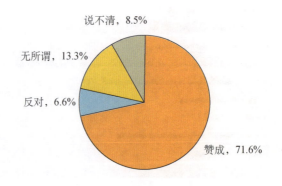

图 1-1-19　老师对 9—13 周岁少年儿童读课外书的态度

接近八成的家长对 9—13 周岁少年儿童阅读课外书持赞成态度，约占 74.4% 的比重；而持反对态度的仅占 8.7%。具体情况如图 1-1-20 所示。

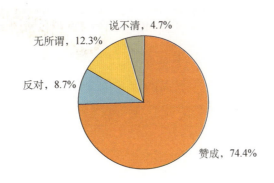

图 1-1-20　家长对 9—13 周岁少年儿童读课外书的态度

1.1.9　制约儿童阅读的因素

本次调查显示，制约 9—13 周岁少年儿童读书的因素中，最主要的是"孩子不喜欢看书"，该因素约占有 31.6% 的比重；其次，"没人教孩子看书"也是影响少年儿童不喜爱读书的重要因素。因此，设法调动孩子读书兴趣、家长多抽出时间关注孩子的读书问

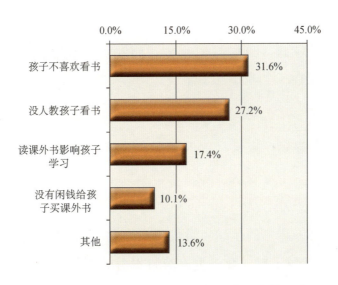

图 1-1-21　制约 9—13 周岁少年儿童阅读的因素

题，需要多加重视。此外，还有 17.4％的家长因担心读课外书影响孩子学习而不让孩子读课外书。

1.1.10　拥有第一本书的年龄

研究发现，9—13周岁少年儿童拥有第一本书的起始年龄平均为5.67周岁。75.4％的少年儿童是在6周岁以前开始拥有第一本书，而2—5周岁拥有第一本书的少年儿童亦占据了主体，该部分人群占到六成以上。

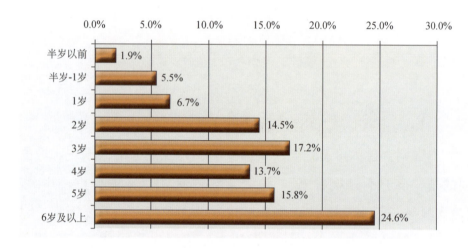

图 1-1-22　9—13 周岁少年儿童拥有第一本书的起始年龄

城乡差异的分析显示，居住在城市的少年儿童，其拥有第一本书的年龄相对较低，约在4.48周岁；而农村少年儿童的起始阅读年龄则在6.14周岁。

1.1.10.1　儿童拥有第一本书的年龄与家长月收入的关系

本次调查显示，家长月收入越高，其孩子拥有第一本书的起始年龄相对越低。中等收入（3001—7000元）的家长，其孩子拥有第一本书的年龄最小，为3.78周岁；月收入在3001元以下的家长，其孩子拥有第一本书的起始年龄较高，为5.48周岁；但当家长月收入达到8000元以上时，孩子拥有第一本书的年龄却突然增高，其年龄均值约在6.61周岁。具体情况如图1-1-23所示。

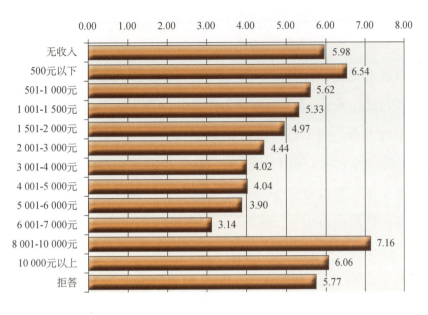

图 1-1-23　9—13 周岁少年儿童拥有第一本书的起始年龄与家长月收入的差异

1.1.10.2　儿童拥有第一本书的年龄与家长教育程度的关系

研究发现，少年儿童拥有第一本书的年龄与其家长的教育程度间呈"倒 U 型"关系。家长的教育程度为小学及以下或博士时，孩子拥有第一本书的起始年龄相对最高，分别为 6.67 周岁和 5.38 周岁。而家长教育程度为大专或本科时，孩子拥有第一本书的年龄相对最低，为 3.93 周岁和 4.11 周岁。具体情况如图 1-1-24 所示。

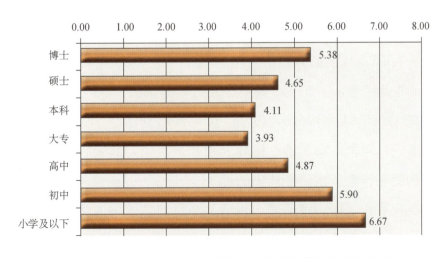

图 1-1-24　儿童拥有第一本书的年龄与家长教育程度的关系

1.1.11　儿童最喜欢的十本书

本次调查显示，9—13周岁少年儿童最喜欢的图书是《格林童话》，《安徒生童话》、《十万个为什么》分列二、三名。纵观少年儿童最喜欢图书的前十位，童话类图书占了绝大多数。四大名著中有两本位列前十，并以最具神话色彩的《西游记》居于其首。这与该年龄段少年儿童思维较为活跃、童趣盎然、好奇求知欲较强较为相关。具体情况如表1-1-2所示。

表 1-1-2　9—13周岁少年儿童最喜欢的十本书

排名	图书
1	格林童话
2	安徒生童话
3	十万个为什么
4	西游记
5	一千零一夜
6	三国/三国演义
7	伊索寓言
8	鲁滨逊漂流记
9	红楼梦
10	钢铁是怎样炼成的

1.1.12　儿童最喜欢的十大作者

本次调查显示，9—13周岁少年儿童最喜欢的图书作者是安徒生，以11.20％比例占较大份额。位列其后是冰心、杨红樱、吴承恩、鲁迅、老舍、郑渊洁、格林兄弟和罗贯中。其余较受少年儿童欢迎的图书作者所占份额均未超过1％。

在这些作者中，童话类、神话类和科幻类图书的作者占了较大多数。其次是古代诗词人和世界大文豪。这也与少年儿童最喜爱的图书类型相吻合。具体情况如表1-1-3所示。

表 1-1-3　9—13 周岁少年儿童最喜欢的十大作者

名次	作者
1	安徒生
2	冰心
3	杨红樱
4	吴承恩
5	鲁迅
6	老舍
7	郑渊洁
8	格林兄弟
9	罗贯中
10	曹文轩

■ 1.2　9—13 周岁少年儿童购书状况

1.2.1　图书购买量

本次调查显示，大多数 9—13 周岁的少年儿童家长 2008 年没有给孩子买过儿童读物或购买量非常少，大多购买数量在 5 本及以下。这部分群体所占比例为 65.9%。

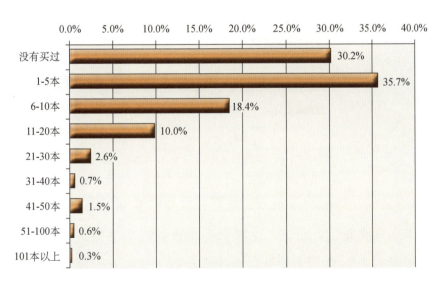

图 1-2-1　9—13 周岁少年儿童图书购买量

从城乡的地域差异比较而言，9—13 周岁的城市少年儿童每年的图书购买量相对较多，为 10.34 本；比农村少年儿童的年图书购买量多出约 5.56 本。

1.2.1.1　童书购买量与家长月收入的关系

方差分析显示，少年儿童年均图书购买量基本上与家长个人月收入成正比，其间差异显著。月收入在 8000 元以上的家长，孩子的图书购买量相对最多，为每年 51.80 本；而月收入在 500 元以下的家长，其孩子年均图书购买量相对最少，仅为 2.82 本。可见，家长的经济水平对孩子的教育、知识学习，尤其是阅读状况影响明显。具体情况如图 1-2-2 所示。

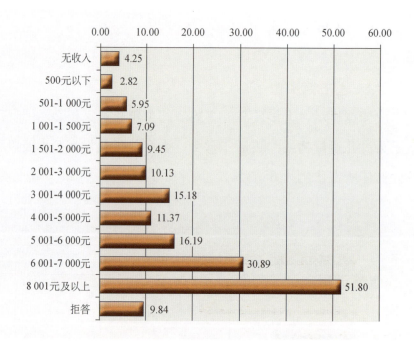

图 1-2-2　家长不同月收入下的童书购买量

1.2.1.2　童书购买量与家长教育程度的关系

本次调查显示，9—13 周岁少年儿童年均图书购买量与家长的教育程度呈正相关。教育程度为硕士及以上的家长，其孩子年均购买图书约 39.19 本；而教育程度在小学及以下的家长，孩子的年均购买图书仅为 3.18 本，差异显著。可见，家长的教育程度对孩子的阅读数量影响较大。具体情况如图 1-2-3 所示。

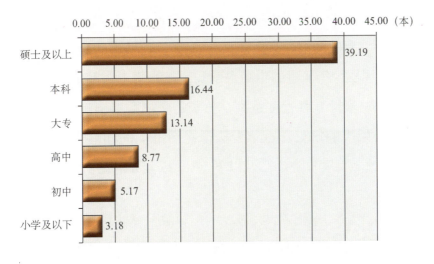

图 1-2-3　家长教育程度差异下的童书购买量

1.2.2　9—13 周岁少年儿童图书购买金额

本次调查显示，9—13 周岁少年儿童的图书购买需求较为旺盛。约一半少年儿童的图书购买金额在 50 元以上，尤以 100 元以上的相

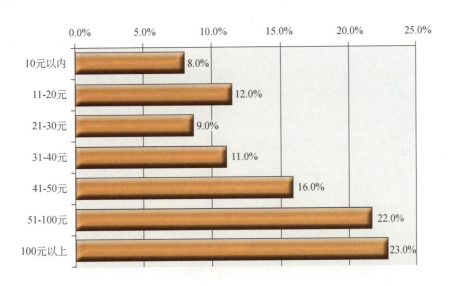

图 1-2-4　9—13 周岁少年儿童图书购买金额

对最多，其约占该群体的 23.0%。这一方面折射出，当下该年龄段的少年儿童图书消费较为积极、旺盛，另一方面也反映出，当下少年儿童图书的价格可能相对较高。

居住在城市的少年儿童，其年图书购买金额更高，为 64.87 元；而农村少年儿童的图书购买金额仅为 49 元，比城市的约少 15.87 元。

9—13 周岁少年儿童的年图书购买金额基本上与其家长的教育程度呈正相关。家长教育程度越高，孩子的图书购买金额相对也越多。教育程度为硕士的家长，每年为孩子在图书上的购买相对最多，为 93.72 元，比教育程度在小学及以下（38.25 元）的高出 55.47 元。

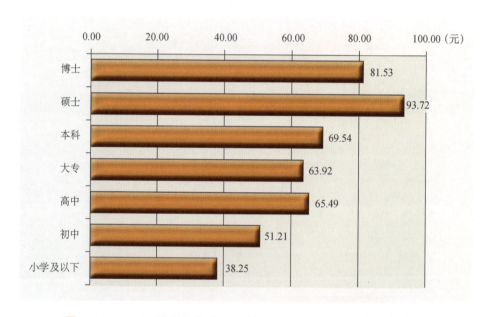

图 1-2-5　9—13 周岁少年儿童图书购买额与家长教育程度的关系

1.2.3　家长对童书的购买力

1.2.3.1　家长对童书的价格承受力

本次调查显示，如果要给孩子购买一本 200 页左右的少年儿童读物简装书，大多数家长表示，9 元—20 元是其价格承受范围。其中，表示 9 元—12 元为其价格承受力的家长最多，约占该群体的 32.9%；其次，则是价格承受力在 13 元—20 元的家长，其比重为

23.3％。此外，也有约10.5％的家长表示"只要喜欢，多贵都买"。可见，当下家长对少年儿童图书的价格承受力较为适中。

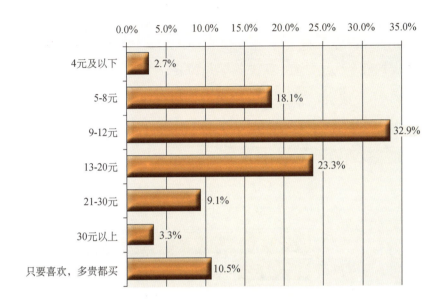

图 1-2-6　家长对童书价格的承受力

1.2.3.2　家长对童书价格的评价

本次调查显示，超过半数的家长认为目前少年儿童读物市场的图书价格较高。其中，约41.9％的家长的认为图书价格比较高；

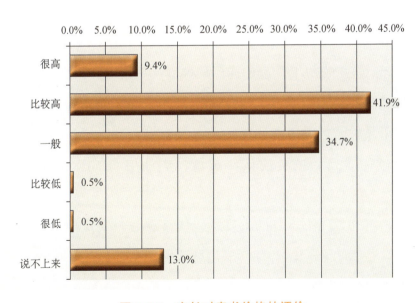

图 1-2-7　家长对童书价格的评价

9.4％的家长认为目前少年儿童图书的价格非常高。认为图书价格低的家长仅占该群体的1.0％。其市场潜力较大。

1.2.4　购买渠道

本次调查显示，绝大多数少年儿童在新华书店购买图书，该比例为89.9％。其次，私营书店和街头书摊也是部分少年儿童购书的主要渠道，分别占该群体的28.1％和16.1％。而选择网上书店购书的少年儿童仅占有1.8％的比重。

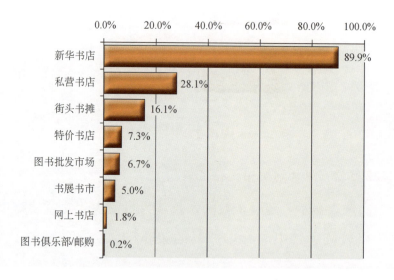

图 1-2-8　9—13 周岁少年儿童图书购买渠道

9—13周岁的少年儿童在选择某种购书渠道时，"图书种类的多少"是最重要的影响因素，约有56.1％的少年儿童选择了此项。其次，如果某种购书渠道能够使购书者很容易找到需要的书，或者图书信息较为丰富，也会使该年龄段的购书者倾向于该渠道购买图书。

分析可知，图书本身的丰富性，能否有效、快速地满足购书者的需求，是影响9—13周岁少年儿童购书的主要因素。而书店的环境、服务等外在附加因素的影响力则相对较小。

图 1-2-9　9—13 周岁少年儿童选择购书渠道的考虑因素

1.2.5　图书购买点的分布密度

本次调查显示，我国 9—13 周岁少年儿童图书购买点的分布较为紧密。近一半的少年儿童图书购买点分布在被访者居住地的 3 公里以内。其中，分布在 1 公里以内为最多，约占比重为 19.8％。可见，我国当前的图书文化建设成效较为明显，尤其在图书购买点等硬件设施的建设上取得了一定成效。

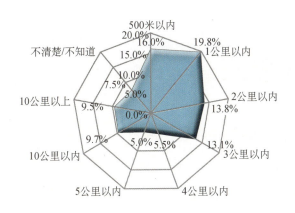

图 1-2-10　9—13 周岁少年儿童图书购买点分布密度

经过方差分析发现，当前我国城乡图书购买点的分布密度差异较为显著。城市中各类图书购买点较多，且分布紧密，平均分布在少年儿童居住地的 1.53 公里以内；而农村的图书购买点的分布则相对零散，大多平均分布在少年儿童居住地的 3.73 公里以内，距离较远。这再一次证明城市对民众的"阅读"更为重视，而农村的阅读建设则需更进一步加大力度。

1.2.6　家长为儿童选择出版物的倾向

本次调查显示，家长在为少年儿童选购出版物时，大多数家长选择的是原创图书，其约占该群体的 48.4％。选择购买引进版的仅占 5.4％。同时，也有较多家长表示，在为孩子购书时并未注意过所购出版物是原创还是引进版。

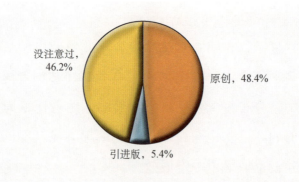

图 1-2-11　家长为儿童选择引进版与原创出版物的比较

■ 1.3　9—13 周岁少年儿童与家长互动阅读研究

1.3.1　家长陪孩子读书情况

本次调查显示，接近 6 成的少年儿童是自己看书，没人陪读，其占据该群体的 58.7％。而陪孩子读书角色的扮演，则以"妈妈"居多，约占有 28.6％的比重。可见该年龄段的少年儿童读书的独立性较强。具体情况如图 1-3-1 所示。

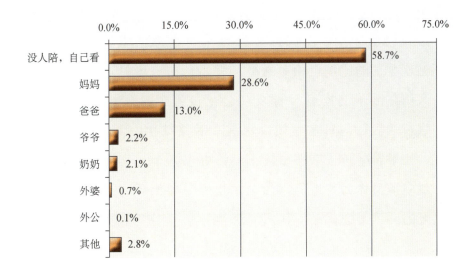

图 1-3-1　家长陪孩子读书情况

对比城乡中 9—13 周岁少年儿童的家长陪孩子读书情况，研究发现，城市中自己看书的比例为 55.2%，农村少年儿童自己看书比例为 60.1%，农村少年儿童自己读书的比例较城市的更高，高出约 4.9 个百分点。具体情况如图 1-3-2 所示。

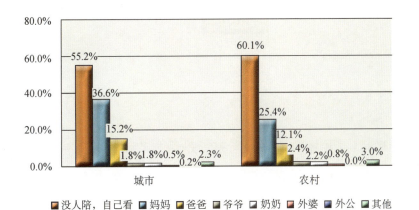

图 1-3-2　家长陪读情况的城乡差异

1.3.2　儿童阅读行为与家长是否喜欢阅读的关系

本次调查显示，家长是否喜欢阅读，对孩子的读书偏好产生着较为明显的影响。喜欢并经常看书的家长，其孩子也大都喜欢看书，并经常看书，该比例为74.8%。而不喜欢看书的家长，其孩子中不喜欢看书的比例也相对最高，为24.1%。可见，除了学校的教育，家长在孩子的家庭教育及社会化过程中扮演着非常重要的角色。家长的言行与日常习惯，常常在潜移默化中深刻影响着孩子。因此，如果希望孩子能够多读书、读好书，作为其最亲近榜样的家长，就应该身体力行地经常读书，正确引导孩子的阅读兴趣，培养其良好的阅读习惯。

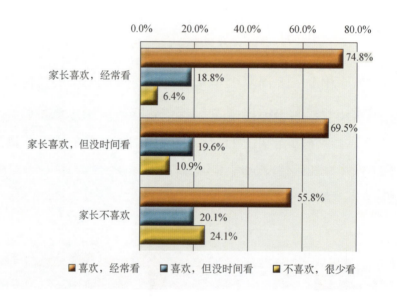

图1-3-3　家长是否喜欢读书对9—13周岁少年儿童读书喜爱程度的影响

1.3.2.1　儿童的读书量与家长是否喜欢阅读的关系

本次调查显示，少年儿童的读书量会受到家长是否喜欢阅读的影响。喜欢并经常阅读的家长，其孩子是重度阅读者（即年均阅读量在6本以上）的居多，该比例为47.4%。喜欢但没时间看书的家长，其孩子中，轻度和中度阅读者相对较多。而不喜欢阅读的家长，其孩子没读过书的比例明显增加，达到了12.9%。可见，家长越喜欢阅读，其孩子读书量也相对越多。

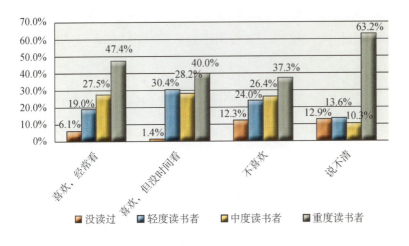

图 1-3-4 家长是否喜欢读书对少年儿童年阅读量的影响

1.3.2.2 儿童日均读书时长与家长是否喜欢阅读的关系

家长是否喜欢阅读也影响到 9—13 周岁少年儿童的日均读书时长。本次调查显示，家长喜欢并经常看书，其孩子的日均读书时长也相对最长，为 28.81 分钟，比家长不喜欢读书的孩子的日均读书时长多出约 4.31 分钟。

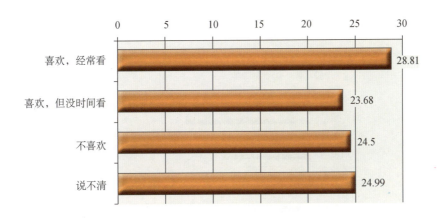

图 1-3-5 家长是否喜欢读书对少年儿童日均阅读时长的影响

1.3.2.3 家中童书拥有量与家长是否喜欢阅读的关系

本次调查显示，家长越喜欢阅读，其家中属于孩子的书相对越多。如图 1-3-6 所示，家长若喜欢并经常看书，其家中属于孩子的图书最多，为21.30本；而不喜欢看书的家长，其家中属于孩子的图书则相对最少，为13.51本，比喜欢看书的家庭少了约7.79本。

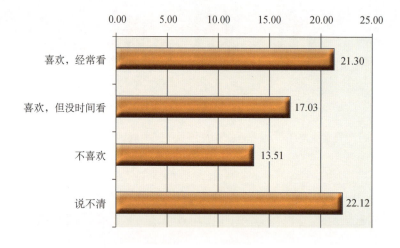

图 1-3-6　家长是否喜欢读书对少年儿童家中图书拥有量的影响

1.3.3　家长为儿童购买的图书类型

本次调查显示，家长最常为孩子购买的图书类型是寓言童话，约占32.2%；其次则是经典名著（22.9%）；紧随其后的为卡通漫

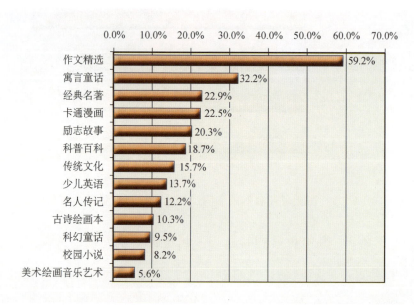

图 1-3-7　家长主要为孩子购买的图书类型

画类图书（22.5%）。结合前文分析，该年龄段的少年儿童最喜欢并经常阅读的图书多为童话类、名著类、历史百科类。可见，家长为孩子购买的图书类型与孩子的阅读类型偏好基本一致，在读物类型的购买上能够较好地满足孩子的兴趣。这也在一定程度上能有效激发孩子的阅读兴趣与动力。

1.3.4 家长带孩子逛书店的频次

本次调查显示，9—13周岁少年儿童的家长带其孩子逛书店的频次相对较低。较多数家长表示带孩子逛书店的频次并不固定。有24.6%的家长从来不带孩子逛书店；其次则是约14.6%的家长仅是每学期带孩子逛一次书店。家长带孩子逛书店的频次较低，究其原因，可能是该年龄少年儿童的家长多数正处在个人事业上升期。家长们的工作、生活都非常忙碌，因此，带孩子逛书店的次数就相对较少。

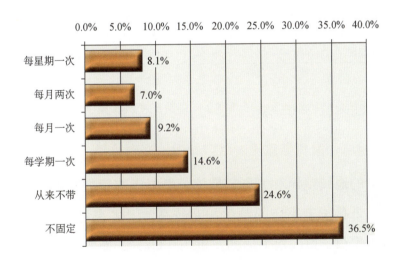

图 1-3-8　家长带孩子逛书店的频次

1.3.4.1　家长带孩子逛书店的频次与家长教育程度的关系

本次调查显示，家长教育程度的高低影响着其带孩子逛书店的频次。如图 1-3-9 所示，基本上家长教育程度越高，其带孩子逛书店的频次也越高。其中，硕士学历的家长最经常带孩子逛书店，频次为每周一次，其比重为 64.8%；而大多数小学及以下教育程度的家长则表示从来不带孩子逛书店，该比例为 47.6%。我们推断，教育程度越高的家长对孩子的阅读培养相对更为关注，因此，其带孩子逛书店的频次也相对越高。

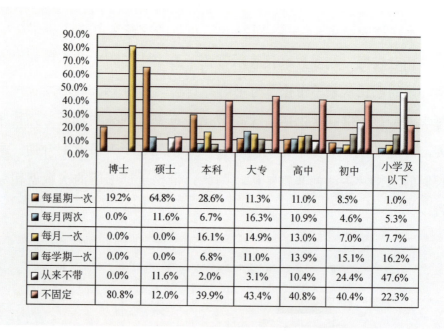

	博士	硕士	本科	大专	高中	初中	小学及以下
■ 每星期一次	19.2%	64.8%	28.6%	11.3%	11.0%	8.5%	1.0%
■ 每月两次	0.0%	11.6%	6.7%	16.3%	10.9%	4.6%	5.3%
■ 每月一次	0.0%	0.0%	16.1%	14.9%	13.0%	7.0%	7.7%
■ 每学期一次	0.0%	0.0%	6.8%	11.0%	13.9%	15.1%	16.2%
■ 从来不带	0.0%	11.6%	2.0%	3.1%	10.4%	24.4%	47.6%
■ 不固定	80.8%	12.0%	39.9%	43.4%	40.8%	40.4%	22.3%

图 1-3-9　家长带孩子逛书店的频次与家长教育程度的关系

1.3.4.2　家长带孩子逛书店频次的城乡差异

城乡的地域差异对"家长带孩子逛书店的频次"影响显著。城市的家长带孩子逛书店的频次相对较高，大多在每月一次及以上，其中每周带孩子逛一次书店的比重为 13.7%；而农村中每周带孩子逛一次书店的家长仅占其 5.9%。大多数（30.6%）农村家长从来不带孩子逛书店。我们推断，城市居民的教育程度相对较高、书店等文化设施相对完备、家长对孩子的阅读关注也相对更高。因此，居住于城市的家长带孩子逛书店的频次也就相对较高。

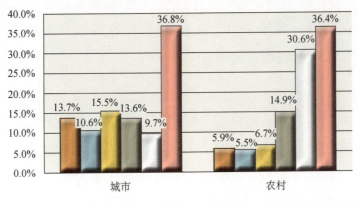

图 1-3-10　家长带孩子逛书店频次的城乡差异

1.3.5　影响家长购买童书的主要因素

本次调查显示，影响家长为少年儿童购书的最主要因素为"孩子是否喜欢"和"老师或学校的推荐"，二者所占比重分别为57.6％和52.8％，遥遥领先于其他购书影响因素。

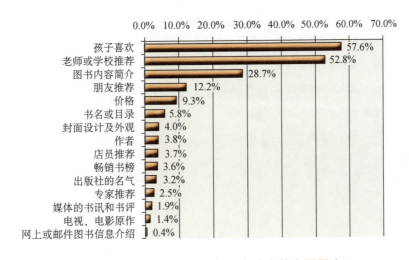

图 1-3-11　影响家长为少年儿童购书的主要因素

从前文分析中，"家长最经常为孩子购买的图书类型"与"少年儿童最喜欢的图书类型"相一致的结论可知，孩子的阅读兴趣是影响家长购书的重要因素，这也与本题目的分析结论相一致。此外，老师、学校、朋友的推荐等口碑传播也起到了重要的影响作用。而畅销书榜、媒体书讯、电视/电影原作等涉及大众媒体传播的因素，其影响力则相对较弱。

1.3.6　家长购买童书的不便之处

本次调查显示，近一半的 9—13 周岁的少年儿童家长表示自己在为孩子购书时没有不方便的地方，其所占比重为 44.6%。在存在的不便之处中，"家离卖书的地方很远"和"书价过高"是较为主要的问题，其所占比例分别为 34.5% 和 15.6%。可见，整体而言，当前我国少年儿童图书销售的建设较为完善，但仍需就不足的地方及时加以改进。尤其要注意书店的分布，要尽可能更方便家长为少年儿童购书；并合理控制图书价格，有效推广图书普及。

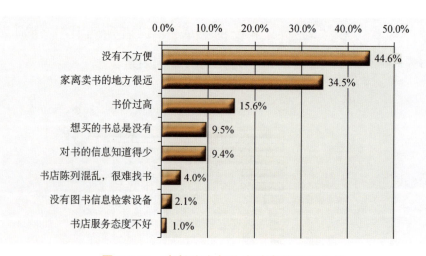

图 1-3-12　家长为少年儿童购书的不便之处

第二章
9—13周岁少年儿童报刊
阅读与购买状况

■ 2.1 期刊阅读率与阅读量

　　本次调查显示，2008 年 9—13 周岁少年儿童的期刊阅读率为 50.2%。期刊阅读量在 1—3 本的共占该群体的 21.0%。可见，少年儿童期刊整体在 9—13 周岁少年儿童中的渗透较低。这可能与适合于该年龄段阅读的期刊种类相对较少、内容较为不丰富相关，对 9—13 周岁少年儿童缺乏一定吸引力。

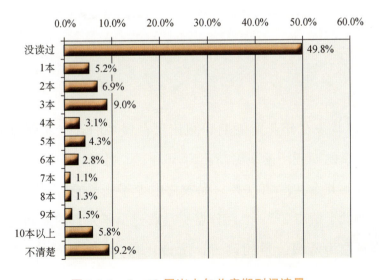

图 2-1-1　9—13 周岁少年儿童期刊阅读量

从阅读量上考察，9—13周岁少年儿童期刊阅读量为 2.42 本，其中，城市 9—13 周岁少年儿童期刊阅读量为 4.56 本，远远高于农村 9—13 周岁少年儿童的 1.58 本。不同人口特征下的阅读量见表 2-1-1 所示。

表 2-1-1　9—13 周岁少年儿童期刊阅读量

人口特征	阅读量（本）	年龄	阅读量（本）
城镇居民	4.56	9 周岁	1.62
农村居民	1.58	10 周岁	2.74
男	2.17	11 周岁	2.66
女	2.69	12 周岁	2.58
—	—	13 周岁	2.47

交互分析发现，少年期刊阅读量在男女间存在一定差异。其中，男性相对女性，其期刊阅读量更少。而在高阅读量和中阅读量上，女性所占的比例更高。具体情况如图 2-1-2 所示。

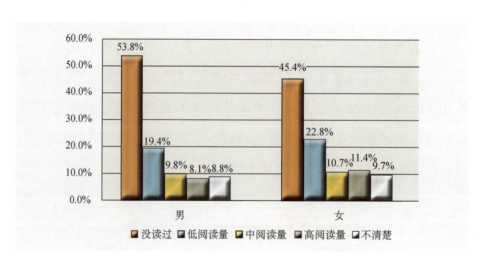

图 2-1-2　9—13 周岁少年儿童期刊阅读量的性别差异

9—13 周岁少年儿童的期刊阅读量在城乡间存在显著差异。城市少年儿童的期刊阅读率更高，为 66.8%。且城市中阅读量和高阅读量的少年儿童共占 36.0%。而农村中少年儿童的期刊阅读率则为 44.6%，低于城市 22.2 个百分点。且农村少年儿童的期刊阅读量偏低，大多数为低阅读量的读者，所占比重为 21.4%。具体情况如图 2-1-3 所示。

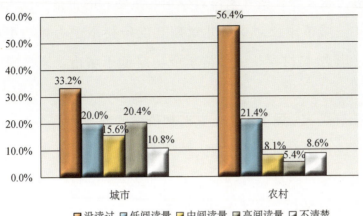

图 2-1-3　9—13周岁少年儿童期刊阅读量的城乡差异

■ 2.2　家长对儿童期刊的购买力

2.2.1　家长对儿童期刊的价格承受力

本次调查显示，9—13周岁少年儿童的家长对少年儿童期刊价格的承受力中等偏上。大多数家长表示，自己能够接受的少年儿童期刊的价格为5元，该比重为23.5％；同时，也有21.3％的家长表示7—10元的少年儿童期刊价格在自己的承受范围内。

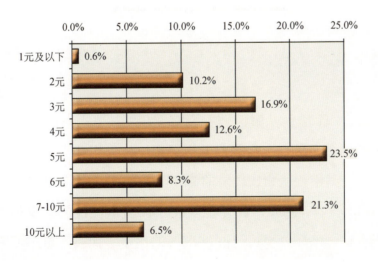

图 2-2-1　家长对 9—13 周岁少年儿童期刊的价格承受力

方差分析发现，城乡家长对少年儿童期刊的价格承受力存在差异。其中，城市家长对少年儿童期刊的价格承受力相对更高，为5.50元；虽然农村家长的价格承受力略低于城市，但其间差异不大，为5.30元。

家长对9—13周岁少年儿童期刊价格的承受力，基本上与其个人月收入成正比，即家长月收入越高者，其对少年儿童期刊的价格承受力也就相对越高。其中，个人月收入在6001—7000元的家长，其价格承受力最高，为7.14元。而个人月收入在500元以下的家长，其对少年儿童期刊的价格承受力相对最低，为4.86元。具体情况如图2-2-2所示。

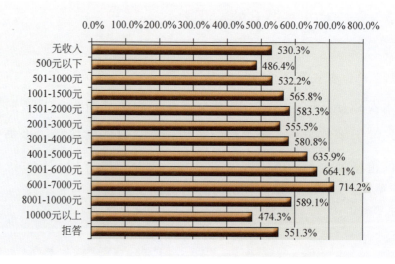

图2-2-2 家长对9—13周岁少年儿童期刊的价格承受力与家长月收入的关系

2.2.2 家长对儿童期刊的价格评价

本次调查显示，大多数少年儿童家长认为当前少年儿童期刊的价格偏贵。其中，认为比较贵的为43.2％；认为少年儿童期刊非常贵的约占2.9％。同时，也有较多数家长表示，目前的少年儿童期刊价格适中，该部分家长约占34.3％的比重。而表示价格便宜的家长仅占该群体的5.4％。

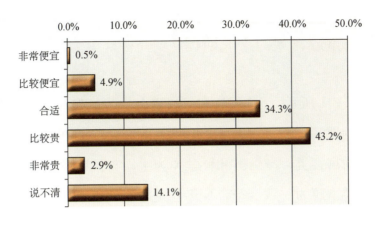

图 2-2-3　家长对 9—13 周岁少年儿童期刊定价的评价

家长们对少年儿童期刊的价格评价在城乡间存在显著差异。但值得注意的是，生活水平较高的城市家长却认为目前的少年儿童期刊价格较高；反而是经济水平较低的农村家长中，有较多人认为目前少年儿童期刊的价格比较便宜或非常便宜。就此推断，农村家长可能更舍得为其孩子在期刊的购买上花钱。

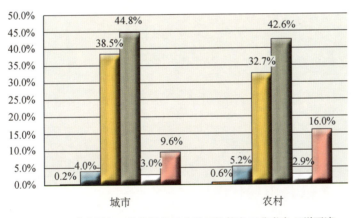

图 2-2-4　家长对 9—13 周岁少年儿童期刊定价评价的城乡差异

2.3 儿童最喜欢的十大期刊

如表 2-3-1 所示，《读者》和《故事会》是最受 9—13 周岁少年儿童欢迎的期刊。9—13 周岁少年儿童最喜欢的期刊以故事类、文摘类、童话寓言类、漫画类和科学类为主，与该年龄段少年儿童喜欢的图书类型较为一致。符合少年儿童好奇、求新、喜欢趣味的阅读特点。

表 2-3-1　9—13 周岁少年儿童最喜欢的十大期刊

名次	期刊
1	读者
2	故事会
3	意林（少年版）
4	儿童文学
5	漫画大王
6	少年博览
7	青年文摘
8	我们爱科学
9	漫画派对
10	童话世界

2.4 儿童报刊市场状况

2.4.1 知名度

本次调查显示，9—13 周岁少年儿童报刊知名度的排名可大致分为三大阶梯。《小学生作文》、《故事大王》和《故事会》是在该年龄段少年儿童中知名度最高的三份报刊，其所占比重分别为 32.7%、32.0% 和 31.6%。

《童话大王》、《少年文艺》、《漫画大王》、《童话世界》、《创新作文》位于第二阶梯，所占份额在 20％—30％。

《语文报》、《课堂内外》等报刊属于第三阶梯。

由图 2-4-1 可知，9—13 周岁少年儿童听说过最多的报刊为作文类、故事类报刊；其次是童话类报刊；再者是学习类、科学类的报刊。

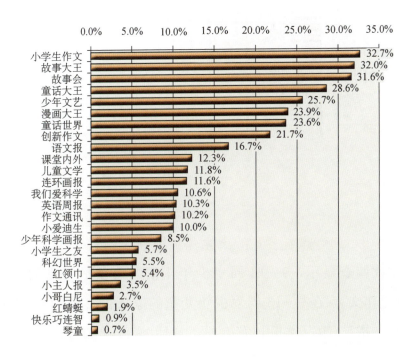

图 2-4-1　9—13 周岁少年儿童类报刊的知名度

2.4.2　市场渗透率

本次调查显示，在 9—13 周岁少年儿童报刊市场中，渗透率最高的为《小学生作文》，市场渗透率为 13.8％，占据较明显优势。其次是渗透率均为 8.8％的《故事大王》和《创新作文》。由于 9—13 周岁的少年儿童学业逐渐加重，作文已成为日常学习、考试中的重点。因此，在现实因素的作用下，作文类、学习类期刊的市场渗透率就相对较高。

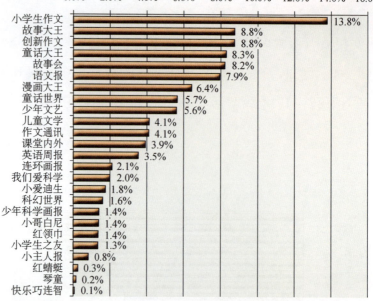

图 2-4-2　9—13 周岁少年儿童类报刊的渗透率

2.4.3　最受家长喜欢的十大儿童报刊

本次调查显示，9—13 周岁少年儿童的家长最喜爱的报刊是《小学生作文》，在 9—13 周岁少年儿童的家长最喜爱的 10 份报刊中，作文指导/学习类报刊有 5 份，童话/漫画类的有 5 份。可见，该年龄段家长对少年儿童阅读童话/漫画类和作文/学习类的报刊更为偏爱。

表 2-4-1　少年儿童最喜欢的报刊前十位

份额	报刊
1	小学生作文
2	漫画大王
3	语文报
4	故事会
5	童话大王
6	故事大王

续前表

份额	报刊
7	课堂内外
8	童话世界
9	创新作文
10	我们爱科学

第三章
9—13 周岁少年儿童上网情况

■ 3.1 上网率

本次调查显示，2008 年 9—13 周岁少年儿童的上网率为 23.7％。研究发现，在上网的 9—13 周岁少年儿童中，近一半少年儿童表示自己的上网频次并不固定，其所占比例为 46.0％；此外，也有近一半少年儿童每周上几次网，其所占比重为 44.0％。

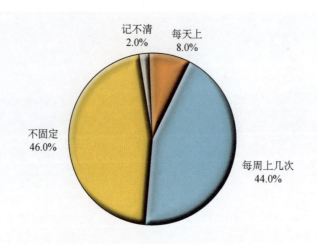

图 3-1-1 9—13 周岁少年儿童上网频次

■ 3.2 上网地点

本次调查显示，我国 9—13 周岁少年儿童平时的上网地点主要是家里，其所占比重为 59.2％；其次，有 23.4％的少年儿童表示自己最经常的上网地点是网吧；而选择学校作为自己最经常上网地点的仅占该群体的 6.8％。可见，随着经济水平的提升，家长配置电脑和安装宽带已逐渐普及，家中上网已不再是难事。相比之下，学校的网络配置则相对不够到位。如果学校能够加强网络设施的建设，也许就能有效减少少年儿童去网吧上网的频次，进而能保证少年儿童更加健康、安全地上网。

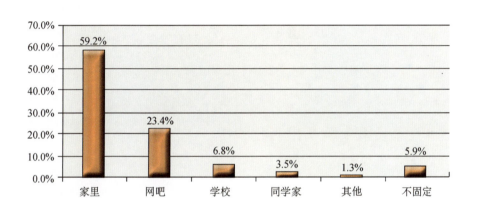

图 3-2-1　9—13 周岁少年儿童上网地点

■3.3　上网从事的主要活动

本次调查显示，9—13 周岁少年儿童上网的主要活动为"打网络游戏"，其约占该群体的 56.9％；其次，网上聊天/交友、收听/收看/下载歌曲和电影也是该年龄段少年儿童较为主要的网络活动，其所占比重分别为 39.2％和 34.4％。而网上学习仅是排名第四位的网络活动。可见，该年龄段少年儿童上网，主要是进行娱乐需求的满足；而以互联网作为工具进行学习的人则相对较少。因此，学校和家长仍然要对该年龄段少年儿童的上网活动加以监督和引导，避免其过度沉迷于网络游戏和娱乐活动。

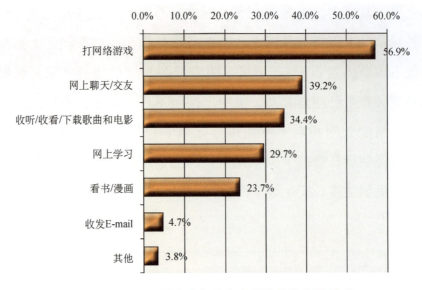

图 3-3-1　9—13 周岁少年儿童上网从事的主要活动

■ 3.4　家长网上购买出版物状况

3.4.1　家长网上购买出版物的种类

本次调查显示，9—13 周岁少年儿童的家长表示通过网上购买过儿童出版物的仅占到 3.8%，其中约有 3.2% 的家长表示网上购买过图书。

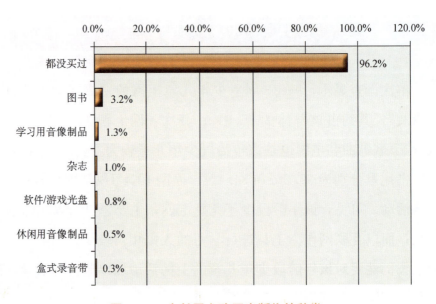

图 3-4-1　家长网上购买出版物的种类

3.4.2 家长选择网上购买出版物的原因

本次调查显示，家长选择网上购买出版物的最主要原因是价格优惠，选择此项的约占该群体的 41.9%；其次，网络购物能够节省去书店的时间和费用、送货上门等因素也是导致人们选择网络购买出版物的重要因素。可见，网络购买出版物的优惠性、方便性是其重要特色，同时也是吸引人们购买出版物的重要因素。

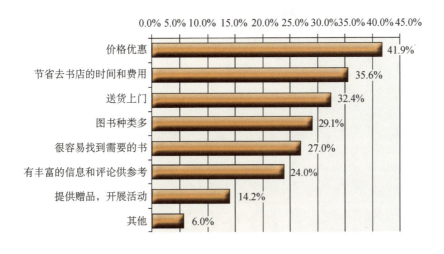

图 3-4-2   家长选择网上购买出版物的原因

3.4.3 网上购买出版物的制约因素

本次调查显示，对于并未选择网络购买出版物的人而言，"不能上网"和"不习惯网上购物"是重要的制约因素。可见，虽然网络购买出版物具有较多优势，但其受制于硬件设施和人们长久以来的购买习惯。但是，随着网络的逐渐普及，以及人们新的生活方式与购物习惯的养成，网络势必会成为今后重要的出版物购买途径。

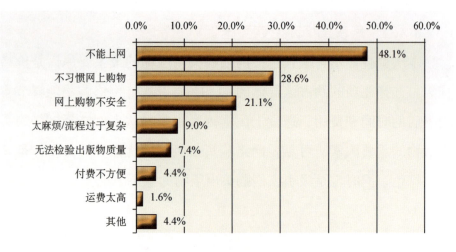

图 3-4-3　网上购买出版物的制约因素

第四章
9—13 周岁少年儿童家长对音像电子出版物购买状况

■4.1 音像电子出版物的购买渠道

本次调查显示，9—13 周岁少年儿童家长购买音像电子出版物的主要渠道是书店，其所占比重为 33.2%；其次是音像店或软件专卖店、商场超市等。而选择网上购买音像电子出版物的少年儿童家长仅占 0.7% 的比重。可见，实体店面是人们购买音像电子出版物的主要渠道。

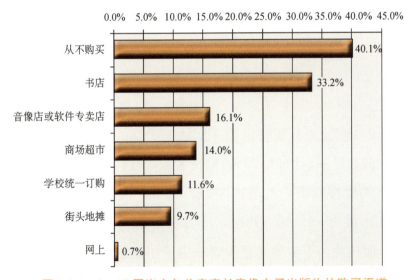

图 4-1-1　9—13 周岁少年儿童家长音像电子出版物的购买渠道

■ 4.2 家长对儿童音像电子出版物的购买力

4.2.1 家长对儿童音像电子出版物的价格承受力

本次调查显示，9—13 周岁少年儿童的家长对各类音像电子出版物的购买力都相对偏低。大部分家长表示，音像电子出版物的价格在 10 元及以下为他们的价格承受范围。相对而言，家长们对 VCD/DVD 的价格承受力略高，约有 25.0％的人表示可以接受价格在 11—30 元的 VCD/DVD。

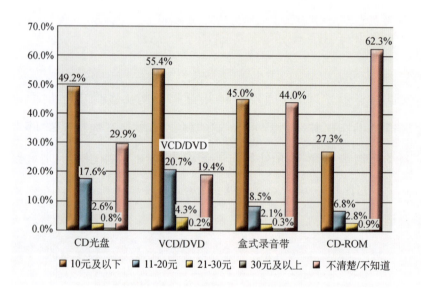

图 4-2-1　家长对 9—13 周岁少年儿童电子出版物的价格承受力

4.2.2 家长对儿童音像电子出版物价格的评价

本次调查显示，约 38.7％的家长表示，目前少年儿童类音像电子出版物的价格较贵，占了大多数。其中，认为比较贵的相对最多，所占比重为 35.1％。其次，认为其价格合适的人也较多，为 30.9％。而认为当下少年儿童类音像电子出版物便宜的家长，仅占该群体的 4.4％。可见，家长对当下少年儿童类音像电子出版物的

全国国民阅读调查报告（2009）

286

价格承受力较低。

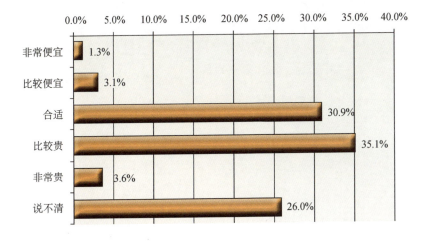

图 4-2-2　家长对 9—13 周岁少年儿童电子出版物的价格评价

第五章
9—13 周岁少年儿童电子游戏
及动漫产品接触状况

■5.1 动漫产品接触情况

5.1.1 动漫类型偏好度

本次调查显示，动画片/动漫影视是 9—13 周岁少年儿童最喜爱的动漫形式，其比例为 71.0%，而漫画期刊的喜爱者则相对较少，约占 16.8%。具体如图 5-1-1 所示。

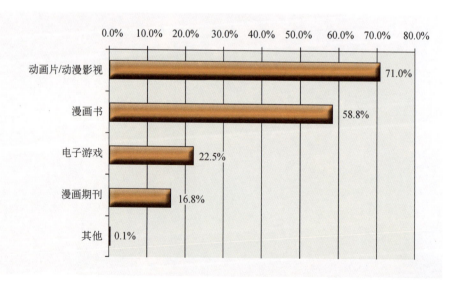

图 5-1-1 9—13 周岁少年儿童喜爱的动漫形式

5.1.2　动漫题材偏好度

本次调查显示，9—13周岁少年儿童最喜爱的动漫题材是"搞笑"类，约61.3%的少年儿童选择了此类；其次，"神话"、"科幻"类动漫也深受少年儿童喜爱，其所占比重分别为47.3%和35.1%。可见，该年龄段的少年儿童接触动漫作品的心理需求主要为放松、娱乐。而当下少年儿童的好奇心、求知欲、想象力非常旺盛，因此，"科幻"、"神话"、"侦探"类的动漫题材也多被少年儿童喜爱。

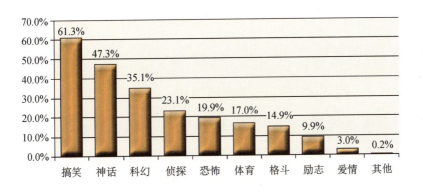

图5-1-2　9—13周岁少年儿童喜爱的动漫题材

■ 5.2　电子游戏接触情况

5.2.1　电子游戏题材偏好度

本次调查显示，9—13周岁的少年儿童最喜爱的电子游戏题材是"动作打斗类"，所占比例为20.3%；紧随其后的是"赛车类"和"神话武侠RPG"，分别为19.5%和14.7%。可见，具有竞技特征的电子游戏题材更受该年龄段少年儿童喜爱。

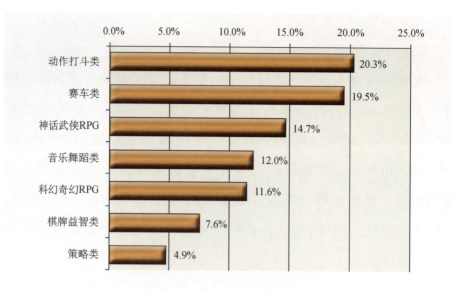

图 5-2-1　9—13周岁少年儿童喜爱的电子游戏题材

5.2.2　电子游戏的日均接触时长

本次调查显示，9—13 周岁少年儿童电子游戏的接触率为 71.5%，电子游戏在该年龄段少年儿童中渗透较为广泛。但大多数少年儿童玩电子游戏的日均时长相对较短，主要集中在半小时以内，其所占比重为 28.6%。每天玩电子游戏在 3 小时以上的高程度

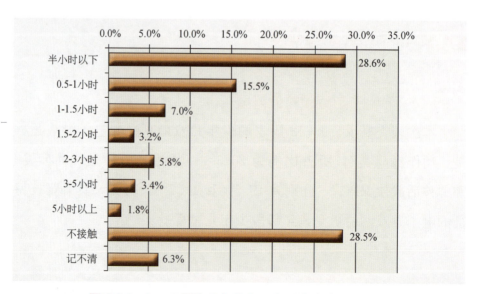

图 5-2-2　9—13周岁少年儿童玩电子游戏的日均时长

电子游戏玩家，其所占比重仅为 5.2%。可见，较多的少年儿童并未沉迷于电子游戏中难以自拔。

5.2.3　不同接触时长下对电子游戏题材的偏好

本次调查显示，玩电子游戏不同时长的少年儿童对电子游戏题材的偏好也存在显著差异。如图 5-2-3 所示，每天玩电子游戏在 3 小时及以上（高程度）的少年儿童，其最喜欢的电子游戏题材是"神话武侠 RPG"；而中程度的电子游戏玩家，即玩电子游戏的日均时长在 1—3 小时的少年儿童，其相对更喜欢"动作打斗类"的电子游戏；而日均玩电子游戏时长在 1 小时以内的少年儿童（低程度），相对于中高程度的玩家，其更偏好"赛车类"的电子游戏。

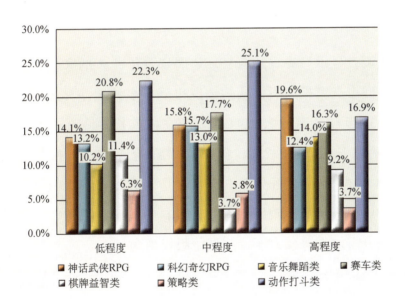

图 5-2-3　不同接触时长下对电子游戏题材的偏好

第六章
9—13周岁少年儿童家长的
版权认知状况

■ **6.1　家长版权认知度**

本次调查显示，65.1％的9—13周岁少年儿童的家长表示听说过版权这回事。家长的版权认知情况也受城乡地域差异的影响，城市中听说过版权一事的家长明显多于农村家长。城市中没听说过"版权"的家长仅为19.2％，比农村中没听说过"版权"的家长（41.1％）约少21.9个百分点。这可能是因为城市中版权知识、相关法律法规的普及情况较好。因此，农村中关于版权的相关法律法规和知识也需加强普及力度，并强化版权观念。

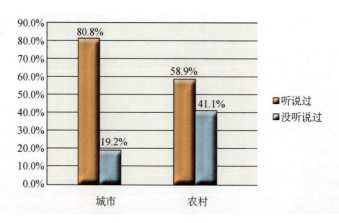

图6-1-1　9—13周岁少年儿童家长版权认知度的城乡差异

■ 6.2　9—13周岁少年儿童家长盗版出版物购买状况

6.2.1　家长对盗版出版物的购买率

本次调查显示，为孩子购买的图书和电子出版物中，全部购买正版的家长所占比重为 23.1％。其他 76.9％的家长都不同程度的购买过盗版出版物。其中，全部购买的是盗版出版物的占到 3.8％。此外，有 30.4％的家长表示自己在为孩子购买出版物时不能区分正版盗版。因此，版权知识与相关法律法规仍需加大普及力度，深化消费者的认知；并且，如何有效区分正版和盗版出版物的方法，也是需要加大传播力度的。

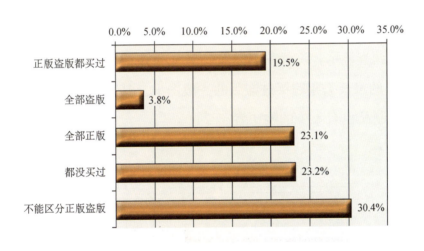

图 6-2-1　家长对盗版出版物购买率

从城乡差异的角度看，农村家长为孩子购买图书和电子出版物时，购买盗版的情况要相对严重些。如图 6-2-2 所示，农村中全部购买盗版的家长所占比例为 4.9％，超过全国水平（3.8％）；而城市中全部购买盗版的比例则为 1.1％。相反，城市中全部购买正版的比例（33.2％）也要多于农村（19.0％），高出约 14.2 个百分点。同时，农村中不能区分正版和盗版出版物的家长也相对城市的更多。可见，农村中版权维护的落实更亟待加强，对于正版盗版出版物的区分辨认方法也更需普及。

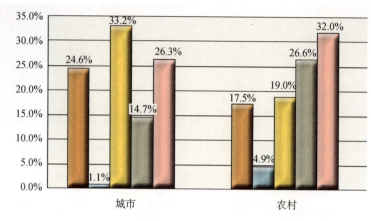

图 6-2-2 家长对盗版出版物购买状况的城乡差异

6.2.2 家长购买盗版出版物的类型

本次调查显示，一般图书是家长最常为孩子购买的盗版物，约有 62.6％的家长去年购买过盗版的一般图书。其次，盗版的教辅教材和音像制品也有不少的购买者。

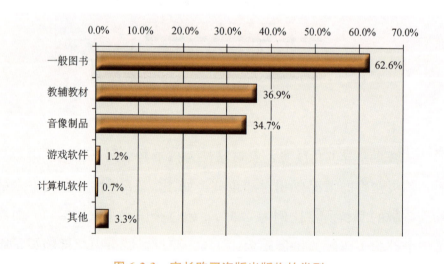

图 6-2-3 家长购买盗版出版物的类型

9—13 周岁少年儿童的家长为孩子购买盗版出版物的种类，在一定程度上受到城乡地域差异的影响。在购买一般图书和音像制品

上，城市家长购买盗版的行为更严重；而农村家长更倾向于购买盗版的教辅教材。在农村中，9—13周岁少年儿童的家长几乎没有购买过计算机软件和游戏软件的盗版物。

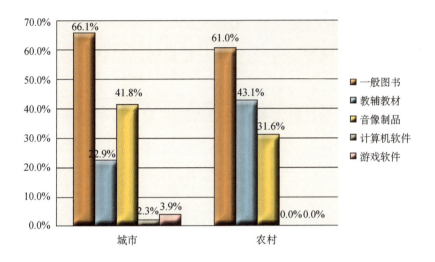

图 6-2-4　家长购买盗版出版物类型的城乡差异

6.2.3　家长盗版出版物购买驱动因素

本次调查显示，9—13周岁少年儿童的家长购买盗版出版物的最主要原因是"价格便宜"，选择此项的约占该群体的 61.3%；其次，"购买方便"、"买时不知道是盗版"也是导致人们购买盗版的

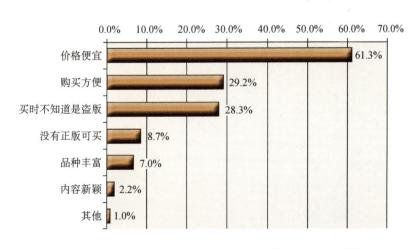

图 6-2-5　9—13周岁少年儿童家长盗版出版物购买驱动因素

主要因素。因此，若要有效制止消费者购买盗版出版物，一方面，正版出版物需从质量，尤其是成本、价格上更具吸引力；另一方面，正版出版物的销售也应更具便捷性；同时，也要更加普及盗版物识别的知识与技巧。

■6.3　9—13周岁少年儿童的家长对盗版消费现象的评价

本次调查显示，绝大多数消费者还是对盗版的危害持有清晰、理性的认识。超过七成的消费者认为，盗版无论是对读者还是出版者都是非常不利的，尤其是对出版者的危害更大。具体情况如图6-3-1所示。

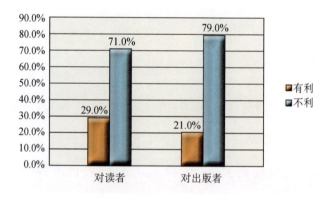

图 6-3-1　9—13周岁少年儿童的家长对盗版消费现象的认识

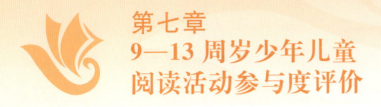

第七章
9—13 周岁少年儿童
阅读活动参与度评价

■ 7.1　学校图书馆使用情况

本次调查显示，9—13 周岁少年儿童中有 45.2％去过学校图书馆，有 29.8％的儿童所在学校没有图书馆，还有 5.7％的儿童不知道学校是否有图书馆。可见，学校图书馆的普及程度不足 70％，学校图书馆在 9—13 周岁少年儿童中的使用度在 50％以下。

表 7-1-1　9—13 周岁少年儿童学校图书馆的使用度

学校图书馆使用情况	比例（％）
学校没有图书馆	29.8
去过学校图书馆	45.2
学校有图书馆但是没去过	19.4
不知道学校有没有图书馆	5.7

■ 7.2　读书活动参与度

本次调查显示，目前我国的读书节或读书活动的普及程度有待提高。参加过身边阅读活动/读书节的 9—13 周岁的少年儿童仅占

33.8%。仅有11.1%的9—13周岁的少年儿童表示自己身边有读书活动/读书节。城市中读书节等读书活动举办得相对较多。19.3%的城市少年儿童表示自己周围有这种读书活动,该比例超过了全国平均水平(11.1%);高出农村11.4个百分点。可见,城市在推广读书活动方面更为有力。

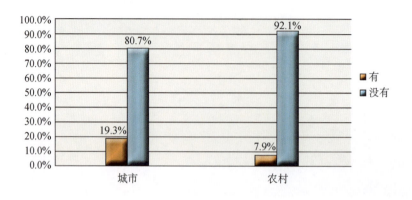

图 7-2-1　读书活动/读书节在 9—13 周岁少年儿童中普及度的城乡差异

■ 7.3　读书活动参与类型

研究发现,大多数 9—13 周岁的少年儿童参加的读书活动是"捐书献爱心活动";紧随其后的是"读书竞赛/演讲/辩论赛"。由于 9—13 周岁的少年儿童基本都是中学生,以上活动是中学校园中较为常见的读书活动,因此,其也就成为少年儿童参与相对较多的读书活动类型。可见,9—13 少年儿童经常参与的读书活动与学校的关系较为密切。

进一步研究发现,城市中少年儿童参加的各类读书活动几乎均多于农村的。但农村少年儿童参与"读书竞赛/演讲/辩论赛"的比例要高于城市的。这可能是该类读书活动的举办成本相对较低的原因,因此在农村较为普及。

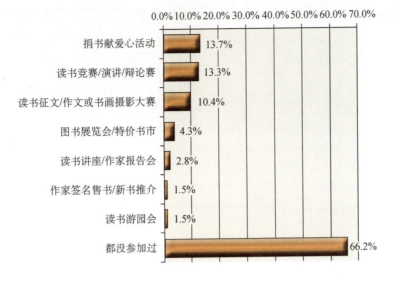

图 7-3-1　9—13 周岁少年儿童读书活动参与类型

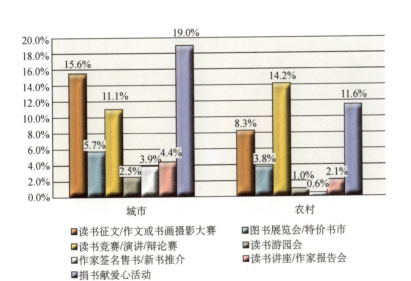

图 7-3-2　9—13 周岁少年儿童读书活动参与类型的城乡差异

第 四 部 分

0—8 周岁儿童
阅读与购买倾向调查报告

2008 年的第六次全国国民阅读调查首次引入未成年人调查部分。本次调查在全国 56 个城市（样本涉及城市周边的农村地区）共访问了 2500 名 0—8 周岁儿童的家长，其中，城市地区 0—8 周岁儿童样本量为 1883 个，农村地区 0—8 周岁儿童样本量为 617 个；男性儿童样本量为 1327 个，女性儿童样本量为 1173 个，男女比例接近 1：1。0—8 周岁儿童样本的年龄及性别分布情况如表 1 所示：

表 1 0—8 周岁儿童样本的年龄及性别分布

人口特征	年龄分布								合计
	0—1周岁	2 周岁	3 周岁	4 周岁	5 周岁	6 周岁	7 周岁	8 周岁	
男	301	179	160	146	135	114	128	164	1327
女	242	171	135	124	117	113	125	146	1173
合计	543	350	295	270	252	227	253	310	2500

样本加权后可推及 1.37 亿人口。加权推及后样本年龄及性别分布如表 2 所示：

表 2 0—8 周岁儿童样本加权后年龄及性别分布

人口特征	年龄分布								人口合计（万人）
	0—1周岁	2 周岁	3 周岁	4 周岁	5 周岁	6 周岁	7 周岁	8 周岁	
男	58.1%	53.6%	47.4%	58.4%	56.0%	46.3%	52.5%	58.7%	7443.90
女	41.9%	46.4%	52.6%	41.6%	44.0%	53.7%	47.5%	41.3%	6294.47
人口合计（万人）	3173.48	2158.49	1745.20	1336.74	1463.53	1391.94	1210.73	1258.27	13738.37

第一章
0—8 周岁儿童阅读与购买状况

■ 1.1　0—8 周岁儿童阅读状况

1.1.1　0—8 周岁儿童阅读率与阅读量

1.1.1.1　0—8 周岁儿童阅读率

调查数据显示，2008 年我国 0—8 周岁儿童的阅读率[①]为 72.3％。阅读率在性别之间的差异并不显著，但在不同的年龄之间却具显著性差异。

整体来看，我国儿童的阅读率大致随着年龄的增长而上升，即年龄稍大的儿童群体的阅读率相对更高。例如，在 5—8 周岁儿童中，阅读率均高达 90.0％以上，而在两周岁以下的儿童中，阅读率均不足 60.0％。具体情况如图 1-1-1 所示：

---

　　① 课题组注：此处 0—8 周岁儿童阅读率指 2008 年阅读过挂图、识图卡片、识字卡片、玩具书、图书等各类出版物一种或几种的占 0—8 周岁儿童总体的比例。

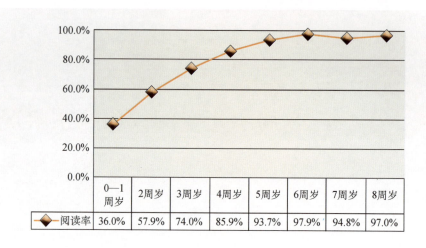

	0—1 周岁	2周岁	3周岁	4周岁	5周岁	6周岁	7周岁	8周岁
阅读率	36.0%	57.9%	74.0%	85.9%	93.7%	97.9%	94.8%	97.0%

图 1-1-1　0—8 周岁各年龄段儿童的阅读率

1.1.1.2　0—8 周岁儿童阅读量

2008 年我国 0—8 周岁儿童人均阅读课外图书约为 6.15 本。从年龄段来看，不同年龄段的儿童的阅读量之间存在显著差异。整体来看，年龄越大的儿童在 2008 年内阅读的课外图书量越大。具体情况如表 1-1-1 所示：

表 1-1-1　0—8 周岁各年龄段儿童的阅读量

年龄	图书阅读量（本）
0—1 周岁	3.62
2 周岁	4.80
3 周岁	5.59
4 周岁	6.14
5 周岁	6.39
6 周岁	7.38
7 周岁	7.20
8 周岁	7.51
平均	6.15

1.1.2　0—8 周岁儿童不读书的原因

在提及孩子不读书的原因时，88.0％的家长把原因归结为"孩子太小还不会读书"。具体情况如图 1-1-2 所示：

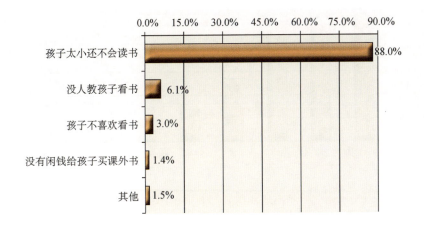

图 1-1-2　0—8 周岁儿童不读书的原因

进一步分析发现，被家长认为是"孩子太小还不会读书"的儿童的年龄大部分（57.3％）集中在 0—1 周岁，另外 2 周岁甚至 3 周岁仍被认为"太小还不会读书"的比例也较高，分别为 26.0％和 10.6％。具体情况如图 1-1-3 所示：

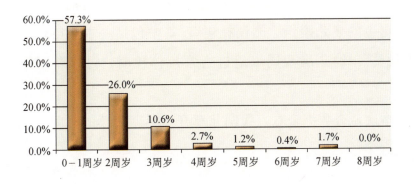

图 1-1-3　"太小还不会读书"的儿童的年龄分布

1.1.3　0—8 周岁儿童阅读的起始时间

如图 1-1-4 所示，虽然我国大部分（76.0％）儿童在 3 周岁之前开始不同形式的阅读行为，但在 1 周岁之前便开始阅读的儿童还不足三成（27.4％）。

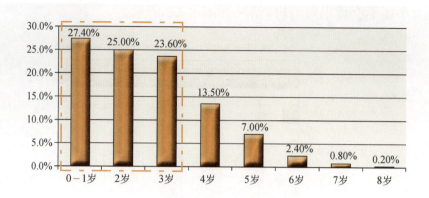

图 1-1-4　0—8 周岁儿童开始阅读行为的年龄分布

　　北京师范大学心理学院副院长、博士生导师伍新春教授曾研究表明，早期阅读的起始时间以 9 个月到 1 周岁为宜，如果家庭教育的方法得当，孩子早期阅读能力就可能较早出现。①

　　一些发达国家很注重早期儿童教育，据称美国儿童一般从 6—9 个月便开始阅读。而德国布里隆市图书馆馆长乌特·哈赫曼在一场专题讲座中表示，德国的一些地区从婴儿一出生便开始对其进行"阅读"教育。乌特·哈赫曼称，自 2006 年起，一些地区的图书馆便为刚出生的婴儿赠送"阅读礼包"，其中包括一本经得住啃咬的"图书玩具"，幼儿满两周岁后进行常规体检时，可以获赠第二本图书。②

　　从本次调查数据来看，我国儿童开始早期阅读的时间要比发达国家晚得多。

1.1.4　0—8 周岁儿童家长对早期阅读的观点

　　对于孩子该在何时读书的态度，我们在调查中发现，除了极少部分（不足 10%）家长认为"孩子过早读书对身体不好"之外，我

---

　　① 早期阅读从分享开始．中国儿童教育网．http：//www.cnfirst.net/et/yeyyydysz/193629687.html.
　　② 德国专家：培养儿童阅读兴趣从零周岁开始．新华网．http：//news.xinhuanet.com/newscenter/2008-04/24/content_8038346.htm.

国大部分（71.8％）家长觉得是"越早开始读书越好"。具体情况如图 1-1-5 所示：

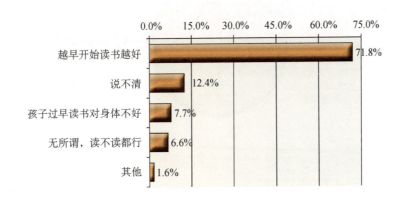

图 1-1-5　0—8 周岁儿童家长对早期阅读的观点

根据之前的分析，我们发现事实上我国儿童开始阅读的时间并不能算早。一个可能的原因是，家长对儿童早期阅读的时间概念还比较模糊，不清楚应该让孩子在何时开始阅读。目前我国的早期阅读理念尚不普及，很多家长缺乏早期阅读教育的相关知识，这将在很大程度上影响到我国儿童的早期教育。我国已有一些专家在借鉴世界上较为先进的早期阅读教育经验，并在国内进行了试验研究，但实现这些理念与方法的完善与有效推广还需时日，同时推广的成果也值得我们期待。

1.1.5　0—8 周岁儿童的阅读兴趣

在我国 0—8 周岁曾有过阅读经历的儿童中，近九成（87.7％）的儿童对阅读感兴趣，只有 12.3％ 的儿童对阅读不感兴趣。在喜欢阅读的儿童中，较多的儿童喜欢自己看书，同时也有不少儿童喜欢"聆听式"阅读（更喜欢听大人读给他/她听）。具体情况如图 1-1-6 所示。

在梅子涵、朱自强等人所著的《中国儿童阅读 6 人谈》一书中，作者曾提到儿童在识字之前以聆听的方式进行"阅读"，只有在识

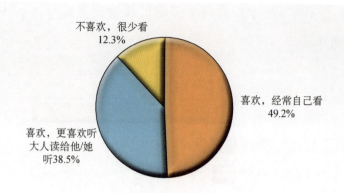

不喜欢，很少看
12.3%

喜欢，经常自己看
49.2%

喜欢，更喜欢听
大人读给他/她
听38.5%

图 1-1-6　0—8 周岁儿童阅读兴趣

字之后才开始真正意义的自主式的文字阅读，文字阅读是聆听阅读的后续。因此聆听阅读也是儿童阅读的一个必经环节，家长的参与不可或缺。

而对于如何培养儿童的阅读兴趣，儿童文学作家杨红樱认为，不是简单地为孩子开一个书单，而是需要家长、老师去付出，比如陪孩子逛书店，经常为孩子朗读，在家营造阅读的氛围等。儿童文学作家秦文君则认为，培养孩子对阅读的感情非常重要。在西方，培养儿童阅读有两个渠道：一个是老师鼓励阅读，另一个是亲子共读。[①]

1.1.5.1　不同年龄段儿童的阅读兴趣

从年龄上来看，不同年龄段的儿童在阅读的兴趣和喜欢的方式上存在显著性差异。具体来说，年龄越低者越喜欢"听大人读给他/她听"，年龄越高者越喜欢自主阅读。年龄越低者文字阅读能力可能较低，就比较依赖于"聆听式"阅读，即"听大人读给他/她听"，当达到一定年龄后，自主阅读便成为他/她的主要阅读方式。

另外，从整体上来看，虽然我国各年龄段的儿童大部分都对阅读感兴趣，但随着儿童年龄的升高，不喜欢阅读或很少看书的儿童比例逐渐升高（具体情况见表 1-1-2 所示）。是什么因素导致了这一

---

① 陈桔．当红儿童文学作家指迷津：儿童要这样读书．钱江晚报，2009 年 5 月 30 日．转引自 http：//book.jyb.cn/rdss/200905/t20090530_277549.html.

现象值得我们进一步研究。

表 1-1-2　0—8 周岁儿童各年龄段对阅读的兴趣

年龄	喜欢，经常自己看	喜欢，更喜欢听大人读给他/她听	不喜欢，很少看
0—1 周岁	36.2%	60.7%	3.1%
2 周岁	37.3%	55.6%	7.1%
3 周岁	49.3%	35.6%	15.1%
4 周岁	49.0%	35.8%	15.2%
5 周岁	52.6%	37.6%	9.8%
6 周岁	47.9%	36.2%	15.8%
7 周岁	53.8%	28.6%	17.6%
8 周岁	67.9%	18.0%	14.1%

1.1.5.2　家长的阅读兴趣与儿童阅读兴趣的关系

家长喜欢读书与否对孩子的阅读兴趣可能存在直接的影响。调查数据显示，在父母喜欢读书的儿童中间，喜欢读书的儿童比例更高。在父母不喜欢读书的儿童中间，有两成以上（23.7%）的儿童"不喜欢，很少看"书。另外，与家长喜欢但经常没时间看书的家庭相比，在家长喜欢并经常看书的家庭中喜欢并经常看书的儿童的比例较高（59.1%）。同时，我们也注意到，近半数（48.6%）不知道自己是否真正喜欢读书的家长也很难说清孩子是否喜欢读书。具体情况如表 1-1-3 所示：

表 1-1-3　家长的阅读兴趣与儿童阅读兴趣的对应关系

		孩子		
		喜欢，经常自己看	喜欢，更喜欢听大人读给他/她听	不喜欢，很少看
家长	喜欢，经常看	59.1%	36.1%	4.8%
	喜欢，但经常没有时间看	46.6%	42.0%	11.4%
	不喜欢	45.2%	31.1%	23.7%
	说不清	31.0%	48.6%	20.4%

父母是子女人生中的第一位老师，当儿童对外在世界处于模糊认识的状态时，家长的行为便在很多时候成了他们的行动指南。喜欢读书并经常阅读的家长可能会在家庭中营造出一定的读书氛围，同时也给孩子带来更多的学习（或模仿）机会，可能会更容易培养孩子的阅读兴趣。

1.1.6　0—8 周岁儿童喜欢的阅读方式

如图 1-1-7 所示，在孩子喜欢的阅读方式中，家长的重要性不容忽视。在我国 0—8 周岁的儿童中，虽然有 27.1% 的儿童喜欢自己阅读，但更多的（38.8%）儿童则喜欢家长陪读，另有 24.1% 的儿童喜欢家长读给自己听。

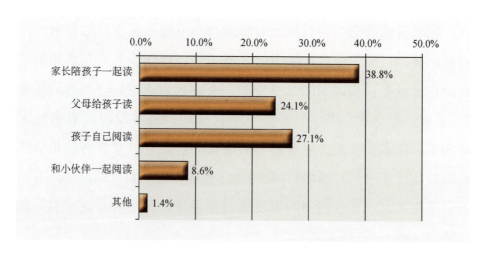

图 1-1-7　0—8 周岁儿童喜欢的阅读方式

以儿童喜欢的方式引导他们读书更能培养他们的阅读兴趣，同时也能提高儿童多方面的素质。美国学者怀特赫斯特（Whitehurst）对低收入社区的母亲们进行关于亲子共读的培训，然后观察这些家庭孩子的变化，发现孩子们的言语能力、智力、社会性等多方面指标都有很大的提高，并且其效果可以持续多年。[①] 如今，越来越多

　　① 儿童早期发展：卓有成效的均衡措施. 转引自 http://whqlibdoc.who.int/hq/2007/a91213 _ chi. pdf.

的教育人士认为亲子共读是加强早期阅读教育的良好方式。亲子共读已经在许多发达国家普遍推广。

亲子共读的积极倡导者，台中图书馆的周均育女士曾表示，在台湾有98.7%的父母均在儿童5周岁前实施"共读"，台湾的许多图书馆、幼儿园甚至一些公共场所都设有"亲子共读室"，有的地方还与医疗机构合作，利用新生儿打预防针的时候发放亲子共读宣传资料给父母。①

1.1.7　0—8周岁儿童阅读图书的主要来源

如图1-1-8所示，0—8周岁儿童的家长对儿童图书的消费积极性较高。在0—8周岁儿童的家长中，有85.4%的家长表示，他们会通过购买的途径给孩子提供图书阅读。其次，有22.9%的家长表示，孩子会在幼儿园或学校看各种图书。而通过朋友赠送和借阅途径获取儿童图书的比例很低，只有一成。

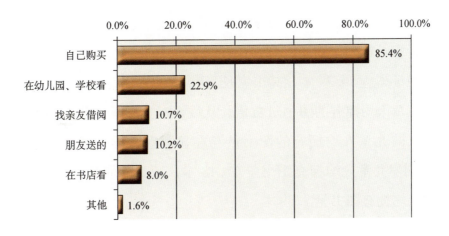

图1-1-8　0—8周岁儿童阅读图书的主要来源

1.1.8　0—8周岁儿童拥有的图书量

我国有过阅读经历的0—8周岁儿童人均拥有图书量为11.07

①　张海翎. "亲子共读"的好处和策略. 中国德育资源网，2009年4月.

本。不同年龄段的儿童拥有的图书量差异显著。具体来说，0—8周岁的儿童拥有的图书量随年龄的增长而升高。4周岁及以上的儿童人均拥有的图书量均超过11本，而0—1周岁的儿童人均拥有的图书不足5本（4.56本）。具体情况如图1-1-9所示：

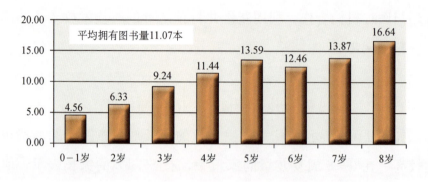

图 1-1-9　0—8周岁各年龄段儿童拥有的图书量

另外，我们从家庭的因素和城乡划分来观察处于不同环境中的儿童拥有的图书量。结果发现，不同家庭背景的儿童拥有的图书量显著不同。整体来看，家长学历越高、收入越高的儿童人均拥有的图书量相对较高。例如，家长具有博士学历的家庭，儿童人均拥有的图书量高达50.39本，高出家长具有初中或小学及以下学历的家庭的儿童人均拥有的图书量数倍。从城乡对比来看，我国城市和农村地区的儿童人均拥有的图书量存在显著性差异。其中，城市的0—8周岁儿童人均拥有图书量17.13本，远高于农村0—8周岁儿童的人均拥有图书量7.89本。

表 1-1-4　0—8周岁儿童拥有的图书量

人口特征		拥有的图书量（本）
家长学历	小学及以下	6.74
	初中	8.29
	高中	14.47
	硕士研究生	16.73

续前表

人口特征		拥有的图书量（本）
家长学历	大专	18.83
	本科	24.11
	博士研究生	50.39
家长收入	500 元以下	5.70
	501—1000 元	12.50
	1001—1500 元	12.88
	1501—2000 元	13.35
	2001—3000 元	16.14
	3001—4000 元	20.27
	4001—5000 元	28.00
	5001—6000 元	17.81
	6001—7000 元	10.30
	7001—8000 元	6.03
	10001 元以上	54.53
城乡	城市儿童	17.13
	农村儿童	7.89

■1.2　0—8 周岁儿童与家长/家庭互动阅读研究

英国心理学家科尔曼（Andrew M. Colman）在研究中发现，"在决定儿童的学习成就方面，家庭因素比学校因素更重要"。[1] 由于儿童的控制力较弱、辨别能力不强等一些因素的存在，家庭的阅读环境（藏书量、家庭阅读氛围等）、父母的阅读引导等因素无疑会对儿童的阅读产生直接的影响。因此，培养儿童的阅读习惯，提

---

① 中美阅读的教育理念．转引自百度文库：http：//wenku. baidu. com/view.

高其阅读能力，家庭的影响因素应该受到重视。

首都师范大学心理学系的张钦教授也曾表示，"营造书香之家的气氛对孩子一生的成长都有重要意义。这种气氛能影响孩子对浏览的熟习，他们会认为浏览是一件有意思、有收获的事，是获得知识的一个重要门路……"①

1.2.1　家长对儿童读书目的的认识

我们在调查中发现，半数以上的家长是抱着让孩子学习（"开发智力，培养学习能力"、"帮助认识各种事物"、"帮助识字，学数数"）的目的引导孩子阅读的。也有不少（46.2%）家长是为了培养孩子的"阅读兴趣与习惯"。具体情况如表1-2-1所示：

表 1-2-1　家长引导儿童阅读的目的

家长引导儿童阅读的目的	选择比例
开发智力，培养学习能力	54.3%
帮助认识各种事物	53.1%
帮助识字，学数数	50.8%
养成阅读兴趣和习惯	46.2%
为了给小孩玩耍/让小孩安静下来	8.7%
其他	0.2%

如表1-2-2所示，从年龄分布的整体情况来看，在儿童年龄较大（5周岁以上）的家庭中，为了培养孩子"阅读兴趣和习惯"而引导孩子读书的家长比例更高。这一现象与西方发达国家的早期教育理念刚好相反。一些美国专家认为，0—3周岁是培养儿童阅读兴趣和学习习惯的关键阶段，3—6周岁阶段则更侧重于提高儿童的阅

---

① 孩子喜好让家长搂着读书，育儿网：http://www.ittaphoto.com/yuer/3/6664.html.

读和学习能力。[①]

表 1-2-2 不同年龄段下家长引导儿童阅读的目的

年龄	帮助认识各种事物	帮助识字、学数数	开发智力，培养学习能力	养成阅读兴趣和习惯	给小孩玩耍/让安静下来	其他
0—1周岁	55.8%	22.4%	53.4%	34.3%	8.2%	0.3%
2周岁	53.8%	52.2%	55.2%	47.5%	12.0%	0.0%
3周岁	67.9%	48.8%	59.6%	40.0%	6.7%	0.3%
4周岁	57.3%	58.8%	48.7%	41.2%	6.7%	0.0%
5周岁	42.9%	59.1%	52.0%	40.7%	11.6%	0.1%
6周岁	53.1%	59.8%	53.2%	59.1%	3.9%	0.0%
7周岁	43.2%	50.7%	52.3%	52.8%	11.7%	0.3%
8周岁	51.1%	51.3%	59.5%	53.1%	8.7%	0.6%

在早期儿童的学习能力尚未形成，需要以培养儿童的阅读兴趣为主时，一些家长更倾向于让孩子学习（"开发智力，培养学习能力"、"帮助认识各种事物"、"帮助识字、学数数"），这很有可能对这些儿童造成压力，而降低其对阅读的兴趣。这也可能是之前我们所发现的一个问题——儿童年龄越大阅读兴趣越低的一个原因。而当这些儿童对阅读不感兴趣时，家长们却开始忙于"补课"，着手培养孩子的阅读兴趣。

1.2.2 家长在0—8周岁儿童阅读时的陪护

调查数据显示，有 93.0% 的 0—8 周岁儿童在平时阅读时会有家长来陪护。如图 1-2-1 所示，"妈妈、爸爸"陪同儿童阅读的机会更多。我们发现，在有过阅读经历的 0—8 周岁儿童中，77.5% 的儿童在阅读时身边会有妈妈陪同，29.1% 的儿童在阅读时身边会有爸爸陪同。

---

① 各年龄段儿童阅读方式——西方家庭教育成功之谜，教育手拉手论坛：ht-tp：//www.jysls.com/thread-441281-1-6.html.2008 年 12 月.

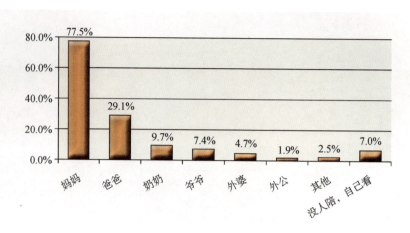

图 1-2-1　家长在 0—8 周岁儿童阅读时的陪护

1.2.3　家长引导 0—8 周岁儿童阅读的具体时长

据美国广播公司报道，马里兰大学社会学家苏珊·毕安奇的一项跟踪调查显示，美国家长陪孩子读书、做作业的时长为每星期 14 小时，平均每天达到 2 小时。[①] 而我国 0—8 周岁儿童家长平均每天花费 25 分钟（25.28 分钟）的时间陪同孩子读书。其中，大部分（69.2%）家长平均每天的陪读时间在 30 分钟以下，而平均每天能陪孩子读书超过 1 小时的家长只有 14.8%。具体情况如图 1-2-2 所示：

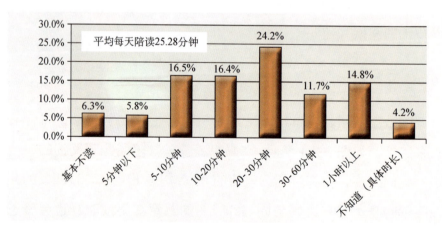

图 1-2-2　家长陪护儿童阅读的时长

---

　　① 孩子喜好让家长搂着读书，育儿网：http://www.ittaphoto.com/yuer/3/6664.html.

进一步分析发现，家长有没有空余时间成为影响其陪孩子阅读时长的一个重要因素。如图 1-2-3 所示，喜欢但没时间看书的家长也似乎"没时间"陪孩子读书，这部分家长平均每天陪孩子读书的时间最短，约为 22.61 分钟；而喜欢阅读并经常看书的家长陪同孩子阅读的时间最长，约为 28.80 分钟。另外，虽然有些家长不喜欢读书，但也会花费一定的时间（25.67 分钟）陪孩子读书。

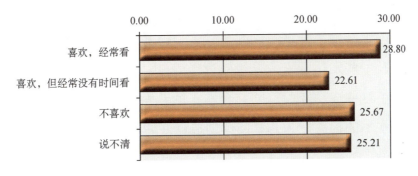

图 1-2-3　家长是否喜欢读书与陪孩子阅读的时长

1.2.4　家长引导 0—8 周岁儿童接触的图书种类

如图 1-2-4 所示，较多的家长（四成以上）经常提供图画卡片、挂图和童话寓言故事给孩子阅读，也有不少家长（三成以上）会提供识字数数和卡通漫画类图书供孩子阅读。

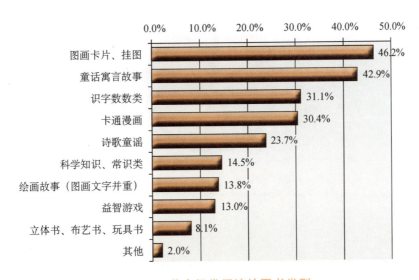

图 1-2-4　儿童经常阅读的图书类型

为了孩子的健康成长，究竟该给孩子读什么样的书，许多家长都莫衷一是，但儿童教育界对"分级阅读"的呼声已是越来越高，越来越明晰。

《中国儿童百科全书·上学就看》总策划、中宣部原常务副部长徐惟诚表示："建立在心理学、生理学基础上的分级标准，不仅有利于科学选书，培养孩子们的阅读兴趣，而且对出版界也有好处……"①

中国大陆地区分级阅读起步较晚，但我国的香港地区和台湾地区，以及一些发达国家的分级阅读经验已经相当丰富。我们应该积极地借鉴这些成功经验，并结合本土的儿童教育实际，促进我国分级阅读水平的提高，为儿童阅读创造良好的条件。

1.2.5　家长认为适合0—8周岁儿童阅读形式

多数家长（56.7%）认为，纸质书籍更适合儿童阅读。其次，有24.1%的家长认为音像读物更适合儿童阅读，而18.2%的家长则认为电视节目形式的内容更适合儿童阅读。具体情况如图 1-2-5 所示：

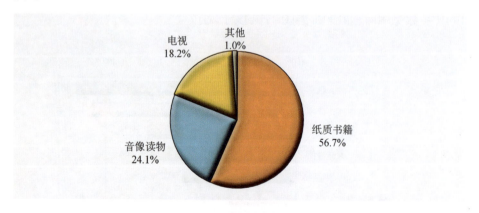

图 1-2-5　家长认为适合 0—8 周岁儿童的阅读形式

---

① 分级标准，让儿童读好书. 光明日报，2009 年 8 月 11 日：http://www.gmw.cn/01gmrb/2009-08/11/content_961201.htm.

■ 1.3 0—8 周岁儿童图书购买状况

1.3.1 家长为 0—8 周岁儿童购买图书的花费

本次调查数据显示，2008 年我国 0—8 周岁儿童的家长为孩子购买图书的平均花费为 49.59 元。其中，为孩子购买图书花费在 50 元以下的家长比例最高，约占七成（70.9%）；为孩子购置图书花费 50 元以上的家长比例为 26.1%。具体情况如图 1-3-1 所示：

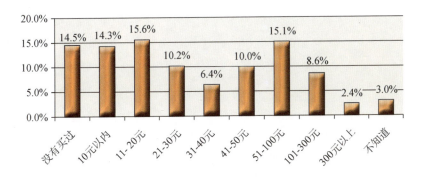

图 1-3-1 家长为 0—8 周岁儿童购买图书花费的金额

不同背景的家长为子女购买图书花费的金额具有显著性差异。整体来看，收入较高、学历较高的家长为子女购置图书花费的金额相对较高。另外，城市家庭的家长平均每年为孩子购买图书 74.86 元，是农村家庭这一消费的 2 倍多。

表 1-3-1 不同背景的家长为 0—8 周岁儿童购买图书花费的金额

人口特征	类别	图书消费金额（元）
家长学历	小学及以下	18.81
	初中	42.25
	高中	58.67
	大专	85.12
	硕士研究生	91.59
	本科	100.46
	博士研究生	122.72

人口特征	类别	图书消费金额（元）
家长收入	无收入	43.00
	500 元以下	26.02
	501—1000 元	46.87
	1001—1500 元	63.02
	1501—2000 元	51.82
	2001—3000 元	71.04
	3001—4000 元	79.23
	4001—5000 元	64.84
	5001—6000 元	151.26
	6001—7000 元	116.03
	7001—8000 元	175.71
	10001 元以上	200.00
	拒绝回答	68.51
城乡	城市	74.86
	农村	36.18

1.3.2　家长带 0—8 周岁儿童逛书店的频次

我国 0—8 周岁儿童的家长平均每年带孩子逛书店约 2.51 次。其中，半年以内带孩子逛一次书店的家长有 35.2%；而有三成多（32.6%）的家长表示从未带孩子逛过书店，另有 13.2% 的家长半年至一年才带孩子逛一次书店。

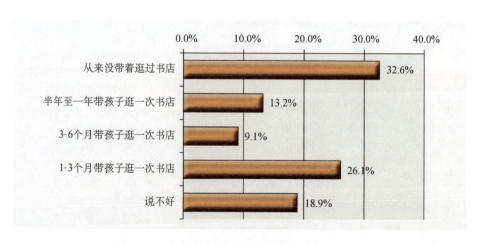

图 1-3-2　家长带 0—8 周岁儿童逛书店的频次

1.3.3　0—8周岁儿童家长购买童书的主要渠道

实体书店是我国家长为孩子购书的主要场所之一。如图1-3-3所示，55.7%的家长通常在"新华书店"为孩子购书，有26.5%的家长表示会在一些"私营书店"为孩子购书。"超市商场"在引入儿童图书时，也吸引了不少顾客，约有两成（21.0%）的家长表示通常也会去那里为孩子购书。

值得注意的是，有约两成（19.5%）的家长表示，"街头书摊"也是他们为孩子购书常去的地方之一。街头书摊以其低廉的价格优势受到不少消费者的光顾，但其质量问题也应引起家长们足够的注意。例如，某些盗版书籍中会出现语言误用或乱用现象，有的书籍甚至会隐藏一些低俗的内容，这对儿童的成长带来的危害是不容忽视的。

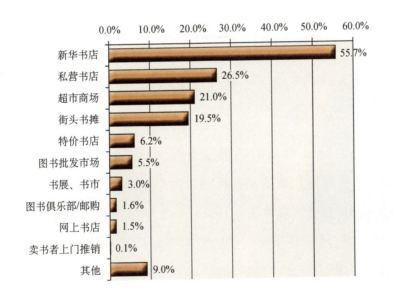

图1-3-3　0—8周岁儿童家长购买童书的主要渠道

1.3.4　0—8周岁儿童家长选择购书渠道的考虑因素

藏书丰富的书店容易吸引家长的光顾。如图1-3-4所示，50.7%

的家长表示，在准备为孩子购书时通常会因为某个（些）书店图书种类多而选择去这个（些）书店购买。其次，图书的易获取性（"离得较近"、"很容易找到需要的书"）也是许多（近三成）家长为孩子购书时考虑的主要因素。另外，也有近两成（19.3%）的家长也会把价格因素（"价格折扣"）作为一个考虑因素。

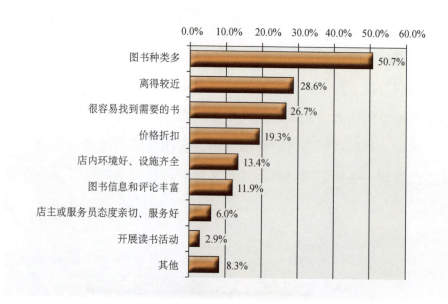

图 1-3-4　0—8 周岁儿童家长选择某一购买渠道时考虑的因素

1.3.5　0—8 周岁童书销售点的分布密度

据 0—8 周岁儿童的家长反映，距自家最近的图书销售点的平均距离是 2.99 公里（基本上与 18—70 周岁成人问卷调查的调查结果 2.97 公里吻合）。城乡购书点的覆盖密度具显著性差异。具体来说，在城市中，离居民家庭最近的购书点的平均距离约为 1.63 公里，比农村中的这一距离（3.37 公里）近一半以上。

从具体的距离分布来看，65.3% 的家长表示，距离自己最近的购书点在 3 公里以内，距离自家最近的购书点在 3 公里以上者约占三成（29.6%）。

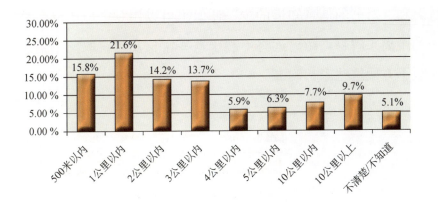

图 1-3-5　图书销售点的分布密度

如图 1-3-6 所示，当被问及在给孩子买书时有什么不方便之处时，"家离卖书的地方很远"被许多（23.3%）家长认为是影响给孩子买书的障碍之一，其次有近二成（16.6%）的家长则认为"对书的信息知道的少"影响了他们为孩子购置图书的行为。

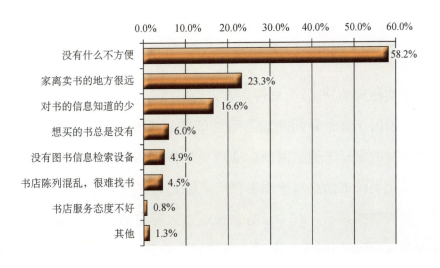

图 1-3-6　购书时的不便之处

1.3.6　童书信息的获取途径

如图 1-3-7 所示，从家长获取儿童读物信息的途径来看，通过去书店现场了解图书信息的家长最多，达 45.9%。从这一点来看，前面提到影响许多家长购书的两个因素——"家离卖书的地方很远"和"对书的信息知道的少"便似乎可以用一个原因——书店离家的距离来解释，距离远将不利于这些家长及时获取图书信息，同时也不方便这些家长购书。

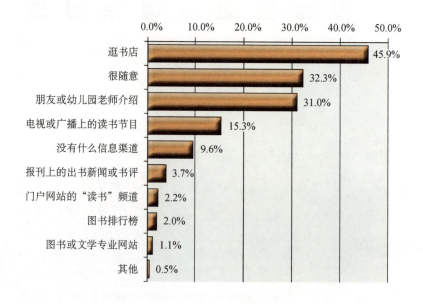

图 1-3-7　儿童图书信息的获取途径

平均距离 2.99 公里对许多人来说可能并不算远，但如果家长要去书店及时了解最新的儿童类图书信息，可能还是不很方便，尤其是对农村的家长来说。因此，通过更多样化的渠道及时有效地传播这些儿童类图书信息对于图书推广来说尤为重要。

调查数据显示，31.0%的家长通过人际传播（朋友或幼儿园老师介绍），15.3%的家长通过大众传播（电视或广播上的读书节目）获取儿童类读物的相关信息。

1.3.7　影响家长为儿童购书的主要因素

有 59.9%的家长表示，在给孩子购买图书时考虑的主要因素之一是孩子是否喜欢。这在一定程度上说明，儿童图书内容的制作才是决定其市场价值的决定因素，一本真正能引起孩子兴趣的儿童读物才可能会有不错的销路。另外，有三成左右的家长表示，朋友、老师或幼儿园的推荐，以及图书内容简介等也是影响其购买行为的主要因素。具体情况如图 1-3-8 所示：

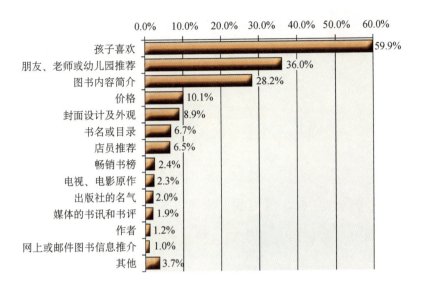

图 1-3-8 影响家长为儿童购书的主要因素

1.3.8 家长对儿童类图书的评价

1.3.8.1 家长对儿童类图书种类的评价

大部分儿童家长（61.5％）对我国目前市场上的儿童图书种类评价较高，认为目前市场上的图书种类"很丰富"或"比较丰富"。认为"比较少"或"很少"的比例很低，只有 6.5％。具体情况如图 1-3-9 所示。

尽管国内儿童图书市场上图书种类丰富，但如何让好书从种类繁多的图书中脱颖而出，让更多的儿童接触好书仍是一个问题。南方分级阅读研究中心主任曹长林曾表示："我们的图书市场并不缺乏好书……我们缺乏的是发现，并把好书推广给孩子们，让他们知道。"[1]

---

① 吴春燕．分级标准，让儿童读好书．光明日报，2009 年 8 月 11 日：http：//www.gmw.cn/01gmrb/2009-08/11/content＿961201.htm.

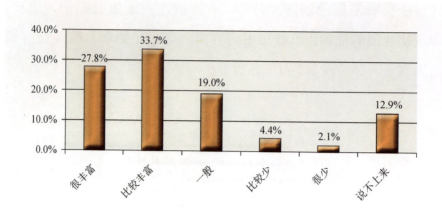

图 1-3-9　家长对儿童图书种类的评价

另外，国内原创作品较少，从国外引进的儿童图书在市场上较为强势等问题的存在，值得我们思考并付出实际行动解决。

1.3.8.2　家长对儿童类图书质量的评价

对于目前市场上的儿童图书质量，许多家长的评价表示认可。如图 1-3-10 所示，认为儿童图书质量高（"很高"和"比较高"）的比例达 42.6%，认为质量比较低和很低的比例只有 4.6%。

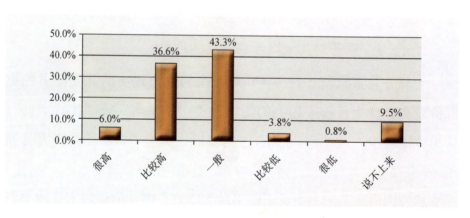

图 1-3-10　家长对国内儿童图书质量的评价

1.3.8.3　家长对儿童类图书价格的评价

关于儿童图书的价格，除了 34.8% 的儿童家长认为合适外，更多的家长（46.9%）认为我国儿童图书的定价较高（价格"比较贵"或"非常贵"），而认为我国目前市场上的儿童图书价格便宜（"比较便宜"或"非常便宜")的比例很低，只有 6.8%。具体情况如图 1-3-11 所示：

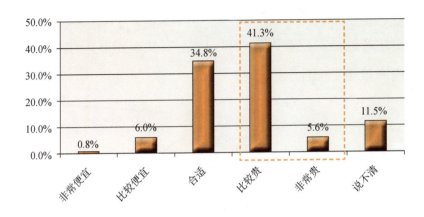

图 1-3-11 家长对国内儿童图书价格的评价

1.3.8.4 家长对国内儿童图书价格的承受力

面对许多儿童家长认为市场上儿童图书的价格较贵的问题，我们进一步分析了家长们能普遍接受的价格。调查发现，对于一本 40 页左右内容精美的彩色图画书，我国儿童家长平均可接受价格为 10.16 元。其中，较多家长可接受的价格为 5—8 元，其次是 9—12 元，选择这两个价格区间的家长比例约为 60.2%。具体情况如图 1-3-12 所示：

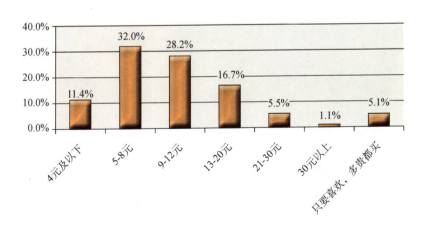

图 1-3-12 家长对国内儿童图书价格的承受力

1.3.9　家长为 0—8 周岁儿童选择出版物的倾向

如图 1-3-13 所示，在家长为孩子购买过的儿童读物中，国内原创读物占据较高比重（52.9%），远高于国外引进出版物的比例。但值得注意的是，还有许多（43.0%）家长表示并未注意这些读物是国内原版还是国外引进。

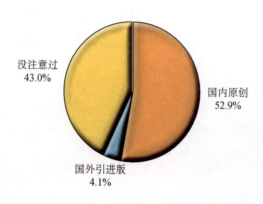

图 1-3-13　国内外出版物的市场表现

1.3.10　最受 0—8 周岁儿童及家长喜爱的十本书

调查中，在无提示的情况下，我们请被访儿童的家长列举本人和孩子最喜欢的三本图书（或书中主人公）。结果显示，"奥特曼"系列、《格林童话》、《安徒生童话》等最受欢迎。具体情况如表 1-3-4 所示。

表 1-3-4　最受 0—8 周岁儿童及家长喜爱的十本书（或书中主人公）

图书名称	排名
"奥特曼"系列	1
格林童话	2
安徒生童话	3
看图识字	4
十万个为什么	5

续前表

图书名称	排名
西游记	6
"米老鼠与唐老鸭"系列	7
唐诗三百首	8
一千零一夜	9
葫芦兄弟系列	10

1.3.11　最受0—8周岁儿童及家长喜爱的出版社

调查中，在无提示的情况下，我们请被访儿童的家长列举本人和孩子最喜欢的三家出版社。结果表明，中国少年儿童出版社最受欢迎，其次是人民教育出版社、北京少年儿童出版社和上海少年儿童出版社等。具体情况如表1-3-5所示：

表1-3-5　最受0—8周岁儿童及家长喜爱的出版社

出版社名称	排名
中国少年儿童出版社	1
人民教育出版社	2
北京少年儿童出版社	3
上海少年儿童出版社	4
大象出版社	5
少年儿童出版社	6
海燕出版社	7
新蕾出版社	8
新华出版社	9
二十一世纪出版社	10

1.3.12　国内主要儿童书店的知名度和市场渗透度

调查中，我们列举了国内16家较为知名的书店（包括网上书店），让被访的 0—8 周岁儿童的家长从中挑选其听说过的和曾为孩子购买过出版物的书店，以发现这些书店的知名度和市场表现。结果表明，各地新华书店的知名度和购买率都是名列第一。其次，大众书局、当当网、卓越网和上海书城等知名度较高的书店市场渗透度（购买率）也相对较好。具体情况如表 1-3-6 所示：

表 1-3-6　儿童书店的知名度和市场渗透率

书店名称	知名度	书店名称	市场渗透率
本地新华书店	1	本地新华书店	1
大众书局	2	大众书局	2
当当网	3	当当网	3
卓越网	4	上海书城	4
上海书城	5	新华文轩连锁书店	5
新华文轩连锁书店	6	北京西单图书大厦	6
北京西单图书大厦	7	红孩子网站	7
红孩子网站	8	博库书城	8
博库书城	9	卓越网	9
九九网上书城	10	九九网上书城	10
丽家宝贝网站	11	蒲蒲兰绘本馆	11
红泥巴图书网	12	乐友网	12
乐友网	13	一城网	13
一城网	14	红泥巴图书网	14
蒲蒲兰绘本馆	15	丽家宝贝网站	15
福连家网	16	福连家网	16

1.3.13　儿童类图书出版社的知名度排名与市场渗透度

调查中，我们列举了国内 25 家较为知名的出版社，请被访者从中挑选其听说过的和曾为孩子购买过出版物的书店，以发现这些书店的知名度和市场表现。结果如表 1-3-7 所示，中国少年儿童出版社的知名度和购买率均名列前茅。另外，人民教育出版社、北京少年儿童出版社和上海少年儿童出版社的等知名度较高的出版社的市场渗透度（购买率）也相对较好。

表 1-3-7　出版社的知名度和市场渗透率

出版社名称	知名度	出版社名称	市场渗透率
中国少年儿童出版社	1	中国少年儿童出版社	1
人民教育出版社	2	人民教育出版社	2
北京少年儿童出版社	3	北京少年儿童出版社	3
少年儿童出版社（上海）	4	少年儿童出版社（上海）	4
教育科学出版社	5	北京师范大学出版社	5
北京师范大学出版社	6	新蕾出版社	6
江苏少年儿童出版社	7	江苏少年儿童出版社	7
浙江少年儿童出版社	8	湖南少年儿童出版社	8
新蕾出版社	9	教育科学出版社	9
江苏教育出版社	10	浙江少年儿童出版社	10
希望出版社	11	大象出版社	11
浙江教育出版社	12	童趣出版公司	12
湖南少年儿童出版社	13	浙江教育出版社	13
大象出版社	14	江苏教育出版社	14
童趣出版公司	15	湖北少年儿童出版社	15
明天出版社	16	河北教育出版社	16
河北教育出版社	17	明天出版社	17
湖北少年儿童出版社	18	希望出版社	18
21 世纪出版社	19	海燕出版社	19
南海出版公司	20	21 世纪出版社	20
海燕出版社	21	海豚出版社	21
外语教学与研究出版社	22	南海出版公司	22
海豚出版社	24	接力出版社	24
接力出版社	25	外语教学与研究出版社	25

1.3.14　0—8周岁儿童家长网上购买儿童出版物行为分析

1.3.14.1　家长网上购买儿童出版物种类

我国0—8周岁儿童的家长中，有5.8%的人表示曾通过互联网购买过儿童类出版物。在通过互联网给孩子购买过各类出版物的家长中，近六成（59.4%）的家长表示曾通过互联网给孩子购买过图书；其次有近四成（39.2%）的家长曾通过互联网给孩子购买过学习用音像制品（如 VCD），有三成多（32.7%）的家长曾通过互联网给孩子购买过电影等休闲用音像制品。具体情况如图 1-3-15 所示。

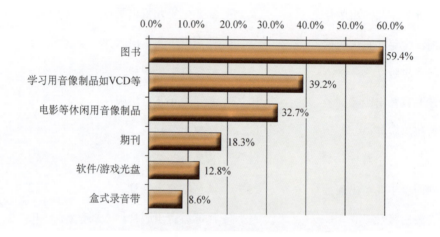

图 1-3-15　家长通过互联网购买的出版物种类

1.3.14.2　制约家长网上购买儿童类出版物的因素

通过分析家长没有在互联网上给孩子买过各类出版物的原因，我们发现无条件、不习惯，以及缺乏安全感和不方便等因素影响着许多家长的网络购买行为。如图 1-3-16 所示，有 39.7%的家长表示是因为没有上网条件（不能上网）而不能在网上购买；有 30.0%的家长表示不习惯网上购物；17.6%的家长则表示网上购物不安全；另有部分家长是因为不方便（网上购物流程复杂、不方便验货和不方便付费）而不通过网络购买儿童类出版物。

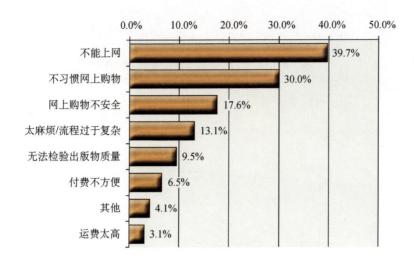

图 1-3-16　制约家长网上购买儿童类出版物的因素

■ **2.1　0—8周岁儿童期刊阅读率及阅读量**

调查数据显示，2008年我国0—8周岁儿童的期刊阅读率为53.1%。城市和农村儿童的期刊阅读率之间存在显著性差异。具体来说，城市0—8周岁的儿童的期刊阅读率达64.5%，而农村0—8周岁儿童的期刊阅读率只有47.1%。

如图2-1-1所示，从年龄分布的整体情况来看，我国儿童的期刊阅读率随着年龄的增长而升高，4周岁及以上儿童的期刊阅读率已经高于0—8周岁儿童的平均水平。

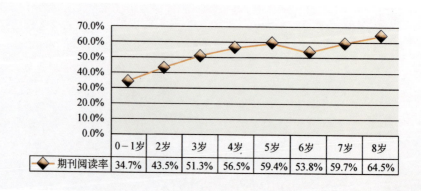

	0—1岁	2岁	3岁	4岁	5岁	6岁	7岁	8岁
期刊阅读率	34.7%	43.5%	51.3%	56.5%	59.4%	53.8%	59.7%	64.5%

图 2-1-1　0—8周岁儿童的期刊阅读率

对 0—8 周岁儿童的期刊阅读量的分析发现，我国 0—8 周岁儿童在 2008 年人均阅读期刊量为 2.40 本，整体来看年龄较大的儿童在 2008 年内阅读过的期刊数较多。从年龄分布的整体情况来看，年龄较高的儿童的期刊阅读量相对较高，但期刊阅读量不完全随年龄的增长而升高。具体情况见图 2-1-2 所示：

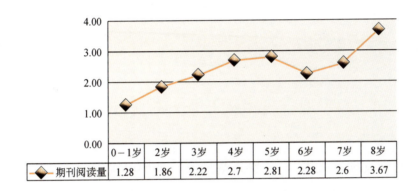

	0—1岁	2岁	3岁	4岁	5岁	6岁	7岁	8岁
期刊阅读量	1.28	1.86	2.22	2.7	2.81	2.28	2.6	3.67

图 2-1-2　0—8 周岁儿童的期刊阅读量

城乡儿童的期刊阅读量存在显著性差异。具体来说，城市 0—8 周岁儿童的平均期刊阅读量为 3.54 本，而农村 0—8 周岁儿童的平均期刊阅读量只有 1.82 本。

■ 2.2　0—8 周岁儿童家长对儿童类期刊的价格评价

关于儿童类期刊的价格，极少（4.2%）有家长认为便宜（"比较便宜"和"非常便宜"）。而认为定价较高（"比较贵"或"非常贵"）的家长达 41.1%，多于认为定价合适及便宜（"比较便宜"和"非常便宜"）的家长的总和（36.6%）。另外，还有 22.3% 的家长对儿童类期刊的价格认识模糊，说不清其是贵还是便宜。具体情况如图 2-2-1 所示：

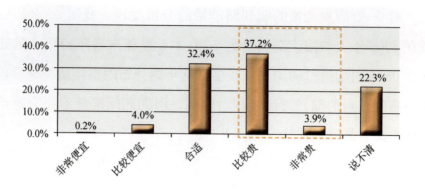

图 2-2-1　家长对儿童期刊价格的评价

■2.3　0—8周岁儿童家长对儿童类期刊的价格承受力

调查发现，我国0—8岁儿童的家长平均可接受的儿童类期刊价格为4.83元。整体来看，可接受2—5元的价格的家长较多，几乎达总体的七成（69.1%），而能接受5元以上价格的家长不足三成（27.9%）。具体情况如图2-3-1所示：

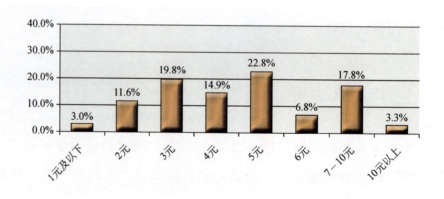

图 2-3-1　家长对儿童期刊的价格承受力

■2.4　0—8周岁儿童及家长最喜爱的期刊

调查中，在无提示的情况下，我们请被访儿童的家长列举本人和孩子最喜欢的三份儿童类期刊的名字。结果表明，《米老鼠》、《幼儿画报》、《童话世界》、《故事大王》等儿童类期刊知名度相对较高。具体情况如表 2-4-1 所示：

表 2-4-1　最受 0—8 周岁儿童及家长喜爱的十本期刊

期刊名称	排名
米老鼠	1
幼儿画报	2
童话世界	3
故事大王	4
童话大王	5
天线宝宝	6
漫画大王	7
婴儿画报	8
小熊维尼	9
大灰狼画报	10

■ 2.5　儿童类报刊的知名度与市场渗透度

　　调查中，我们列出了 19 家国内较为知名的儿童类报刊，由被访儿童的家长选择其知道的和购买过的，以了解这些报刊的知名度与市场表现。结果表明，《米老鼠》的知名度最高，市场购买率也最高。而《天线宝宝》、《童话世界》、《故事大王》等的知名度也高于其他的报刊，并且有相对较多的家长表示购买过这些报刊。

表 2-5-1　儿童类报刊的知名度与市场渗透度

报刊名称	知名度	报刊名称	购买率
米老鼠	1	米老鼠	1
天线宝宝	2	幼儿画报	2
童话世界	3	童话世界	3

续前表

报刊名称	知名度	报刊名称	购买率
故事大王	4	天线宝宝	4
童话大王	5	童话大王	5
幼儿画报	6	童话世界	6
童话世界	7	故事大王	7
漫画大王	8	小熊维尼	8
小熊维尼	9	婴儿画报	9
婴儿画报	10	幼儿智力世界	10
小公主	11	漫画大王	11
大灰狼画报	12	小公主	12
幼儿智力世界	13	大灰狼画报	13
知心姐姐	14	娃娃画报	14
娃娃画报	15	知心姐姐	15
红蜻蜓	16	小猕猴智力画刊	16
快乐巧连智	17	快乐巧连智	17
小猕猴智力画刊	18	红蜻蜓	18
琴童	19	琴童	19

第三章
0—8 周岁儿童音像电子出版物购买状况

■ 3.1　家长对 0—8 周岁儿童音像电子出版物的购买渠道

我国儿童类音像电子出版物的购买率约为 59.8%。如图 3-1-1
所示，在音像电子出版物的购买者中，通过"书店"、"商场超市"、
"音像店或软件专卖店"购买各类音像电子出版物的购买者最多，
均接近四成。而从网上给孩子购买音像电子出版物的家长较少，仅
占总体的 2.1%。

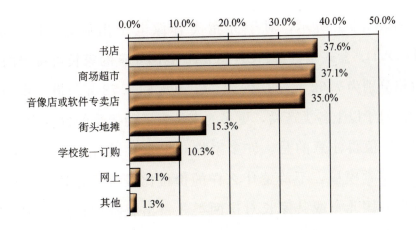

图 3-1-1　音像电子出版物的购买渠道

3.2 家长对儿童类音像电子出版物价格的评价

在购买过儿童类音像电子出版物的家长中，45.2％的家长认为目前儿童类音像电子出版物的价格较高（比较贵和非常贵），36.0％的家长认为儿童类音像电子出版物的价格是合适的，而认为此类产品价格便宜的家长只占8.9％。具体情况如图3-2-1所示：

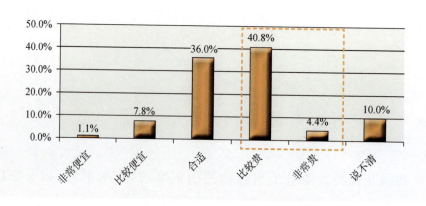

图 3-2-1　家长对儿童类音像电子出版物价格的评价

3.3 家长对儿童类音像电子出版物的价格承受力

如表 3-3-1 所示，对于儿童类音像电子出版物 CD 光盘、VCD/DVD、盒式录音带、CD-ROM，我国儿童的家长可接受的平均价格分别为 7.62 元、8.25 元、6.59 元和 7.78 元。进一步分析来看，对于以上各类产品，更多的家长表示能接受的价格为 10 元或以下。值得注意的是，许多家长对于盒式录音带和 CD-ROM 的价格感觉模糊，不清楚什么样的价位比较合适，这从一个角度说明我国儿童或其家长对这两类儿童出版物的接触率和购买率可能不高，从而导致他们对这两类出版物的价格评价也较为模糊。

表 3-3-1　家长对各类儿童音像电子出版物价格的承受力

	CD 光盘	VCD/DVD	盒式录音带	CD-ROM
≤10 元	57.4%	62.0%	42.0%	24.7%
11—20 元	19.2%	26.4%	7.5%	8.2%
21—30 元	1.0%	1.4%	0.9%	2.0%
≥31 元	0.3%	0.4%	0.4%	0.3%
不清楚/不知道	22.2%	9.7%	49.2%	64.8%
平均可接受价格	7.62 元	8.25 元	6.59 元	7.78 元

第四章
0—8 周岁儿童家长版权认知状况

■ 4.1　0—8 周岁儿童家长的版权认知度

　　调查数据显示，我国 0—8 周岁儿童的家长对版权的认知度较高。听说过版权概念的家长达 71.9％。我国农村地区 0—8 周岁儿童的家长听说过版权概念的比例达 64.6％，但与城市 85.8％的比例相比，仍有一定差距。

　　具体情况如图 4-1-1 所示：

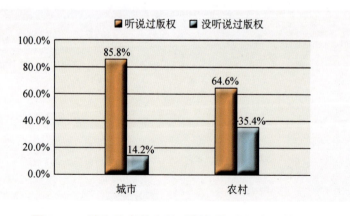

图 4-1-1　城乡儿童的家长对版权的认知度比较

■ 4.2　0—8周岁儿童家长盗版儿童出版物购买率

虽然我国0—8周岁儿童的家长对版权的认知度较高，但却有很多家长无法知道正版和盗版的区分办法，有35.6%的家长表示他们无法知道自己为孩子购买的图书或音像制品是正版还是盗版。

对于2008年购买过的儿童出版物，有23.0%的家长表示其购买的全部为正版，而购买过盗版儿童出版物（全部盗版和正盗版都买过）的家长的比例与其相差不多，约为22.6%。具体情况如图4-2-1所示：

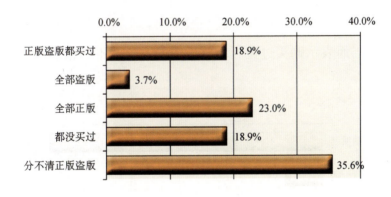

图4-2-1　0—8周岁儿童家长盗版儿童出版物购买率

如图4-2-2所示，相对于城市0—8周岁儿童的家长来说，我国农村0—8周岁儿童的家长分不清正版盗版的比例更高，购买的儿童出版物全部为盗版的比例也更高。

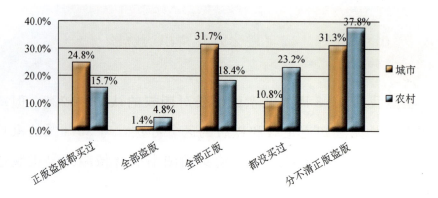

图 4-2-2　0—8 周岁儿童家长盗版儿童出版物购买率的城乡比较

■ 4.3　0—8 周岁儿童家长购买盗版儿童出版物的类别

如图 4-3-1 所示，在为孩子购买过盗版儿童类出版物的家长中，多数（57.0%）家长表示购买过一般图书，55.0% 的家长表示购买过音像制品，而表示购买过盗版教材教辅的家长并不是很多，为 7.8%。

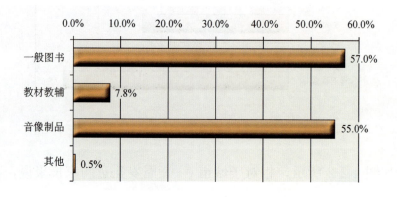

图 4-3-1　家长购买盗版儿童出版物的类别

■ 4.4　盗版儿童出版物消费的驱动因素

在曾购买过盗版儿童类出版物的家长中，因"价格便宜"而购买这些盗版出版物的人数占 71.0%。另有两成左右的家长是因为分不清正版盗版和图方便而购买了盗版出版物。具体情况如图 4-4-1 所示。

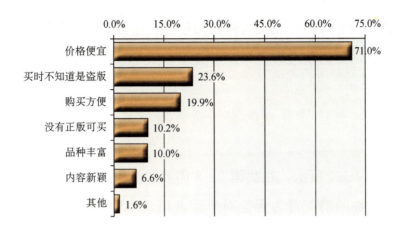

如图 4-4-2 所示，通过对比城市和农村的家长购买盗版出版物的原因，我们可以发现，与城市儿童的家长相比，农村儿童的家长因为买时不知道是盗版、购买方便和没有正版可买而购买盗版出版物的比例更高。

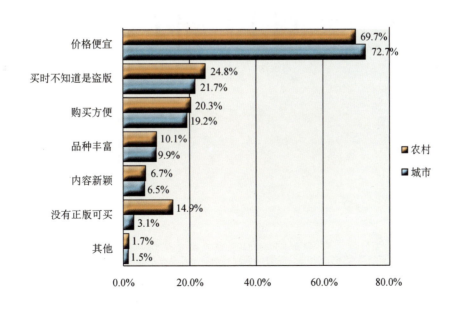

图 4-4-2　城乡儿童的家长购买盗版出版物的原因比较

另外，尤其应该注意的是，在农村儿童的家长中有 14.9％的人是因为没有正版可买而购买盗版出版物，而在城市儿童的家长中这一比例仅为 3.1％。因此，除了要提高农村地区居民自身对盗版出版物的辨识能力和加强盗版打击力度外，丰富农村市场上各类出版物也是应该受到重视的工作。

■ 4.5　0—8 周岁儿童的家长对盗版危害的认识

　　如图 4-5-1 所示，在我国 0—8 周岁儿童的家长中，更多的家长表示盗版物的消费行为无论对于读者还是出版者来说都是不利的。其中，59.1％的家长表示盗版物的消费行为对读者不利，而更多（72.9％）的家长表示盗版物的消费行为对出版者不利。

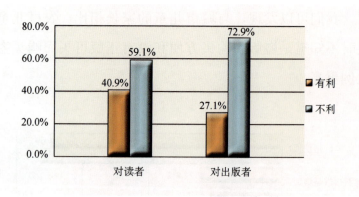

图 4-5-1　家长对盗版危害的认识

版权声明

图书在版编目（CIP）数据

全国国民阅读调查报告.2009/中国新闻出版研究院，全国国民阅读
调查课题组编著.—北京：中国书籍出版社，2011.4
ISBN 978-7-5068-2425-5

Ⅰ.①全…　Ⅱ.①中…②全…　Ⅲ.①出版物－市场－调查报告－
中国－2009　Ⅳ.①G239.21

中国版本图书馆 CIP 数据核字（2011）第 056722 号

责任编辑 / 拜庆平　刘川民　连凌云
责任印制 / 拜庆平
封面设计 / 敬人设计工作室
装帧设计 / 楠竹文化公司
出版发行 / 中国书籍出版社
　　　　　地　　址：北京市丰台区三路居路 97 号（邮编：100073）
　　　　　电　　话：010－52257142（总编室）　010－52257154（发行部）
　　　　　电子邮箱：chinabp@vip.sina.com
经　　销 / 全国新华书店
印　　刷 / 北京华正印刷有限公司
开　　本 / 185mm×260mm　1/16
印　　张 /
字　　数 / 240 千字
版　　次 / 2011 年 4 月第 1 版　2011 年 4 月第 1 次印刷
定　　价 / 198.00 元